HSE 管理体系审核教程

中国石油天然气集团公司安全环保与节能部 编

石油工业出版社

内容提要

本书从 HSE 管理体系内部审核的系统方法出发，详细介绍了 HSE 管理体系审核流程，包括审核的策划、准备、实施以及审核报告的编写，详细阐述了审核要点、审核方法和技巧，论述了 HSE 审核员应该具备的素质以及对其管理的要求。

本书可以作为 HSE 管理系统审核员的培训教材，也可供从事 HSE 体系管理、体系审核、体系咨询、体系认证的人员使用。

图书在版编目（CIP）数据

HSE 管理体系审核教程/中国石油天然气集团公司安全环保与节能部编．—北京：石油工业出版社，2012.2

（中国石油 HSE 管理丛书）

ISBN 978-7-5021-8940-2

Ⅰ．H…

Ⅱ．中…

Ⅲ．石油工业-工业企业管理-研究

Ⅳ．F407.226

中国版本图书馆 CIP 数据核字（2012）第 021964 号

出版发行：石油工业出版社

（北京安定门外安华里 2 区 1 号　100011）

网　址：www.petropub.com.cn

编辑部：（010）64255590　发行部：（010）64523620

经　销：全国新华书店

印　刷：石油工业出版社印刷厂

2012 年 2 月第 1 版　2012 年 2 月第 1 次印刷

787×1092 毫米　开本：1/16　印张：13.75

字数：282 千字

定价：50.00 元

（如出现印装质量问题，我社发行部负责调换）

本书编写组

主　　编：吴苏江

副 主 编：邱少林　王其华　韩文成

编 写 人：谢国忠　王以朗　纪烈兵　单宝坤　陈高松

高亚青　孙红荣　周庆华　王　戎　胡月亭

杜　民　陈明珍　张桓岩　韩新芳　王桂兰

李敬东　孙福群

前言

HSE管理体系是国际石油工业普遍采用的健康安全与环境管理模式，20世纪90年代正式登陆中国。各石油企业为提高竞争能力、与国际惯例接轨，相继建立起HSE管理体系，在实践应用中取得了较好的效果。虽然HSE管理体系推行已经走过了十几个年头，但在许多已经建立并实施HSE管理体系的企业中，经常会听到这样的抱怨："内部审核无从下手"、"内部审核效果不理想"、"内部审核没有实际意义"等。内部审核的作用和效力不被一些领导和员工认可，内部审核还没有成为企业HSE管理的重要活动之一。

内部审核是检查企业HSE管理体系是否按规定要求运行、是否符合HSE管理方针和目标的重要活动，为什么会感到无从下手？内部审核是企业HSE管理体系自我发现、自我改进、自我提升的有效工具，为什么效果不理想？内部审核是评价企业HSE管理体系实施效果的可靠手段，为什么会觉得没有意义？所有这些不得不让我们反思。当前我们在HSE审核方面的确存在以下问题：

在审核员队伍建设上，由于内部审核活动中各级领导参与和重视的程度不高，长期忽视内部审核员队伍的培训和建设。实际参与内部审核的HSE审核员数量也很少，主要是由企业各基层单位安全管理人员组成，而不是由直线人员和专业人员主导进行审核，且审核人员的知识和技能不能覆盖企业的主要专业和业务领域，很难透过统一的标准审视各专业领域HSE管理存在的问题，从而失去了提高HSE管理水平、主动改进各自领域的机会。

在内部审核的方法上，内部审核虽然有人员访谈、现场观察与资料查阅等多种审核方法，但目前的审核是把更多的精力和注意力放在文件资料的审核上，其他方法运用得太少。这就会给受审核方一个误导，不管实际工作怎么样，只要把文件资料整好就行，使得体系管理脱离了实际工作，成了堆砌大量的文件资料，以应付审核和检查。目前各企业基本都采取一次性"集中式"的全要素审核方式，由于石油企业具有点多、线长、面广的特点，以及时间仓促等种种原因，内部审核的充分性和有效性难于保证。

目前很多的审核员培训教材都是就标准讲标准、缺乏实战技能知识，导致在实际审核过程中，只能是对标准查程序，发现的问题只是表面问题，不能真正地发现深层次的管理问题，不能实现推动企业 HSE 管理体系持续改进的目的。

内部审核是一个良好的 HSE 管理系统的重要组成部分，监视测量、内部审核和管理评审是管理体系的三级监控机制。各企业应有计划、有针对性地选拔和培养一批高素质的、相对稳定的审核员队伍，提高直线管理人员的 HSE 管理知识和技巧，发挥直线管理人员的监管职能，指导和促进企业的 HSE 管理体系有效运行。可考虑将各专业部门的资源有机整合，开展多种形式的审核工作，如滚动审核、专项审核、交叉审核、外聘审核等。

针对以上情况，本书从内部审核的系统方法出发，着眼于用管理的系统方法，深入浅出地介绍了 Q/SY 1002. 1—2007 标准条款的理解和审核要点，分析了内部审核员应具备的知识、方法和技巧。本书着重从如下几方面进行了阐述：

（1）详细论述了 HSE 管理体系审核的相关内容，包括内部审核的策划、内部审核的准备、现场审核的实施、不符合报告及内部审核报告的编写、审核后续活动等整个内部审核流程，以及内部审核存在的主要问题和现场审核过程中应该注意的事项等。

（2）详细阐述了 HSE 管理体系标准的相关内容，包括 7 个一级要素和 25 个二级要素的理解要点和审核要点以及典型示例，力求能让读者深刻理解标准条款的要求，明确标准的审核要点，通过示例使得条款更加形象化。

（3）重点介绍了现场审核过程的抽样，不同的审核方式，检查表的设计和使用，查阅、访谈和观察等审核方法，提问、聆听、验证等审核技巧，以及不符合原因的分析方法等。

（4）简要介绍了 HSE 审核员的管理要求，包括个人素质、知识和技能要求以及审核员培训、注册及日常管理要求等。

本书突破了就标准讲标准的模式，是 HSE 管理体系内部审核方法和技巧的实用培训教材。在编排上理论结合实际，在内容上丰富翔实、深入浅出，对于从事体系推进、体系审核、体系咨询、体系认证、HSE培训等工作的人员全面系统地了解HSE管理体系标准、HSE管理体系审核有很大帮助。

本书作为HSE管理体系审核员培训教材，具有较强的针对性、实用性和可操作性，希望读者能够通过本书建立正确的审核观，提升内部审核的实战技巧，应用于企业内部审核工作实践，帮助企业提高内部审核的实效性，提高组织管理体系持续改进的能力。

本书在编写过程中，北京中油东方诚信认证咨询有限公司承担了主要的任务，同时也得到了北京中油健康安全环境认证中心相关专家的大力支持，在此特表谢意。本书参阅和引用了大量国内外文献资料，在此对原著者深表感谢。

由于体系审核的系统性和现场审核的复杂性，本书编写虽力求全面系统、针对性强，但由于编者水平有限，难免存在疏漏之处，敬请读者批评指正。

编 者

2012年2月

目　　录

第 1 章 HSE 管理体系审核综述

说到审核的由来，据说可以追溯到古罗马时代。那时，当局的公报是由信使传达到各地。为了确保如实传达，同样清楚公报内容的“审核员”要随信使一同出发，以见证信使发布的公报是否完整、准确，并向当局报告信使完成任务的情况。近代，首先在会计行业把验证财务数据可靠性的评价活动称为“审核”（即审计）。会计师在审核的基础上对财务报表的准确性做出声明。在过去几十年里，审核已经成为广为人知的评价质量或环境管理体系的符合性和有效性术语和工具了。

HSE 管理体系标准同 ISO 9001、ISO 14001 以及 GB/T 28001—2011 管理体系标准一样，是建立在 PDCA 循环上的规范化管理要求，而审核正是 PDCA 循环的一个重要过程。一个组织的利益相关方对质量、环境、职业健康和安全管理有着种种要求，组织需要对持续满足这些要求的能力进行自我评价，这种自我评价的基础就是审核。HSE 管理体系为组织提供了保证能力的方法，管理体系标准则规范和明确了体系要求，审核是用来评价体系的符合性和有效性。审核同样是第三方管理体系认证的基础。

中国石油在借鉴 ISO 19011：2002《质量和（或）环境管理体系审核指南》标准的基础上，起草和颁发了 Q/SY 1002.3—2008《健康、安全与环境管理体系 第 3 部分 审核指南》，标准中提供了体系审核的基本原则、审核方案的管理、HSE 管理体系审核的实施以及对 HSE 管理体系审核员的资格要求提供了指南。

HSE 管理体系审核是组织建立和保持 HSE 管理体系的重要环节，是评价组织 HSE 管理体系实施效果的可靠手段，也是改善组织健康、安全与环境管理工作的有效工具。通过审核可以不断发现问题，改进 HSE 管理体系，提升组织健康、安全与环境表现水平。因此，各级组织和管理者应充分认识到内部审核的作用和效力，把 HSE 管理体系审核当做是组织一项重要 HSE 活动来组织实施。

1.1 HSE 管理体系审核概述

“审核”（audit）是为获得审核证据并对其进行客观的评价，以确定满足审核准则的程度所进行的系统的、独立的并形成文件的过程。注：在许多情况下，独立性可通过与所审核活动无责任关系来体现。【Q/SY 1002.3—2008，定义 3.1】

审核是体系有效运行的保障，是一个客观获取审核证据，评价和判定 HSE 管理体系对审核准则的满足程度的过程，这一过程应确保其客观性、系统性、独立性和文件化的要求。系统性是指被审核的所有要素都应覆盖；独立性是为了使审核活动独立于被审核部门和单位，以确保审核的公正和客观。

HSE管理体系审核是组织HSE体系建立过程中的一项重要的管理性活动，审核的主要目的是确定HSE管理体系是否符合健康、安全与环境管理工作的策划安排，包括满足审核准则的要求；是否得到了恰当的实施和保持；是否有效地满足组织的方针和目标；并向最高管理者报告审核的结果，提出改进建议。

HSE管理体系审核需制定相应的文件化程序，以保证审核过程的系统性、一致性和可靠性。Q/SY 1002.3—2008《健康、安全与环境管理体系　第3部分　审核指南》对HSE管理体系审核给出了指南。

1.1.1 HSE管理体系审核的原则

审核的特征在于其遵循若干原则。这些原则使审核成为支持管理方针和控制的有效与可靠的工具，并为组织提供可以改进其绩效的信息。遵循这些原则是得出相应和充分的审核结论的前提，也是审核员独立工作时，在相似的情况下得出相似结论的前提。

关于审核的有关要求都是建立在如下原则的基础上的。

(1) 以下原则与审核员有关。

道德行为——职业的基础。

对审核而言，诚信、正直、保守秘密和谨慎是最基本的行为。

公正表达——真实、准确地报告的义务。

审核发现、审核结论和审核报告真实和准确地反映审核活动，报告在审核过程中遇到的重大障碍，以及在审核组和受审核方之间没有解决的分歧意见。

职业素养——在审核中勤奋并具有判断力。

审核员珍视他们所执行的任务的重要性以及审核委托方和其他相关方对自己的信任，具有必要的能力是一个重要的因素。

(2) 以下原则与审核有关，并通过独立性和系统性来明确。

独立性原则——是审核的公正性和审核结论的客观性的基础。审核员独立于受审核的活动，并且不带偏见，没有利益上的冲突。审核员在审核过程中保持客观的心态，以保证审核发现和结论仅建立在审核证据的基础上。

系统性原则——审核应依据明确规定的、并以文件支持的方法和系统化程序予以实施。在一个系统的审核过程中，采用基于证据的方法，得出可信的和可重现的审核结论。

抽样性原则——审核是在有限的时间内并在有限的资源条件下进行的，采用合理的抽样，使审核证据建立在可获得的信息样本的基础上。抽样的合理性与审核结论的可信性密切相关。

1.1.2 HSE管理体系审核的分类

HSE管理体系审核根据审核方和受审核方的关系的不同，审核目的、审核方式的不同，可以分为内部审核和外部审核两大类。

内部审核，有时称“第一方审核”，由组织自己或以组织的名义进行，用于管理评审和其他内部目的，可作为组织自我声明的基础。

外部审核，包括通常所说的“第二方审核”和“第三方审核”。

第二方审核由组织的相关方或其他人员以相关方的名义进行，如上级组织对下级组织的审核，组织对承包方和（或）供应方的审核。近些年很多企业在审核方式上做了很多有益的尝试与探索，如中国石油天然气集团公司的推动审核、外聘审核、不同组织之间的交叉审核等。

第三方审核由外部独立的审核组织进行，如认证机构，为这类组织提供符合要求的认证或注册，所以第三方审核有时也叫做“认证审核”。

HSE管理体系审核分类见表1.1。

表1.1 HSE管理体系审核分类

审核分类	按审核方与受审核方的关系	按实施审核的审核人员
HSE管理体系审核	内部审核	第一方审核
	外部审核	第二方审核
		第三方审核

1. 内外部审核的共同点

内部审核和外部审核作为HSE管理体系审核的两种类型，具有一些相同点，具体如下：

（1）都是属于审核的范畴，都要遵循Q/SY 1002.1—2007标准。

（2）有一个共同的目的，即评价现行HSE管理体系的充分性、适宜性和有效性。

（3）都是由独立于受审核部门之外的审核员来进行。

（4）现场审核都是从首次会议开始至末次会议结束。

（5）审核顺序和阶段大致相同。

（6）审核员应具备的素质基本相同。

2. 内外部审核的不同点

内部审核和外部审核（包括第二方审核和第三方审核）除了具有以上相同点，第一、第二、第三方审核在审核性质、审核目的等方面还分别具有各自不同的特点，具体见表1.2。

表 1.2　HSE 管理体系内外部审核的不同点

审　核	第一方审核	第二方审核	第三方审核
分类	内部审核	外部审核	外部审核
性质	组织内部人员或其他人员以组织名义进行的审核	与组织有某种利益关系的相关方或由其他人员以相关方的名义实施的审核	独立于受审核方且不受其经济利益制约的第三方认证机构进行的审核
审核方	组织内部审核员或聘请外部专家	相关方自己或委托他人代表	第三方认证机构派出审核员
审核目的	(1) 评价自身体系是否符合标准要求，保障管理体系正常运行和持续改进； (2) 及早发现不符合并进行整改，为第二、三方审核做准备； (3) 系统地检查和评定 HSE 管理现状，为管理者提供决策的依据，推动管理体系的改进	(1) 是否建立 HSE 管理体系是相关方选择、评价、认可受审核方的依据； (2) 证实受审方的管理体系符合相关方合法性评价标准的要求； (3) 加强审核方和受审核方的沟通以及对体系要求的共识，促进受审核方改进管理体系	(1) 得到符合标准的注册，向外界展示 HSE 管理体系符合标准要求； (2) 减少第二方重复审核和开支，为受审核方提供改进管理体系的机会； (3) 满足相关方要求，提高组织的信誉和市场竞争力
重点	重在自我发现，自我完善和自我改进，以促使管理体系良好运作和持续改进	重在交流、学习，取长补短，以满足相关方对受审核方 HSE 管理体系持续改进的要求	重在评定，管理体系和标准的符合性，以便决定是否给予认证

1.1.3　HSE 管理体系审核的要求

HSE 管理体系审核由于内部审核、上级组织对下级组织的审核、组织对承包方和（或）供应方的审核、认证审核在审核的性质、目的等方面的不同，其审核的具体要求也不尽相同。

1. 内部审核

（1）组织应按照规定的时间和程序进行内部审核，建立保持体系运行的监控机制。

（2）内部审核应由管理者代表组织实施，根据具体情况确定内部审核的频次。有条件时，每年度应进行不少于 1 次覆盖全要素、全部门的审核，两次审核间隔不超过 12 个月。

（3）审核组应确保审核人员的专业知识、经验与受审核区域相适应，并与受审核区域无直接责任关系。

（4）组织可采用集中式审核、分段式审核等方式开展内部审核，也可根据需要进行其他形式的专项审核。

（5）内部审核的程序应符合 Q/SY 1002.3—2008《健康、安全与环境管理体系　第 3 部分　审核指南》的要求。

（6）组织应针对内部审核发现的不符合采取纠正措施和预防措施，并进行跟踪验证。

（7）内部审核形成的相关记录、报告等应完整、清晰并妥善保存，具备可追溯性。

（8）组织应通过适宜方式对内部审核的有效性进行评审，并持续改进内部审核的质量。

2. 上级组织对下级组织的审核

（1）上级组织对下级组织的审核包括中国石油天然气集团公司或专业板块对下属企业的审核，以及企业对所属单位的审核。上级组织应根据需要实施对其下级组织的 HSE 管理体系审核，制定审核方案，根据具体情况确定审核的频次。

（2）上级组织对下级组织的审核应由上级组织组成审核组或委托相关咨询机构以组织的名义进行，审核人员不论来自组织内部还是外部，均应坚持公正和客观的工作态度。

（3）上级组织对下级组织的审核内容应考虑对其 HSE 管理体系运行情况的检查评价，以及相关政策要求的落实等。

（4）组织可结合审核对其下级组织的 HSE 管理体系运行质量进行评估。

（5）上级组织对下级组织审核的程序应符合 Q/SY 1002.3—2008《健康、安全与环境管理体系　第 3 部分　审核指南》的要求。

（6）组织应采取适宜的措施对审核发现的不符合进行跟踪验证。

（7）上级组织对下级组织的审核所形成的相关记录、报告等应完整、清晰并妥善保存，具备可追溯性。

3. 组织对承包方和（或）供应方的审核

（1）组织应确定对承包方和（或）供应方的 HSE 管理体系进行审核的需求、时机和频次，制定审核方案。

（2）组织应将对承包方和（或）供应方进行的审核作为对其评定和选择的重要方法，宜通过合同约定明确审核要求和依据，并通过审核手段共同提高承包方和（或）供应方的 HSE 管理绩效。

（3）组织对承包方和（或）供应方的审核应由组织组成审核组或委托相关机构以组织的名义进行。审核人员应保持公正和客观的工作态度。

（4）组织对承包方和（或）供应方的审核内容应考虑 HSE 管理体系运行情况，特别是生产作业现场的健康、安全与环境管理状况，以及相关合同条件的兑现情况等。

（5）组织对承包方和（或）供应方进行审核的程序应符合 Q/SY 1002.3—2008《健康、安全与环境管理体系　第 3 部分　审核指南》的要求。

（6）组织应建立跟踪机制，采取适宜的措施对承包方和（或）供应方审核中发现的不符合进行跟踪验证。

（7）组织应建立承包方和（或）供应方 HSE 管理业绩档案，将对承包方和（或）供应方的审核结果纳入承包方和（或）供应方资质评价，作为承包方和（或）供应方持续评价管理的输入信息。

（8）组织对承包方和（或）供应方审核所形成的相关记录、报告等应完整、清晰并妥善保存，具备追溯性。

4. 认证审核

(1) 组织应实施 HSE 管理体系认证，并通过认证审核推动和规范组织建立、实施和保持 HSE 管理体系，满足各方面的需求。

(2) 认证审核的流程。

——HSE 管理体系初次认证分为第一阶段审核和第二阶段审核两个阶段实施。

第一阶段审核旨在全面了解受审核方 HSE 管理体系的基本状况，确认审核范围，以及是否具备第二阶段审核的条件，包括文件审查和现场审核。

第二阶段审核旨在判定受审核方的管理体系是否满足认证注册要求，在第一阶段审核的基础上全面地审核评价体系的运行状况。

——通过认证审核的组织每年应接受年度监督审核，验证 HSE 管理体系是否持续运行，确认与认证要求的持续符合性。

——一个认证周期为 3 年，到期后应进行再认证，再认证应对上一个认证周期的 HSE 管理体系实施与保持情况进行评价。

(3) 认证审核应符合以下规则要求：

——遵循自愿申请的原则。

——申请认证的组织应满足规定的认证条件。

——在确定的认证范围内进行认证审核。

——遵循确定的方针和程序进行。

1.1.4 HSE 管理体系审核的特点

中国石油借鉴 ISO 19011：2002《质量和（或）环境体系审核指南》的要求，颁发实施了 Q/SY 1002.3—2008《健康、安全与环境管理体系　第 3 部分　审核指南》，对 HSE 管理体系审核规定了一套正规的程序和做法。概括起来，HSE 管理体系审核的特点有以下几个方面。

1. 审核以文件化的体系为基础

HSE 管理体系审核要对 HSE 管理体系的符合性、有效性和适宜性作出判断和评价，首先要求 HSE 管理体系必须以正规化、规范化为基础，而正规化、规范化则要求文件化。只有建立文件化的 HSE 管理体系，才能规范运作，才有比较和评价的可能。文件化的 HSE 管理体系是审核对象的必要条件。

2. HSE 管理体系审核的正式性

HSE 管理体系审核的正式性，主要体现在：

（1）无论是外部审核还是内部审核，都需经过相关的委托方授权和批准才能进行，第三方审核还需要根据合同进行。

（2）HSE 管理体系审核有规范的程序和方法，从审核的准备到审核的实施和审核后的跟踪验证都有规范的程序和方法。

（3）审核工作必须由经过培训、且经资格认可的人员进行，不管是外部或是内部审核，审核人员都需经过正规的培训并取得相应的资格，具备相应的能力才能进行审核工作。

（4）审核必须形成书面的文件，审核计划、检查表、不符合报告、审核报告等都要形成书面文件。

3. HSE 管理体系审核的客观性、独立性和系统性

审核的客观性、独立性和系统性是开展审核的三个核心原则。

（1）客观性是指审核员要以充分的客观证据为基础，实事求是，公正、客观地评价审核对象，不能存在偏见、不能主观地给出审核结论。

（2）独立性是指审核员要与被审核的领域无直接责任关系。在外部审核中，审核员应与受审核方无任何利益关系。在内部审核中，一般来说本部门人员不能审核本部门工作。

（3）系统性是指审核员要按照一套行之有效的程序和方法，有组织、有计划、有步骤地进行样本的选择、客观证据的收集、审核结论的得出、纠正措施和预防措施的跟踪验证。对于审核所发现的问题也不能停留在表面，而应该进行系统地分析，寻找造成不符合的原因。

4. HSE 管理体系审核的抽样

由于时间、人员、地域等的限制条件以及体系运行的连续性，审核人员要在规定的时间内完成对 HSE 管理体系 28 个要素的全面的审核，通常采取抽样检查的方法，包括抽取一定数量的文件、记录等相关资料，访谈一定数量的人员，抽查若干台重要设备，观察若干个作业现场和相关过程等。这种以少量样本的审核结果来描述一个完整的 HSE 管理体系的审核方法，必然具有一定的风险性。因此，抽样应做到随机抽样，样本要具有一定的代表性，以便最大限度地减小风险。

1.1.5 体系审核的基本流程

HSE 管理体系审核程序包括审核的策划和准备、审核的实施、不符合报告的开具、审核报告的编写以及审核的后续活动等，具体内容可根据组织的实际情况做适当的调整。HSE 管理体系审核基本流程见图 1.1。

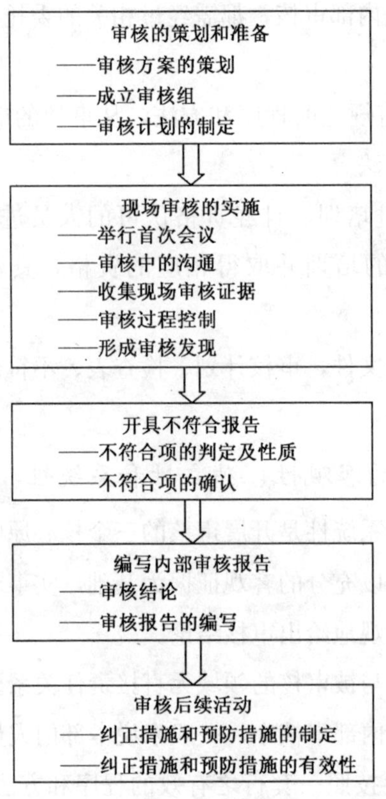

图 1.1　HSE 管理体系审核基本流程图

1. 审核的策划和准备

组织应对内部审核进行策划，制定内部审核方案，明确一个特定时间段的审核策划、审核形式、审核频次及次数，审核资源等。内部审核的准备包括成立审核组，制定内部审核计划，编制审核检查表等工作。

2. 现场审核的实施

审核组应准时到达审核现场，召开一次正式的首次会议，说明审核的目的、范围、准则和方法。如果是例行审核，且是全部门的审核，这种首次会议可适当简化。通过审核过程中的有效沟通，收集现场审核证据，对照审核准则进行评价，形成审核发现。

审核组召开内部会议，对审核发现进行总体评审和分析，最终对体系运行的总体情况达成共识，形成审核结论。对于确认的不符合项要与受审核方进行沟通，获取受审核方的认可，然后编写不符合报告，为末次会议做准备。

在末次会议上，审核方应报告审核发现，宣读不符合报告，宣布审核结论。在末次会议后还应要求受审核方提出纠正措施相关计划，并跟踪验证纠正措施的实施效果。

3. 开具不符合报告

实施现场审核后，审核组要将现场审核记录与审核证据进行对比分析，与审核准则不相符的要列入不符合项。对于确定的不符合项，首先要判定不符合的类型，开具出不符合报告；其次，在末次会议召开前要与受审核方进行沟通，对不符合项的判定取得认可。

4. 编写内部审核报告

现场审核结束，审核组长应根据审核组成员的审核记录和报告，组织并主持对审核情况进行总体汇总和分析，同时应与上次审核的情况做比较，评价体系运行的有效性和符合性，得出审核结论，按照组织相关程序规定的内容和格式编写审核报告，报管理者代表审定后通过体系管理部门发送给各相关方。每次审核的记录和审核报告应作为体系运行和完善的重要证据存档。

5. 审核后续活动

体系管理部门应组织内审员对不符合项的纠正措施和预防措施的制定及其计划的落实情况进行跟踪验证。跟踪验证结束时，应对各部门纠正措施和预防措施的实施情况加以汇总分析，并将结果上报给最高管理者，作为管理评审的重要输入之一。

以上各步骤都应在内部审核程序中有所规定。内部审核程序应根据每个组织的实际情况编制，但这些主要内容是必不可少的。

1.2 内部审核及其策划

只有充分做好内部审核的策划工作，合理运用策划的结果，按策划的结果组织实施和改进，才能高质量地完成内部审核工作。内部审核策划包括领导的重视、管理者代表的组织、内部审核程序的建立等组织工作，最重要的是内部审核方案的策划。审核方案应明确确定内审的时间间隔安排、审核的方式、审核方案的建立等内容。

1.2.1 内部审核概述

内部审核是管理体系自我改进、自我完善机制的重要内容，也是管理体系得以维持和改进的重要保证。作为评价组织过程和活动有效性的一种手段，通过系统的策划，对组织的过程和活动是否符合管理体系文件规定的要求，是否实现或适合于实现组织确定的方针和目标的要求进行评价和总结。其核心作用是识别管理体系存在的问题和不足，发现改进机会，以实现有针对性的改进，推动管理体系的持续改进。

审核目的应当由审核委托方确定，审核范围和准则应当由审核委托方和审核组长根据审核方案确定。审核目的、范围和准则的任何变化应当征得原各方同意。

1. 审核目的

内部审核作为一项重要的管理活动，审核目的确定审核要完成的事项，包括但不限于：

(1) 依据 HSE 管理体系审核准则，判断受审核方 HSE 管理体系的符合程度。

(2) 评价受审核方 HSE 管理体系确保满足法律法规和合同要求的能力。

(3) 作为一种管理手段，及时发现和识别 HSE 管理中的问题以及 HSE 管理体系潜在的改进方面。

(4) 在第二、第三方审核前，发现问题加以纠正，为顺利通过外部审核做准备。

(5) 作为一种自我改进机制，评价管理体系实现规定目标的有效性，确定可予以改进的领域。

2. 审核范围

在明确审核目的后，审核组长与受审核方应确定审核范围。内审的范围可视组织所建体系覆盖的活动、产品和服务而定，并可有一定的灵活性。审核范围描述了审核的内容和界限，例如实际位置，组织单元，受审核的活动和过程以及审核所覆盖的时期。将其具体化，大致可分为：

(1) 业务领域。

——明确组织的活动、产品、服务所涉及的范围及由此引起的重大 HSE 因素和相关的影响。

——将有重大 HSE 因素和相关 HSE 影响的部门作为重点审核对象。

(2) 现场范围。

——在一个组织有多个类似活动现场的情况下，可以将多个现场作为一个现场来审核。

——临时性现场，如建设公司的现场等这类临时性现场，其本身不作为审核对象，而是以开展这一业务的组织为对象，现场仅仅为该组织的 HSE 管理体系实施状况的证明而被抽样检查。

——无特定现场的审核对象，如服务公司的业务现场不固定，审核范围应根据组织及所提供的服务来规定。体系的运行状况可在一部分服务现场审核。

(3) 管理领域。

——申请注册的范围内，有关 HSE 的所有责任和权限应明确。

——在设定 HSE 目标和指标及制定 HSE 管理方案时，应拥有决定如何实施 HSE 方针的权限。

——拥有关于 HSE 管理及改进的财政和人力资源的支配权限。

——组织的输入或输出能用和其他组织的业务接口来明确，如输入：原料、员工、服务等；输出：产品、服务、产品的储存或运输、废弃物等。

——应考虑适用于申请注册范围的法律法规。

3. 审核准则

“审核准则”是用作确定符合性的依据，在日常工作中通常又习惯称之为“审核依据”，因审核的目的不同，审核准则可以有所不同。审核准则可以包括所适用的方针、程序、标准、法律法规、管理体系要求、合同要求或行业规范。

内部审核的审核准则可由组织自行确定。一般包括 HSE 管理体系标准；组织应遵守的法律、法规及其他要求；组织的 HSE 管理体系手册、程序及其他要求等三个方面。

(1) Q/SY 1002.1—2007 标准。

Q/SY 1002.1—2007 标准融合了环境管理体系和职业健康安全管理体系标准的特点，旨在使组织能够控制健康、安全与环境风险，实现健康、安全与环境目标，并持续改进其绩效。与内部审核的意义相一致，是组织实施内部审核的重要依据。

(2) 管理手册、程序文件及其他相关体系文件。

管理手册和程序文件是组织根据 Q/SY 1002.1—2007 标准的要求编制的。它对组织内部的 HSE 管理体系的实施提供强制性指令和具体运行指导，一旦发布就是公司的 HSE 管理法规，是全体员工的行为准则。因此，HSE 管理手册和程序文件及其他相关 HSE 管理体系也是审核准则的组成部分。

(3) 适用于组织的国家、地方和行业有关 HSE 法律法规和其他要求。

Q/SY 1002.1—2007 标准强调对遵守健康、安全与环境的承诺，因此适用于组织的法律法规和其他要求也必须作为审核准则之一，因为它在 HSE 管理上占有十分重要的地位。这里的其他要求可以是相关的各种标准和规范，如排污许可证上的要求或相关方提出的要求等。

1.2.2　内部审核的组织

内部审核的组织是一项需经常开展的、正式的管理活动，重在有效性审核，根本的目的在于发现问题并致力于改进。内部审核的组织对于内部审核工作的开展起着非常重要的作用，良好的组织是内部审核成功的必要条件。内部审核是管理者介入体系管理的重要手段，审核结果需经管理者评审，不符合项需管理者组织实施纠正措施。实践已经证明，没有最高管理者的支持与参与，内部审核不可能顺利进行，也不会收到期望的效果。

1. 领导要重视

内部审核牵涉到组织的所有部门，需要有高层管理者协调，只靠安全环保部门的努力，权威性不够。HSE 管理原则中明确提出“各级管理者必须亲自参加健康安全环境审核”，因此各级管理者应对内审工作给予足够的重视，并赋予内审权威性。其中尤其重要的是要充分运用内部审核这个重要的管理手段作为改进机制。

2. 管理者代表亲自抓

最高管理者要任命管理者代表，并确保其按照 Q/SY 1002.1—2007 标准的规定建立、实施和保持 HSE 管理体系，负责建立内审员队伍和程序、制订计划、实施内审和审批审核报告。同时也是组织各个部门就 HSE 问题向最高领导层反映各种意见与建议，进行上下信息沟通的重要渠道。

3. 落实内部审核职责

为保持 HSE 管理体系使其长期有效并持续改进，要求内审是一项日常的常规工作。这就需要有专门的机构和人员来负责实施内审。这些机构和人员可能还有一些其他的工作，但内审工作应是此类部门和人员的一项重要任务，而内审工作又完全可以与其他工作结合进行。

4. 建立一支合格、稳定的审核员队伍

应在组织各部门和层次选择一批熟悉公司业务、专业技术、工艺流程、HSE 知识和管理知识，了解 HSE 法律、法规，有一定的学历和工作经验、有交流表达能力和正直的人员进行审核培训，所有经过培训的审核员需经考核合格后方可正式任命。审核员要有一定的数量和稳定性，以便足以胜任例行的和特殊的内审任务，还要考虑派往承包方做第二方审核；同时要认识到有经验的审核员是组织宝贵的资源，不能因岗位的变动和职务的变化就改变其审核员的身份。

5. 有正规的内部审核程序

为使内部审核有系统、有组织、有方法和有计划地进行，一套正规的文件化内审程序是必不可少的，同时也是标准所明确要求的。内审程序应明确审核的目的、范围、审核原则和方法、审核员的确定、审核过程和步骤、审核报告、不符合项、纠正和预防措施要求以及具体的实施方法等。内部审核程序应以组织正式文件发布，并作为组织的重要文件存档。

鉴于内部审核的特点、重要性及其组织和实施的难度，如何保证其质量和效果就成为每个组织和内部审核员最为关注的问题了。开展内部审核的难度表现在：高层管理者等人的支持往往因人事或环境的因素打折扣；审核结果涉及员工或集体的荣誉和利益，可能发生争执；有水平、有能力、懂得管理、技术高而又有充裕时间的稳定的审核员队伍难以建立。

1.2.3 内部审核方案

“审核方案”（audit programme）是针对特定时间段对具有特定目的的一组（一次或多次）审核所进行的策划实施活动安排。注：审核方案包括策划、组织和实施审核的所有必要的活动。【Q/SY 1002.3—2008，定义 3.2】

审核方案也有叫审核大纲、年度审核计划等，是对一个特定时间段的审核进行策划、确定审核的形式、审核的频次及次数，确定和提供审核的资源。根据受审核组织的规模、性质和复杂程度，一个审核方案可以包括一次或多次审核。审核方案还包括对审核的类型和数目进行策划和组织，以及在规定的时间框架内有效和高效地实施审核提供资源的所有必要的活动。

审核方案策划时应考虑拟审核的过程和区域的状况及重要性以及以往审核的结果，针对特定时间段（譬如一年内）所策划并具有特定目的的一组（一次或多次）审核，通常一年编写一份，必要时做调整。一个组织可以制定一个或多个审核方案。审核方案也可以临时制定，以满足增加的（或追加的）审核。

1. 审核方案的目的

应当确定审核方案的目的以指导审核的策划和实施。这些目的可基于以下考虑：

(1) 组织管理方面的优先事项；

(2) 组织的发展经营要求和战略目标；

(3) 组织管理体系的要求；

(4) 法律法规和合同的要求；

(5) 组织承包方和供应方评价的需要；

(6) 组织相关顾客的要求；

(7) 其他相关方的需求；

(8) 组织的职业健康、安全与环境相关的风险。

2. 审核方案的内容

审核方案的内容可以变化，并受被审核组织的规模、性质与复杂程度以及下列因素的影响：

(1) 每次审核的范围、目的和期限；

(2) 审核的频次；

(3) 受审核活动的数量，重要性，复杂性，相似性和地点；

(4) 标准、法律法规和合同的要求及其他审核准则；

(5) 认证/注册的需要；

(6) 以往的审核结论或以往的审核方案的评审结果；

(7) 语言、文化和社会因素；

(8) 相关方的关注点；

(9) 组织或其运作的重大变化。

3. 审核方案的分类

(1) 集中式审核和滚动式审核。

内部审核方案按审核组织方式分为“集中式”和“滚动式”两种，审核方案可以是跨年度连续进行，以体现出审核的连续性。两种审核方式的特点具体见表1.3。

表 1.3 集中式审核和滚动式审核的特点

分　类	集中式审核	滚动式审核
审核时段	在计划的某段限定的时间内进行	持续时间较长
审核过程	每次审核可针对体系全部适用的过程（或要素）及相关部门，也可针对某些过程（或要素）或部门	在一个审核周期内应保证体系所有过程（或要素）及相关部门得到审核，重要的过程（或要素）和部门可安排多频次审核
适用范围	适用于中、小型企业、无专职机构及人员的企业的第一、第二、第三方审核	适用于大、中型企业，设有专门内部审核机构或专职人员的企业的内部审核，不适用于第二、第三方审核
优点	审核周期短，能很快发现问题，便于集中整改	需要的审核员少，审核员能够对组织管理体系运行情况进行很好的横向比较和整体分析，能够保证审核结论的系统性
缺点	需要审核员数量较多，有可能出现重要过程或部门的审核由不成熟的审核员来担任，从而影响审核质量	审核周期长，不能很快得出审核结论，系统性改进的周期变长

集中式审核类似于第三方审核，就是在确定时间（一般为几天）内一次性集中审核，完成体系覆盖的所有部门、单位和要素，集中式审核一般每年一到两次。

滚动式审核有时也称为分段式审核，一般每季或每月对一个或几个部门或要素进行一次审核，逐季逐月开展，使一年内把所有部门、所有要素都覆盖至少一次，最好是覆盖两次。对重点部门或要素的审核频次可适度增加。

目前各组织通常都是采用集中审核的方式，但对于超大型、跨区域、多专业的组织采用集中式审核的审核质量难于保证，对于这样的组织应大力提倡滚动式的审核策划方式。

(2) 专项审核和全要素审核。

内部审核方案按审核要素安排，可分为“专项审核”和“全要素审核”两种，具体见表1.4。

表 1.4 专项审核和全要素审核的特点

分　类	专项审核	全要素审核
审核时段	在计划的某段限定的时间内进行	在计划的某段限定时间内进行，也可持续时间较长
审核过程	每次审核可针对体系某个或多个过程（业务、活动、产品或要素）及相关部门	每次审核保证体系所有过程（业务、活动、产品或要素）及相关部门得到审核
适用范围	主要适用第一、第二方审核，一般不适用于第三方审核	适用于第一、第二、第三方审核
优点	需要的审核员少，审核重点突出，审核具有较高的深度，周期短，能很快发现某一特定领域内的问题，便于集中整改	审核更为正式、系统和全面，能够保证审核结论的系统性和全面性，有利于组织系统性的改进
缺点	审核缺乏系统性和全面性，存在就事论事的可能，不利于组织系统性改进	需要审核员数量较多，有可能出现重要过程或部门的审核由不成熟的审核员来担任，从而影响审核质量

专项审核是以某一个或多个专项业务、活动、产品、要素为主题进行的审核，专项审核实例如：工艺安全管理审核、行为安全审核、建设项目审核、应急管理审核、消防管理审核、作业许可审核等。

全要素审核是由一次审核活动完成体系所有要素的审核，目前开展的第一、第二、第三方审核基本都是全要素的审核，由于时间短、涉及面广，审核深度和审核质量难于控制。对于第一、第二方审核可以适当采用专项审核的方式来开展审核工作，更能很好地促进企业的专项管理水平的提升。

（3）结合审核和联合审核。

除上述几类分类方式外，还存在其他形式的审核分类，如按审核的管理体系和受审核组织的复杂性，又有“结合审核”和“联合审核”等组织方式。

当两个或两个以上管理体系被一起审核时，称为“结合审核”。如一些组织会同时安排一个审核组，进行质量管理体系和 HSE 管理体系两个体系的共同审核，此时审核方案为结合审核。在这种情况下，应当特别关注审核组的质量和 HSE 两方面的能力。当实施结合审核时审核组长应确保审核目的、范围和准则适合于结合审核的性质。

当两个或两个以上审核组织合作，共同审核同一个受审核方时，这种情况称为“联合审核”。如有些组织在内审时会聘请咨询公司等中介机构与组织内部的审核员共同来进行审核。

作为各自审核方案的一部分，两个或两个以上审核组织可以进行合作，实施联合审核。在这种情况下，应特别注意职责分工、附加资源的提供、审核组的能力以及适当的程序，特别是审核组长的权限，并在审核开始之前就此达成一致意见，这一点非常重要。

4. 审核方案的建立

审核委托方（内部审核审核委托方是组织本身）应制定审核方案，确定受审核部门或现场、审核内容、审核时间、审核组长以及审核组成员等。对一个具体组织而言，一般一年策划一次审核方案，策划的输出一般为“年度内部管理体系审核方案（计划）”，或在年度工作计划中明确年度的审核安排。特殊情况时，可以重新调整审核方案。

（1）审核方案管理的职责。

组织的最高管理者应当对审核方案的管理进行授权，组织的管理者代表通常就是负责管理审核方案的人员，应当：

——确定审核方案的目的和内容；

——确定职责和程序，并确保资源的提供；

——确保审核方案的实施；

——确保保持适当的审核方案记录；

——监视、评审和改进审核方案。

(2) 审核方案的资源。

识别审核方案所需资源时应当考虑：

——开发、实施、管理和改进审核活动所必要的财务资源；

——审核的技术和方法；

——实现并保持审核员能力以及改进审核员表现的过程；

——获得适合具体审核方案实施的有能力的审核员和技术专家；

——审核方案的内容（如范围和程度）；

——路途时间、交通、食宿和其他审核所需要的条件。

(3) 审核方案的程序。

审核方案的程序应当明确以下内容：

——审核的策划和日程安排；

——确保审核员和审核组长的能力；

——选择适当的审核组并分配其任务和职责；

——实施审核；

——适用时，实施审核后续活动；

——保持审核方案的记录；

——监视审核方案的有效性；

——向最高管理者报告审核方案的总体实现情况。

对于较小的组织，上述活动可在一个程序中描述。

相关链接：审核方案建立的影响因素

审核方案的内容可以变化，受组织的规模、性质与复杂程度以及下列因素的影响：

(1) 每次审核需覆盖的部门、场所、区域、产品、过程、活动以及时间跨度，同时包括每次审核需要实现的审核目的，以及审核策划、准备、实施、编写审核报告等活动所需的时间。

(2) 每年审核一次或几次，有些情况下可适当增加或减少一定次数的审核。

(3) 受审核活动的复杂性，相似性，场所的位置以及活动过程中风险识别的重要性和影响程度。

(4) 如果组织寻求认证时，则其审核方案应满足认证规范的要求。

(5) 组织可以根据以往审核的结果和审核方案的评审结果，适当增加或减少一定次数的审核，或适当调整审核方案覆盖的审核范围。

(6) 应考虑到组织内、外部相关方不同的关注点，如顾客或业主对组织满足合同要求的能力的关注，以及上级组织对其 HSE 管理绩效的关注等内容。

(7) 组织的基础设施、对 HSE 管理体系起决策作用的人员、组织结构、生产活动、危害因素等方面的重大变化。

(8) 应注意政府的执法检查或上级部门的审核或检查不能代替 HSE 管理体系内部审核。但检查的结果可能会对审核方案的确定产生一定的影响。

5. 审核方案的实施

审核方案的实施应当明确以下方面：

(1) 与相关方沟通审核方案；

(2) 审核及其他与方案有关活动的协调和日程安排；

(3) 建立和保持评价审核员及其持续专业发展的过程；

(4) 确保审核组的选择；

(5) 向审核组提供必要的资源；

(6) 确保按审核方案进行审核；

(7) 确保审核活动记录的控制；

(8) 确保审核报告的评审和批准，并确保分发给审核委托方和其他特定方；

(9) 适用时，确保审核后续活动。

6. 审核方案的记录

应当保持记录以证实审核方案的实施，包括以下几个方面。

(1) 与每次审核有关的记录，如：

——审核计划；

——审核报告；

——不符合报告；

——纠正措施和预防措施的报告；

——适用时，审核后续活动的报告。

(2) 审核方案评审的结果。

(3) 与审核人员有关的记录，覆盖诸如以下方面：

——审核员能力和表现的评价；

——审核组的选择；

——能力的保持和提高。

记录应当予以保存并以适宜的方式予以保管。

7. 审核方案的监视和评审

应当监视审核方案的实施，并按适当的时间间隔进行评审，以评定其是否已达到目的，并识别改进的机会。结果应当向最高管理者报告。

应当采用适当的方式（如利用业绩指标等）监视以下特性：

(1) 审核组实施审核计划的能力；

(2) 与审核方案和日程安排的符合性；

(3) 审核委托方、受审核方和审核员的反馈。

审核方案的评审应当考虑诸如以下内容：

(1) 监视的结果和趋势；

(2) 与程序的符合性；

(3) 相关方变化的需求和期望；

(4) 审核方案的记录；

(5) 替代的或新的审核实践；

(6) 在相似情况下，审核组之间表现的一致性。

审核方案评审的结果可以导致采取纠正措施和预防措施以及改进审核方案。

相关链接：审核方案与审核计划的不同

审核方案侧重于审核项目与内容的筹划，审核计划（有的组织叫审核实施计划）应该是侧重于审核时间上的安排。按照审核方案的时间，一般需提前一个月成立审核小组，编写这一次审核的日程计划，以便有序地按照该计划执行具体的审核。审核计划是审核方案的一部分，审核计划的编制、批准、实施应符合方案的规定。

审核方案与审核计划在通常情况下是不同的，主要表现在以下方面：

(1) 在内容范围方面：审核方案是针对特定时间段所策划，并具有特定目的的一组审核（包括策划、组织和实施审核所必要的所有活动）；审核计划是对一次具体审核的活动和安排，也就是按照审核方案，制定出细致的具体的审核安排。

(2) 在性质方面：审核方案是描述一组具有共同特点的审核活动及对审核活动的管理的文件，包括审核计划的制订和实施、为实施审核提供资源所必要的所有活动和安排，有些内容没有必要形成文件；审核计划是描述一次审核活动和安排的文件，通常需形成文件，明确审核范围、审核依据（准则）、审核组长、审核组成员、审核地点、审核时间，以及每天各小组具体的审核进度安排。

（3）在编制人员方面：审核方案则由负责审核方案管理的人员建立；审核计划应由审核组长编制。

审核方案和审核计划虽然有不同的地方，但是在某些时候是可以相通的。如某石油公司下属有多个钻井队，而每个钻井队现场的实际情况又各有不同，那么审核方案就是对每年度所有现场进行审核的策划，而审核计划则是对每个现场的单独的审核计划。如果某石油公司仅有一个包含了所有功能的生产场所，这种情况下审核方案和审核计划可以相通。体系的实施应注重实际效果，形式可以灵活多样。

1.3 内部审核的准备

内部审核的准备是组织内部审核取得良好效果的重要前提，其准备的充分与否，直接影响内部审核的质量。审核准备首先应由组织的管理者代表依据审核方案确定审核组的规模，并指派审核组组长，成立审核组。由审核组长编制审核计划，进行审核任务分配，组织必要的文件审核，并编制现场检查表。

审核组成员应当评审与其所承担的审核工作有关的信息，并准备必要的工作文件，用于审核过程的参考和记录。这些工作文件可以包括：检查表和审核抽样计划；记录信息（例如：支持性证据，审核发现和会议的记录）的表格。

检查表和表格的使用不应当限制审核活动的内容，审核活动的内容可随着审核中收集信息的结果而发生变化。工作文件，包括其使用后形成的记录，应至少保存到审核结束。审核组成员在任何时候都应当妥善保管涉及保密或知识产权信息的工作文件。

1.3.1 成立审核组

“审核组”（audit team）是实施审核的一名或多名审核员组成，需要时，由技术专家提供支持。注：指定审核组中的一个审核员为审核组长。【Q/SY 1002.3—2008，定义3.11】

成立审核组是内部审核准备阶段的基础工作，也是内部审核开展的首要条件。包括审核组长和审核员的选择、各自的职责分配、体系文件的评审等。

1. 审核组的成立

审核组的建立，要考虑实现审核目的所需的能力。审核组规模和组成的确定，应考虑下列因素：

（1）审核目标、范围、准则以及审核期限；

（2）需要达到审核目标的审核组的总体能力；

（3）法律法规、合同以及认证的要求（适用时）；

（4）确保审核组与所审核活动的独立性，并避免利益上的冲突；

（5）审核组成员与受审核组织的协调能力以及共同工作的能力。

保证审核组整体能力的过程应当包括下列步骤：

（1）识别为达到审核目的所需的知识和技能；

（2）选择审核组成员以使审核组具备所有必要的知识和技能。

若审核组中的审核员没有完全具备审核所需的知识和技能，可通过技术专家予以满足。技术专家应当在审核员的指导下进行工作。

审核委托方和受审核方均可以依据合理的理由申请更换审核组的具体成员。合理的理由包括利益冲突（例如：审核组成员是受审核方的员工）和以前缺乏职业道德的行为等。这些理由应当与审核组长和管理审核方案的人员沟通。

2. 审核组长和审核员的选择

审核组应具备公正性和专业能力及审核技巧，内部团结合作，审核组长应具备组织和领导能力。在选择审核组长和审核组成员时，必须考虑以下因素：

（1）资格：必须是经过培训并有任命的审核员，可以是中介咨询机构人员。特殊情况下，审核组可吸收技术专家参加审核组，但需经过批准。

（2）业务范围：审核员应与受审核部门无直接的责任关系，其专业最好与受审核部门业务相适应，但不强求要专业一致。

（3）经验与能力：审核组长要有较多的审核经验，并有组织管理整个审核工作的能力。

（4）为受审核部门所接受：管理者代表或审核组长在决定审核组成员以前应征得受审核部门的同意，当受审核部门不肯接受委派的审核员时可考虑另选审核员。

3. 审核组长的职责

审核组长是主持全部审核工作的负责人，负责对全部审核过程的领导及对审核过程进行有效的控制和高效的管理。具体职责如下：

（1）全面负责审核各个阶段的工作；

（2）制定并传达审核计划，合理分配审核组成员的工作任务；

（3）协调工作文件（现场检查表等）的制定，向审核组发布简要的指令；

（4）主持现场审核，并对审核过程实施有效的控制；

（5）代表审核组与受审核方商谈；

（6）及时与受审核部门负责人进行沟通关于审核过程中的重大障碍、关键性的不符合情况以及审核进程等问题；

（7）清晰、明确报告审核结果，提交审核报告；

（8）组织跟踪审核。

4. 审核员的职责

审核组成员是审核工作的全程参与者，对各自范围内的审核工作的质量负责。具体职责如下：

（1）服从审核组长的指导，支持审核组长开展工作；

（2）独立完成分工范围内的现场审核任务，收集与分析有关审核证据，对审核发现进行判断；

（3）编制不符合报告，进行审核组内部交流，向组长报告审核结果；

（4）完成审核组长交代的其他工作，如整理、归档审核文件、协助编写审核报告等；

（5）验证受审核方所采取的纠正措施和预防措施的有效性；

（6）无论任何时候都要遵守职业道德，保持客观公正。

5. 审核组的工作分配

审核组长应与审核组其他成员协商，将具体的过程、职能、场所、区域或活动的审核职责进行分配。工作分配应考虑审核员的独立性和能力的需要、资源的有效利用，以及审核组成员的不同作用和职责。为确保实现审核目的，并可随着审核的进展进行调整所分配的工作。

6. 体系文件评审

在现场审核前应当评审受审核方的文件，以确定文件所述的体系与审核准则的符合性。文件可包括管理体系的相关文件和记录及以前的审核报告。评审应当考虑组织的规模、性质和复杂程度以及审核的目的和范围。在有些情况下，如果不影响审核实施的有效性，文件评审可以推迟至现场审核开始。在其他情况下，为获得对可获得信息的适当了解，可以进行现场初访。

如果发现文件不适用、不充分，审核组长应当通知审核委托方以及受审核方。应当决定审核是否继续进行或暂停直至有关文件的问题得到解决。

7. 与受审核方建立初步联系

与受审核方就审核的事宜建立初步联系可以是正式的或非正式的，但应当由负责管理审核方案的人员或审核组长进行。初步联系的目的是：

（1）与受审核方的代表建立沟通渠道；

（2）确认事实审核的权限；

（3）提供有关建议的时间安排和审核组组成的信息；

（4）要求接触相关文件，包括记录；

（5）确定适用的现场安全规则；

（6）对审核做出安排；

（7）就观察员的参与审核组向导的需求达成一致意见。

审核组长应当确定审核的可行性，同时考虑诸如下列因素的可获得性：策划审核所需的充分和适当的信息；受审核方的充分合作；充分的时间和资源。当审核不可行时，应当在与受审核方协商后向审核委托方建议审核的替代方案。

1.3.2 内部审核计划

“审核计划”（audit plan）是对一次审核活动和安排的描述。【Q/SY 1002.3—2008，定义 3.3】

内部审核计划是对一项具体审核活动及安排的说明，确定现场审核人员、日程安排、审核员的分工以及审核路线的文件，是审核委托方、审核组和受审核方之间就审核的实施达成一致的结果，是指导内部现场审核工作的重要依据。审核计划经过审核委托方批准，受审核方确认后，审核组应严格按计划实施审核。

1. 审核计划的内容

审核组长应编制审核计划，审核计划应考虑审核方案的要求，便于审核活动的日程安排和协调，审核计划的详细程度应反映审核的范围和复杂程度。审核计划应包括但不限于以下内容：

（1）审核目的：判定 HSE 管理体系是否得到了实施和保持，发现 HSE 管理体系中可予以改进的领域，评价体系的有效性和适宜性，或为第二、第三方审核作准备。

（2）审核性质：例行审核或因特殊情况下的追加审核。

（3）审核范围：组织所涉及的活动、产品和服务，以及职能部门和相关现场。“审核范围”（audit scope）是审核的内容和界限。注：审核范围通常包括对实际位置、组织单元、活动和过程以及所覆盖的时期的描述。【Q/SY 1002.3—2008，定义 3.15】

（4）审核准则：Q/SY 1002.1—2007 标准、HSE 管理体系文件、适用的法律法规及其他要求。“审核准则”（audit criteria）是一组方针、程序或要求。注：审核准则是用于与审核证据进行比较的依据。【Q/SY 1002.3—2008，定义 3.4】

（5）审核组成员：审核组长和审核组成员名单。

（6）审核日期：现场审核的起止日期。

（7）审核日程安排：审核的部门、要素和具体时间安排，以及审核员分工。

（8）保密要求：审核组应严守受审核方有关产品、组织、管理和技术等信息保密的承诺内容。在没有得到受审核方同意情况下，不得向任何第三方透露。

（9）备注说明：包括陪同人员的作用说明，差旅安排要求等。

2. 审核时机和频次

内部HSE管理体系审核，一般可以分为例行的常规审核和特殊情况下的追加审核两类。常规审核按预先编制的年度计划进行，往往是定期对一个、几个或全部部门和要素进行的审核，每年应覆盖所有部门和要素。

在体系刚开始运行时，审核的频次可能高一些，待体系正常运转后，频次可减少到正常所需的水平。对各部门审核的频次可依据其问题复杂程度和重要性（重要危害因素的多少，目标、指标的多少及危险的严重性）来决定，还可根据前次审核中发现问题的严重程度和数量来决定，且每年可调整。

在以下几种特殊情况下往往需要追加审核：

（1）发生了与HSE管理有关的重大问题或相关方有严重抱怨；

（2）公司的领导层、隶属关系、内部机构、承诺方针、目标、重要危害与环境因素、生产工艺及现场等有较大改变；

（3）发生重大健康、安全和环境事故；

（4）即将进行第二、第三方审核；

（5）获证后，证书即将到期有希望继续保持认证资格。

内审的时机和频次应根据公司内部的实际情况，由管理者代表提出具体计划并报请最高管理者批准后实施。

3. 编制审核计划的注意事项

组织进行内部审核计划的策划时应当考虑危害因素评价的结果、拟审核的活动和区域的状况、以往审核的结果以及以往HSE管理体系存在的问题及纠正或改进情况。

（1）制定审核计划要充分考虑事先了解到的相关信息，合理选择审核的方式，且在审核组内进行分工，使所审核的部门和要素没有遗漏；

（2）审核计划应便于审核活动开展，以提高工作效率，并安排和保证恰当的审核时间；

（3）审核计划编制应注重过程方法，避免重条款、轻过程；

（4）审核计划应确保各类资源有效利用（工作量、专业能力、交通线路、受审核方的相似性与关联性）；

(5）审核计划应当有充分的灵活性，在审核过程中，还可根据具体情况局部修改和调整，例如随着现场审核活动的进展，审核范围的更改可能是必要的；

(6）审核计划的详细程度应当反映审核的范围和复杂程度；

(7）应保证审核员独立性，以及满足审核员资格和能力的要求。

在现场审核活动开始前，审核计划应当经审核委托方评审和接受，一般应至少提前一周由审核组长通知受审核部门，以便其有充分的时间准备和提出异议。受审核方的任何异议应当在审核组长、受审核方和审核委托方之间予以解决。内部审核计划应当有充分的灵活性，如受审核部门有特殊情况时，审核组可适当加以调整。任何经修改的审核计划应当在继续审核前征得有关各方的同意。

相关链接：审核实施计划示例

HSE管理体系内部审核实施计划

编号：HSE/××××

1. 审核目的

(1）评价HSE方针和目标实现的可行性及企业生产现场的风险控制情况；

(2）评价HSE管理体系是否符合Q/SY 1002.1—2007标准要求，运行是否有效；

(3）验证HSE管理体系运行的符合性、适宜性和有效性。

2. 审核范围

组织HSE管理手册所覆盖的所有部门和要素，重点是Q/SY 1002.1—2007标准的主要要素和重要的生产服务现场。

3. 审核依据

(1）Q/SY 1002.1—2007标准；

(2）组织HSE管理体系文件；

(3）适用的法律法规及其他要求。

4. 审核组成员

审核组长：×××；

A小组：×××、×××；

B小组：×××、×××。

5. 审核日期

××××年×月×日—××××年×月×日。

6. 审核日程安排

审核日期	审核组	时 间	受审核部门	审 核 内 容
×日上午	ABC	09：00—09：30	首次会议	
	A	09：30—12：00	安全环保处	5.4.1，5.1，5.2，5.3，5.4.3，5.4.4，5.4.5，5.4.6，5.4.7，5.5.1，5.5.2，5.5.3，5.5.4，5.5.5，5.5.6，5.5.7，5.5.8，5.6.1，5.6.2，5.6.3，5.6.4，5.6.5，5.6.6，5.7
	BC	09：30—11：00	总经理办公室	5.4.1，5.3.1，5.4.5，5.4.7，5.5.6，5.5.8，5.6.4
		11：00—12：00	企管法规处	5.4.1，5.3.2，5.6.2，5.6.3
×日下午	A	14：00—17：00	安全处	同上
		17：00—17：30	信息化管理处	5.4.1，5.3.1，5.4.3，5.4.5，5.5.2
	BC	14：00—17：00	建设工程项目部	5.4.1，5.3.1，5.3.4，5.4.3，5.5.1，5.5.2，5.5.4，5.5.5，5.5.7，5.5.8
		17：00—17：30	审计监察处	5.4.1，5.3.4，5.4.3，5.6.4
×日上午	A	09：00—11：30	投资建设管理处	5.4.1，5.3.1，5.4.3，5.5.1，5.5.2，5.5.7
	B	09：00—11：30	营销处	5.4.1，5.4.5，5.5.1，5.5.2，5.5.3，5.5.6，5.5.7，5.5.8
	C	09：00—11：30	加油站管理处	5.4.1，5.3，5.4.3，5.4.5，5.4.7，5.5.1，5.5.2，5.5.3，5.5.4，5.5.5，5.5.6，5.5.7，5.5.8，5.6.1，5.6.3，5.6.4，5.6.5
×日下午	A	14：00—17：30	一分公司	全要素
	B	14：00—17：30	二分公司	全要素
	C	14：00—17：30	三分公司	全要素
×日上午	ABC	09：00—12：00	审核组内部会议	整理审核发现，形成审核结论
	ABC	14：00—16：00	领导座谈	对管理层进行审核
	ABC	16：00—17：00	所有部门	末次会议

编制人：（审核组长） 批准人：（管理者代表）

1.3.3 编制审核检查表

审核检查表是审核员进行现场审核的重要工具，也是现场审核的重要原始资料之一。审核检查表的编制是审核准备阶段的主要工作。设计审核检查表前应收集和查阅与受审核方有关的管理手册、职能分配表、组织机构图、审核计划、程序文件、作业文件，以法律、法规、标准和合同以及以往的检查记录（可行时）等文件和资料，了解受审核部门的主要职能与过程，审核相关体系文件的符合性，检查相关文件的接口是否明确、协调。要使用PDCA的思路，对每项相关职能与主要过程进行编制。同时，审核员应掌握抽样调查的方法。

1. 审核检查表的作用

（1）使审核员保持明确的审核目标。

按审核检查表的要求进行调查研究，可使审核目标保持明确。在现场审核中，会出现各种各样的问题，这些问题容易影响或转移审核员的注意力，使其偏离审核方向，导致在枝节问题方面浪费大量的时间，甚至会使应审核的主要项目被遗漏。借助审核检查表，提醒审核员按照事先精心设计的主要问题进行调查取证，保证现场审核目标的有效完成。

（2）明确与审核目标有关的样本。

审核采用的主要方法是抽样检查。抽什么样本、每种样本应抽多少数量、如何抽样等问题都要通过编写审核检查表解决，从而为更好地达到审核目标服务。因此明确与审核目标有关的样本是审检表的首要作用。

（3）确保审核程序规范化、系统化。

编制审核检查表已成为国际上进行管理体系审核的一种通用做法，且已普遍地列入审核程序之中，成为必不可少的一项工作。依据检查表进行审核，可以保证审核工作的规范化和系统化，使所提问题有的放矢，减少审核工作的随意性和盲目性，保证审核的准确性、条理性、完整性、连续性和系统性，减少审核偏见，提高审核效能，把握整个现场审核工作的质量。

（4）作为重要的审核记录存档。

审核检查表与审核计划一样也应与审核报告等一起存入该审核项目的档案中，检查表中一般都设有“审核记录”栏，以供审核员现场记录有关的事实。通过检查表可以反映审核员审核的内容、查实的证据。有的审核机构把每次审核完成后的审核记录再存入计算机，感觉这样好像更加规范。其实我们不提倡这种做法，耗费时间和精力不说，经过再次的整理和加工，现场审核的有关信息可能就会丢失。更重要的是要保存好第一手的资料，更加真实可靠。

（5）保持审核进度。

审核员现场审核时有了审核检查表，可以按调查的问题及样本的数量合理的分配时间，使审核按计划进度进行，不至于产生前松后紧或不得不延长审核时间的现象。当然，现场审核中并不排斥对事先未列入检查清单的问题，在进行现场审核时依据审核发现进行必要的调整与追踪审核。

（6）树立审核员的职业形象。

一名审核员（尤其是年轻审核员），往往会被受审核部门低估其工作能力。有了审核检查表确定审核思路和审核策略，突出重点，调查研究有的放矢，访谈、查阅和现场观察有针对性，抽样有代表性，工作有条理，这一切都能为审核员树立一个熟练的专业审核员的职业形象。因此，编写好审核检查表还能加快年轻审核员的成熟过程。

2. 审核检查表的种类

（1）按标准条款编制的审核检查表。

此类检查表是编制其他检查表的基础，且通用性较强，可以在审核管理体系文件或专项检查时使用。此类检查表可直接将管理体系标准条款的所有要求作为问题提出，但不能将标准的要求简单地改写成疑问句。

此类检查表在目前的认证审核和内部审核时被大量采用，但由于组织的体系文件与法律法规结合程度不够，导致审核的针对性和审核的深度不够，从而降低了审核的质量。

（2）按过程方法编制的审核检查表。

ISO 9001标准鼓励组织在建立、实施质量管理体系，以及改进其有效性时采用过程方法，HSE管理体系审核同样可以借鉴使用过程方法。为使组织有效运作，必须识别和管理众多相互关联的活动，将输入转化为输出的活动视为过程，输入、输出、资源、活动成为一个过程必不可少的四个要素。编制此类检查表时，对每个主要过程应充分体现PDCA的管理思想。

策划阶段（P）：是否策划了输入及相关要求；是否策划了输出及相关要求；是否策划了资源方面的要求；是否策划了活动的具体要求。

实施阶段（D）：是否按要求配置资源；是否按规定控制过程；输入、输出是否按规定的要求实施。

检查阶段（C）：是否按策划对过程的四个要素进行了相关的监视和测量。

改进阶段（A）：当过程未达到策划的结果时，是否采取了相应的纠正或预防措施。

（3）按部门编制的检查表。

虽然有多种审核方式，如按要素或部门审核，顺向或逆向追踪审核，以危害因素为主线审核等。但目前采用最多的是按部门进行审核，因此按部门编制的检查表是最常用的形式，关键是选择过程，分清主次。这种检查表编制的原则是：过程方法＋PDCA模式＋抽样调查。

3. 审核检查表的内容

HSE管理体系审核常采用按部门审核的方式，因此现场审核检查表宜按受审核部门分别编制。一般应包括以下内容：

（1）受审核部门、审核时间、审核员姓名。

（2）审核依据，一般是填写标准要素、体系文件的名称和编号。

（3）审核要点（Look at）主要解决“查什么”的问题；依据标准或文件，列出要审核的内容，要注意逻辑顺序。

（4）审核思路（Look for）主要解决“去哪查、找谁查、怎么查”的问题；列出审核步骤和方法，包括抽样数。

"去哪查"：说明去哪个部门、哪个区域检查。

"找谁查"：说明找哪些人来回答问题和证实。

"怎么查"：说明要查哪些文件、资料、记录等证据，包括现场的观察。

以上是编制检查表的四项原则，即"查什么，去哪查，找谁查，怎么查"。

(5) 审核记录，供现场审核时记录审核结果。

1.4 现场审核的实施

首次会议的召开代表着现场审核的开始，现场审核应是客观的、独立的和公正的，以事实为依据，以标准或其他文件的规定为准绳。在现场审核过程中，审核员把收集到的客观证据适时记录下来，通过对审核证据、审核发现的汇总和分析，得出审核结论，并经受审核方确认后开具不符合报告，最后以末次会议结束现场审核。

1.4.1 首次会议

首次会议是实施审核的开始，是审核组全体成员与受审核方领导共同参加的一次会议，必要时应包括受审核的过程、职能、场所、区域或活动的负责人。

在许多情况下，例如小型组织中的内部审核，首次会议可简单地包括对即将实施的审核的沟通和对审核性质的解释。对于其他审核情况，会议应当是正式的，并保存出席人员的记录。

1. 首次会议的目的

首次会议由审核组长主持，向受审核方介绍审核的具体方法及内容，并协调、澄清有关问题。首次会议的目的包括：

(1) 确认审核计划；

(2) 简要介绍审核活动如何实施；

(3) 建立审核组与受审核部门的正式联系，确认沟通渠道；

(4) 提出并落实审核有关要求，并向受审核方提供询问的机会；

(5) 确认审核所需要的资源；

(6) 确认末次会议的安排等有关事项；

(7) 澄清审核实施计划中不明确的内容（如限制的区域和人员、保密声明等）。

2. 首次会议的内容

(1) 审核组长宣布会议开始；

(2) 相关人员介绍、审核组人员职责及受审核方人员职责；

(3) 确认审核目的、范围和准则；

(4) 确认审核日程及相关的其他安排，例如末次会议的日期和时间，审核组和受审核方管理层之间的中间会议以及任何新的变动；

（5）强调审核的方法和程序，包括告知受审核方审核证据只是基于可获得的信息样本，因此，在审核中存在不确定因素；

（6）确认在审核中将及时向受审核方通报审核进展情况；

（7）确认已具备审核组所需的资源和设施；

（8）确认审核组工作时的安全事项、应急和安全程序；

（9）确认向导的安排、作用和身份；

（10）报告的方法，包括不符合项的分级；

（11）有关审核可能被终止的条件的信息。

3. 首次会议的注意事项

（1）首次会议是实施正式审核的开始，对审核组和受审核方来说都很重要，所有发言都要做好准备，为现场审核工作创造一个良好的开端；

（2）最高管理者应参加首次会议，审核组、受审核方管理层、受审核的职能或过程负责人也应参加会议；

（3）到会人员要有签到记录；

（4）在首次会议上，管理者代表简单介绍组织实施HSE管理体系的情况以及组织所取得的成绩；

（5）通过有效的沟通交流方式，获得受审核方的理解并给予支持；

（6）会议内容应简明扼要，一般不应超过半小时。

相关链接：首次会议的召开

首次会议提纲

首次会议由审核组长主持。

1. 签到与人员介绍

大家早上好！

公司内部管理体系审核首次会议现在开始。

请到会的人员在签到单上签到。

现在我介绍一下审核小组成员及其分工。

2. 确认本次审核的目的和范围

审核目的：评价公司建立的HSE管理体系是否符合Q/SY 1002.1—2007标准的要求，识别现行HSE管理体系存在的问题和不足。

审核范围：公司所有部门，包括所有业务领域、现场范围以及管理领域。

3. 确认审核准则

审核准则：Q/SY 1002.1—2007 标准；管理手册、程序文件及其他相关体系文件；适用于组织的国家、地方和行业有关法律法规及其他要求。

4. 确认审核实施计划

现场审核实施计划已经下发给各位，请问有无变动或其他问题？希望受审核部门主要负责人在计划的时间里在场等待。

5. 审核方法和程序介绍

（1）基本方法：抽样。其本身就有一定的风险和局限，审核员应按照客观、公正的原则抽取有代表性的样本以减少风险。审核过程中不提供咨询，但可对工作的改进与发展提出建议。

（2）审核方式：按部门进行审核。

（3）审核方法：采用访谈、观察、查阅记录、现场确认等方法。

（4）对审核中发现的不符合项将开具不符合报告，并要求受审核部门确认不符合事实和提出纠正措施计划。

（5）此次内部审核的目的在于识别 HSE 管理体系运行中存在的问题和不足，发现改进机会，以实现有针对性的改进。因而希望各部门主管及有关人员积极配合，客观地回答审核中的问题，并正确对待不符合项。

（6）强调审核的客观公正。审核员将以客观、公正的事实为依据，反映公司 HSE 管理体系存在的问题。

（7）澄清疑问。对于有疑问的问题可以在会议上予以澄清。

6. 确定陪同人员

向导和观察员可以与审核组随行，但不是审核组成员，不应当影响或干扰审核的实施。

受审核方指派的向导应当协助审核组并且根据审核组长的要求行动。他们的职责可包括：

（1）建立联系并安排面谈时间（联络员）；

（2）安排对场所或组织的特定部分的访问（协调员）；

（3）确保审核组成员了解和遵守有关场所的安全规则和安全程序（安全员）；

（4）代表受审核方对审核进行见证（见证员）；

（5）在收集信息的过程中，作出澄清或提供帮助（澄清员）。

7. 落实末次会议时间、地点、参加人员

8. 审核组长致谢、首次会议结束，转入现场审核

1.4.2　审核中的沟通

根据审核的范围和复杂程度，在审核中可能有必要对审核组内部以及审核组与受审核方之间的沟通作出正式安排。

审核组应当定期讨论以交换信息，评定审核进展情况，以及需要时重新分配审核组成员的工作。

在审核中，适当时，审核组长应当定期向受审核方和审核委托方通报审核进展及相关情况。在审核中收集的证据显示有紧急的和重大的风险时，应当及时报告受审核方，适当时向审核委托方报告。对于超出审核范围之外的引起关注的问题，应当指出并向审核组长报告，可能时，向审核委托方和受审核方通报。

当获得的审核证据表明不能达到审核目的时，审核组长应当向审核委托方和受审核方报告理由以确定适当的措施。这些措施可以包括重新确认或修改审核计划、改变审核目的、审核范围或终止审核。

随着现场审核活动的进展，若出现需要改变审核范围的任何情况，应当经审核委托方和（适当时）受审核方的评审和批准。

1.4.3　收集现场审核证据

“审核证据”（audit evidence）是与审核准则有关的并且能够证实的记录、事实陈述或其他信息。注：审核证据可以是定性的或定量的。【Q/SY 1002.3—2008，定义 3.5】

在审核中，与审核目的、范围和准则有关的信息，包括与职能、活动和过程间接口有关的信息，应当通过适当的抽样进行收集并验证。只有可证实的信息方可作为审核证据。审核证据应当予以记录。

审核组成员需要到受审核方的相关部门和作业现场，通过查阅、访谈和现场观察等方法收集审核证据，以便判定受审核方的 HSE 管理体系是否符合审核准则。

1. 获取审核证据的途径

获取审核证据所选择的途径根据审核的范围和复杂程度不同，可包括：

（1）与管理者、员工及其他人员的面谈。

（2）对作业活动、设备设施、具体操作、周围工作环境和条件的观察。

（3）查阅文件，例如：方针、目标、管理方案、计划、程序、标准、指导书、执照和许可证、规范、图样、合同和订单；其他方面的报告，例如：顾客反馈、来自执法部门、上级部门和承包方（或）供应方等的相关信息。

（4）查阅记录，例如：检查记录、会议纪要、审核报告、方案监视的记录和测量结果；

数据的汇总、分析和绩效指标；对实际活动和结果的验证。

（5）计算机数据库和网站，如组织的 HSE 信息系统、OA 系统、门户网站。

2. 对收集的客观证据应注意的问题

（1）应该收集适用的证据，不是证据越多越好。

（2）客观证据必须是有效的，如所提供的文件和记录应审核经过批准的、实际使用执行的、体系运行期间有效的，应是反映当前实际情况的。

（3）应注意客观证据之间的相关性及一致性，从两个以上相关的客观证据之间发现问题或线索。

（4）应收集有利于达到审核目标的客观证据，只有经验证的客观证据才可作为审核证据。

（5）访谈时取得的信息应通过独立的来源来获取支持信息并予以核实；独立来源可包括观察、记录和现有的测试结果，对于无法核实的信息应予以标识。

（6）传闻、陪同人员或与被审核的 HSE 管理体系活动无关人员的谈话不能作为客观证据。

在审核过程中，审核员要关注审核证据的充分性和准确性，以确保审核结果的客观性和公平性。由于审核是在有限的时间内并在有限的资源条件下进行的，因此审核证据是建立在可获得的信息样本的基础上。因此，在审核中存在不确定因素，依据审核结论采取措施的人员应当意识到这种不确定性。

收集现场审核证据时，该如何抽样，以及现场审核的方式、方法和技巧等方面的内容，在本书的第 3 章中有详细的解析，读者可参考阅读。

相关链接：调查取证八字令

读——阅读体系有关文件的规定；

问——提问有关作业要求和控制方法；

谈——与特定人员座谈；

听——注意倾听回答的要点；

看——观看实际操作、操作规程和环境绩效；

查——查对有关数据、图表、报告等；

测——抽测验证环境指标等；

记——记录已得到证实的活动内容。

1.4.4 审核过程控制

审核过程中审核组组长应对审核的全过程进行控制，审核组成员应对各自所审核的过程进行控制。控制的内容应包括以下几个方面：

1. 审核计划执行情况的控制

在审核过程中审核组组长应保持与审核员的沟通，及时了解审核计划的执行情况，必要时应及时进行调整，调整的结果应及时通知审核委托方（如管理者代表）和受计划调整影响的受审核方。

审核员在审核过程中出现审核延期而影响下一个部门或单位的审核时，应及时通知审核组组长，由审核组组长进行协调。审核目标无法实现时，审核组组长应向委托方和受审核方报告原因，并采取适当措施，包括终止审核和变更审核目标。

2. 审核范围的控制

当审核过程中发现审核计划对重要内容有遗漏时，应及时通知审核组组长，由审核组组长调整审核计划进行弥补。

当审核过程出现超范围的内容时，审核员可以根据审核时间的安排情况灵活变通，但必须确保审核范围要求的内容能按时审核完毕。对超范围审核部分中出现的不符合，宜直接以建议方式提交给受审核方，不宜开具不符合报告。

3. 审核重点的控制

根据审核计划的安排，审核组内部应进行沟通，确定 HSE 管理体系审核的重点，包括但不限于以下方面：法律、法规及其他要求的遵守情况；危害因素辨识、风险评价和控制情况；目标、指标确定及目标实现情况的监视测量；运行控制的有效性；职责履行情况；体系各功能要素的衔接一致性。

4. 审核气氛的控制

审核过程中审核员应尽量营造轻松、和谐、互动的气氛，尊重受审核方，正确对待受审核方的各种态度。当出现较为紧张的气氛影响审核正常进行时，审核员应报告审核组组长，由审核组组长出面沟通协调，必要时请管理者代表出面协调。

5. 审核客观性的控制

审核组组长每天对审核组成员发现的审核证据进行审查，凡是不确定或不够明确的，不应作为审核证据予以记录；对受审核方不能确认的证据，应再审查核对。

审核组组长经常或定期与受审核方代表交换意见，以取得对方对审核证据的确认。做出审核结论之前，审核组组长应组织全组讨论，避免错误或不恰当的结论。

1.4.5 形成审核发现

“审核发现”（audit findings）是将收集到的审核证据对照审核准则进行评价的结果。注：审核发现能表明符合或不符合审核准则，或指出改进的机会。【Q/SY 1002.3—2008，定义 3.6】

审核组对所收集到的客观证据应进行整理，对照审核准则评价审核证据以形成审核发现，审核发现能表明符合或不符合审核准则，审核组应在适当的审核阶段对审核发现进行共同评审，特别是在召开末次会议之前应进行评审。

应汇总与审核准则的符合情况，指明所审核的场所、职能或活动。应记录不符合项及其支持的审核证据，对不符合项进行分级，按照严重程度和影响范围分为严重不符合、一般不符合和观察项。

应与受审核方一起评审不符合项，以确认审核证据的准确性，并使受审核方理解和确认不符合。对审核证据和（或）审核发现有分歧的问题，应努力解决并记录尚未解决的问题。

虽然发现不符合项是进行现场审核的重要任务之一，但如果审核员只重视发现不符合项，或审核组长只听取审核员对不符合项的汇报，而忽视对审核过程的分析评价，就会影响审核发现的深度和审核的有效性。

审核发现用于评定 HSE 管理体系的有效性和识别改进的机会。显然，不符合项只是审核发现的一个方面，审核员应通过发现不符合项和其他审核证据，对相关过程的符合性和有效性作出综合分析评价。否则，必然使现场审核简单化，不仅影响审核效果，还不利于创造与受审核方融洽的合作气氛。

因此，在审核过程中应注意以下两点：一是审核员应全面收集客观证据，并且对自身的审核发现也要进行相应的分析和评价；二是审核组长不仅要认真分析发现的不符合项，而且要全面听取审核员对审核过程的综合分析。

1.4.6 形成审核结论

“审核结论”（audit conclusion）是审核组考虑了审核目的和所有审核发现后得出的审核结果。【Q/SY 1002.3—2008，定义 3.7】

在审核过程中，审核组可以通过召开审核组内部会议的形式来总结所有的审核发现，形成审核结论，为末次会议做好准备。

1. 内部沟通的时机

（1）根据经验，应于每天审核结束后召开；

（2）全部现场审核工作结束后；

（3）审核中出现重大问题时。

2. 内部沟通的作用

(1) 审核信息交流，要点讨论，统一认识；

(2) 审核进度控制，人员调整，协调审核组内、外关系；

(3) 明确在审核中需要协调一致的事项；

(4) 对审核过程中需要小组其他成员进行跟踪、确认的事项寻求帮助。

3. 准备审核结论

(1) 针对审核目的，评审审核发现以及在审核过程中所收集的其他适当信息；

(2) 讨论审核中的重点和难点问题，达成共识；

(3) 讨论、确认审核中所发现的不符合项；

(4) 考虑审核过程中固有的不确定因素，对审核结论达成一致；

(5) 在取得共识的基础上确定审核结论；

(6) 如果审核目的有规定，准备建议性的意见；

(7) 如果审核计划有规定，讨论审核后续活动。

4. 陈述审核结论

审核结论可陈述诸如以下内容：

(1) 组织 HSE 管理体系与审核准则的符合程度；

(2) 组织 HSE 管理体系的有效实施、保持和改进；

(3) 管理评审过程确保管理体系持续的适宜性、充分性、有效性和改进方面的能力；

(4) 如果审核目的有规定，审核结论可能导致有关改进、未来审核活动的建议。

1.4.7 末次会议

在现场审核结束后，要召开审核末次会议，向组织的管理层、受审核部门和单位相关人员通报审核结果和审核结论，并提出下一阶段的改进要求。末次会议是现场审核结束的标志。

在许多情况下，如在小型组织的内部审核中，末次会议可以只包括沟通审核发现和审核结论。对于其他审核，会议应当是正式的并保持记录，包括出席人员的记录。

1. 末次会议的目的

(1) 向受审核方的最高管理者和受审核部门的负责人概括介绍审核情况；

(2) 以受审核方能够理解和认同的方式，宣布审核发现和审核结论；

(3) 提出纠正措施的跟踪验证要求；

(4) 宣布结束现场审核。

2. 末次会议的内容

末次会议应由审核组组长主持，最高管理者和受审核部门和单位的负责人参加。末次会议的内容如下：

（1）与会者签到。审核组与受审核方与会者在签到表上签名。

（2）审核组长宣布会议开始。

（3）重申审核目的和范围。此次重申具有总结性质。

（4）体系运行总结。审核组长对受审核方的 HSE 管理体系事实的有效性作出基本评价，指出体系运行的薄弱环节和需改进的方面。

（5）宣读不符合报告。审核组长（也可以是审核员）说明不符合报告的数量和种类，并按重要次序依次宣读，确保受审核方对不符合项的理解和认识。

（6）说明抽样的局限性。审核组长应说明审核是一种带有一定风险性和局限性的抽样活动，审核组力求审核结果公正、客观和准确。

（7）宣布纠正与预防措施要求。应提出对纠正措施的要求，包括纠正措施完成期限和追踪验证或监督审核方式的要求。受审核方应举一反三，改进 HSE 管理体系。

（8）受审核方领导表态。最高管理者就审核结论和不符合项及纠正与预防措施要求明确表态，并适当说明今后体系的改进方向。

（9）末次会议结束。当末次会议所有议程完成，受审核方没有任何异议时，审核组长可宣布末次会议结束。

3. 末次会议的注意事项

（1）会议由审核组长主持，时间以不超过 1 个小时为宜；

（2）参加人员包括：受审核方领导、受审核方部门负责人、陪同人员、管理者代表、最高管理者、审核组全体人员等；

（3）末次会议的重点应围绕不符合项，提出纠正措施和预防措施及要求；

（4）必要时，审核组长应当告知受审核方在审核过程中遇到的可能降低审核结论可信程度的情况；

（5）审核组和受审核方应当就有关审核发现和审核结论的不同意见进行讨论，并尽可能予以解决，如果未能解决，应当记录所有的意见；

（6）不符合报告应当提前予以沟通，宣读时应选择适当的措辞，避免陷入僵局；

（7）对于受审核部门已在末次会议前采取了纠正措施，且经审核员验证合格的不符合项，可不在会议上再次提出；

（8）末次会议应适当肯定受审核部门的成功经验和好的做法，不要一味地谈问题；

（9）如果审核目的有规定，应当提出改进的建议，并强调该建议没有约束性；

（10）会议应有会议记录并保存。

相关链接：末次会议的召开

末次会议议程

末次会议由审核组长主持。

1. 签到

大家好！现场审核末次会议现在开始，请参加会议的人员在签到单上签到。

2. 表示感谢

几天来，大家对审核活动提供了很好的配合和支持，使审核工作得以顺利地完成。为此我代表审核小组表示衷心的感谢。

3. 简要介绍审核目的和范围

现在我重申一下此次审核的目的和范围。（略）

4. 宣读审核结论和不符合报告

审核小组在这几天的时间内对×个部门进行了审核，总体来说，企业的HSE管理体系运行已基本有效，做得较好的是××部门。同时也发现体系运行中的薄弱环节。经过审核小组的分析、归纳，共提出×个不符合项，均为一般不符合项，分布情况是……下面请审核员宣读不符合报告……

这些不符合报告在会前已经过陪同人员和管理者代表的确认。

5. 说明抽样的局限性

审核是一种抽样活动，有一定的局限性和片面性，因此，我们在审核中进行了合理的抽样，具有一定的代表性。需要说明的是，在某个部门发现了不符合，不等于这个部门的工作做得不好，也不等于其他部门没有问题，没有发现的问题可能仍然存在在体系中，发现的问题与存在问题的部门的工作业绩没有直接的对应关系。我们所强调的是对发现的不符合进行举一反三，防止类似不符合的再次发生，从而不断改进和提高体系的管理和运行。

6. 纠正措施和预防措施要求

（1）纠正措施和预防措施的完成时间和验证；

（2）实施纠正措施和预防措施的部门必须注意提供充足的证据；

（3）对于纠正措施和预防措施要做到能够举一反三。

7. 说明发布审核报告的时间、方式及后续工作的要求

8. 受审核方领导表态

受审核方领导表示感谢，对审核结论和纠正预防措施要求作简短的表态，并适当说明今后体系的改进方向。

9. 审核组长再次表示感谢！宣布末次会议结束

1.5 不符合报告

“不符合”（non-conformance）是指任何与工作标准、惯例、程序、法规、管理体系绩效等的偏离，其结果能够直接或间接导致伤害或疾病、财产损失、工作环境破坏、有害的环境影响或这些情况的组合。【Q/SY 1002.1—2007，定义 3.21】

实施现场审核后，审核组要将审核记录与审核证据进行对比、分析，形成审核发现。汇总、分析审核发现进一步得出审核结论。审核发现分为符合项、不符合项和观察项。对于无法明确给予判断的，就列入观察项。对于不符合审核准则的证据，就列入不符合项。对于确定的不符合项，首先要判定不符合的类型，开具出不符合报告。

1.5.1 不符合项的判定

对收集到的客观证据，要在审核准则的基础上依据一定的原则对其进行归纳、分析，从而判定为不符合项。

1. 审核准则

审核准则通常可包括三方面内容：

（1）Q/SY 1002.1—2007 标准；

（2）受审核方的 HSE 管理体系文件（包括手册、程序文件和作业文件等）；

（3）适用于受审核方的与 HSE 有关的法律法规及其他要求。

2. 不符合项判别的原则

不符合项的确定要依据以下原则：

（1）必须以客观事实为基础。

判定不符合项必须以客观事实为基础，客观事实不能掺杂任何主观因素，也不能掺杂“推理”、“假设”或“想当然”的成分。客观证据包括：

——在文件、记录审阅以及现场观察中发现的客观事实，文件、记录中的记载具有可追溯性，可以作为证据。

——现场观察中发现的事实是客观存在的有形证据，在现场已经得到受审核部门的确认，对这些事实的记录也可作为证据。

——现场审核中受审核人员对审核员所提问题的回答，也可成为客观证据。对于通过访谈取得的信息，应当通过其他事实得以证实，避免受审核人员情绪紧张或口误造成回答失误，导致错判。注意陪同人员的谈话不能作为客观证据。

（2）必须以审核准则为依据。

判定不符合项时，一定要以审核准则为依据，不能够以审核员个人的任何个人经验、意见、观点作为依据。也就是说审核员开具的不符合项必须在审核准则中明确地找到所不符合的条款。

（3）分析不符合的原因，找出管理上存在的问题。

体系审核的目的是判定 HSE 管理体系是否符合标准要求。所以审核员不能仅满足于发现单个的不符合现象，还应对这些现象进行分析，找出管理上存在的问题。

原则上审核组没有确定不符合的原因时，不应判定为不符合。有时为了正确判断不符合项，甚至需要汇总审核组的整体审核情况，综合分析在各个部门发现的问题，才能判断组织在体系运行的哪些方面存在问题。

（4）审核组内相互沟通，统一意见。

HSE 管理体系中存在的问题往往不是孤立的，常常存在某些联系。所以在形成不符合前，需要审核组成员充分讨论，交流情况，互相补充印证，这样才有利于发现体系运行过程中存在的问题。此外，审核组成员的充分讨论也有助于更准确、更全面地作出判断，避免由于审核员个人收集信息的局限所导致的片面性。

（5）与受审核方共同确认审核发现的事实。

审核组应当与受审核方共同确认不符合的事实依据。审核员在现场审核的时间毕竟有限，所发现的事实有可能只是问题的一个侧面，所以要在形成不符合报告前与受审核方共同确认这些事实。同时要听取受审核方对不符合判定的意见，以便查清楚造成问题的根本原因，这也有利于受审核方制定纠正措施和预防措施。如果受审核方提出补充证据，证明审核员对不符合陈述有误，经过补充调查核准，应勇于修正错误。

3. 判定不符合时的要点

（1）实事求是，不猜想，不假设；

（2）就近不就远，选择最直接、最贴近的条款；

（3）由表及里，能判原因的不判现象；

（4）判定条款与判定理由要对应；

（5）一项不符合只能判定一个要素。

4. 判定不符合时的注意事项

在判定不符合项的过程中，还要注意以下情况：

（1）偶然出现的、孤立的问题。

这类不符合多数属于工作人员笔误、偶尔疏忽造成的、不会导致不良后果的不符合，如日期写错、表格某一项漏填、漏签名等只要不涉及与法律法规相违背或可能导致顾客投诉的，可以以现场纠正的形式要求责任者纠正即可。如果对于这种情况要开出一个不符合，而又确实是责任人疏忽造成的，还要求分析原因、采取纠正措施和预防措施，这时候责任人可能只会应付一下，不会对改进有任何帮助。

(2) 具有一定普遍性的问题。

当一些细微的不符合不是孤立的，而是在不同部门、不同场所都有不同程度出现时，原因就不能简单地归咎为工作疏忽，不能以现场纠正完事，应将其判为不符合项以引起有关人员的重视并加以改进。如在记录时多个部门都出现该签名的不签名，该填写日期的不写日期，就应该从规范管理的角度、从要大家形成一个良好习惯的角度来形成不符合报告要求，进而采取纠正措施和预防措施。

5. 不符合的分类

按照上述原则，对审核中收集的客观证据进行归纳、分析、比照约定的审核准则，即可确定不符合项。通常不符合项有以下几种情形：

体系性不符合——HSE管理体系文件没有完全达到Q/SY 1002.1—2007标准的要求，即文件的规定不符合标准；

实施性不符合——HSE管理体系实施未按文件规定执行，即运行实施不符合文件规定；

效果性不符合——体系运行结果未达到计划的目标、指标，即实施效果不符合所建立的目标；

法规性不符合——体系运行的HSE行为未达到HSE法律法规和其他要求的规定，即HSE行为不符合法规要求。

相关链接：判标练习

根据以下事实，判断不符合标准Q/SY 1002.1—2007的哪条要求？

(1) 一名电工的电工证到期没有复审，而继续在电工岗位上作业。 [ ]

(2) 生产作业现场没有识别承包方和租赁设备所带来的危害因素和环境因素。 [ ]

(3) 油库区内“禁止烟火”的警示被大风吹倒后，没有进行维修。 [ ]

(4) 公司没有及时收集、识别和传递新颁布的行业安全标准。 [ ]

(5) 环保部门对接到的施工现场因夜间施工噪声扰民的投诉没有进行处理。 [ ]

(6) 纠正措施和预防措施实施前，没有对其可能带来的风险进行识别。 [ ]

(7) 生产现场新购进一台钻井设备，因操作简化没有制定新的操作规程。 [ ]

(8) 在某作业区审核特种作业人员“持证上岗”时发现，有几名电焊工的证书已过期，负责人解释，这几个人都是老师傅了，操作上绝对没问题。 [ ]

(9) 某生产作业部计划3月份进行消防演习，审核员5月份查阅“消防演习记

录”时发现为空白，负责人说，已经进行了消防演习，只是还没来得及记录。 [ ]

(10) 某生产作业现场的危险化学品仓库，没有禁止烟火等安全标志，没有通风设施和消防设施。 [ ]

(11) 生产运行部组织的防井喷应急演练，只记录了修井队的关井和上报过程，没有记录接警、启动、响应和恢复等过程。 [ ]

(12) 井下作业压裂现场个别员工没有按要求佩戴放射性计量牌。 [ ]

(13) 兆欧表、万用表无标识，没有按规定进行校验的证据。 [ ]

(14) 某施工现场管工班附近氧气瓶与乙炔瓶距离施焊点仅1—2米，且没有固定。 [ ]

(15) 在某项目部质量安全环保部审核时发现，该部门出示的作业指导书无受控标识。 [ ]

(16) 审核员到安检部审核发现，制度规定每周有例行检查，但查看检查记录时，负责人说检查是检查了，就是没有记录。 [ ]

(17) 某生产作业部厂区有一座液化石油储槽，并设有泄漏检测器，也定期进行检测器校验。但负责人员不清楚检测器设定的报警浓度是多少，也不知道校验的标准气体浓度是多少。 [ ]

(18) 审核员在安全科审核时发现，公司一季度内就出现了4次设备安全事故，科长说：均未伤到人，公司领导非常重视，采取措施是对当事人进行罚款。[ ]

(19) 在甲苯储罐区审核时发现，原料供应公司的司机正在卸料，但没有按照甲苯储罐区物料装卸程序的规定使用接地线。经询问得知，司机根本不知道有此规定，也不知道接地线在何处。 [ ]

(20) 审核员在加油站审核过程中向加油工索阅操作规程，加油工回复，我们不用操作规程也知道如何操作。审核员询问站长，站长提供了一份A版的操作规程，但审核员了解到该操作规程已经过两次修改，现有有效的已经是C版了。 [ ]

1.5.2 不符合项的性质

根据审核结果与审核准则相偏离的严重程度，以及不采取措施可能带来的后果严重性，确定不符合项的分级。参照Q/SY 1002.3—2008标准“附录B：不符合项分级的示例”，一般将不符合分为三级：严重不符合项、一般不符合项和观察项，以确定采取整改行动的优先顺序。

Ⅰ级，严重不符合项：可能对环境、公众、员工、股东、客户、企业或其声誉造成严重影响，或者产生刑事或民事责任事故的状况，如严重违反国家法律法规、HSE管理体系某一方面的系统性缺陷等。

出现下列情况之一，原则上可判定为严重不符合项：

（1）体系出现系统性失效。如某一要素、某一关键过程重复出现失效现象，又未能采取有效的措施加以消除，形成系统性失效。

（2）体系运行区域性失效。如某一部门或场所的全面失效现象，或者各层次、各部门出现失效。

（3）可能对环境、公众、员工、股东、客户、企业或其声誉造成严重影响或后果。

（4）严重违反法律、法规或其他要求的HSE行为。

（5）目标指标没有实现，也没有通过评审采取必要的措施。

Ⅱ级，一般不符合项：对各项外部或内部的法规、标准、制度、程序产生偏离的状况，一般是个别的、局部的、偶然的偏离。

出现下列情况之一，原则上可构成一般不符合项：

（1）对满足HSE管理体系要素或体系文件的要求而言，是个别的、偶然的、局部的、孤立的、性质轻微的不符合。

（2）对保证所有审核范围的体系而言，是次要的问题。

Ⅲ级，观察项：涉及非强制性指南、规范的偶然发生的偏离，或可造成不符合的一些潜在因素。

对观察项的确定及要求如下：

（1）虽未构成不符合，但有变成不符合的趋势。

（2）涉及非强制性指南、规范的，偶然发生的偏离。

观察项需要引起受审核方注意，一般不要求提出限期整改方案，也无需跟踪验证。观察项可以不计入审核报告和审核结论中，审核组应保留观察项记录。

1.5.3 不符合项的确认

审核员应将审核过程中发现的不符合项，与受审核方进行充分地沟通，且应取得受审核方的确认。

1. 不符合项认可的目的

（1）可以避免在末次会议上，因不符合项未经受审核方确认而引起不必要的争执；

（2）可以使受审核方理解审核员开具不符合报告的真正意图，采取相应措施以便防止问题再发生；

（3）可以给受审核方提出陈述和补充证据的机会；

（4）若发现不符合项的部门不是其责任部门，可以通过不符合项确认来分清是非，明辨责任，便于有效地采取纠正措施和预防措施。

2. 不符合项认可时可能遇到的情况及对策

(1) 不肯确认。

遇到这种情况，审核员应出示有关不符合事实的客观证据，并耐心解释不符合的理由，说明针对不符合采取纠正措施的重要性和必要性。

(2) 推给别人。

这种情况下受审核人员大多强调引起不符合的原因在于别的部门（或人员），这时审核员可要求受审核方只认可发现的不符合事实，并告之对方原因分析作为下一步的事情。

(3) 怕承担责任。

有时不符合事实的责任人员由于怕承担责任或引起经济处罚，而不愿认可不符合项，这时审核员应说明内审的目的是发现问题，自我纠正，使体系自我完善，因此暴露问题是为了更好地解决问题。应对受审核方说明勿将内审与日常绩效考核混为一谈，以消除顾虑，使责任人员实事求是地认可不符合项，从而纠正不符合项。

(4) 对不符合项有争议。

如果遇到这种情况，审核员首先应自问："不符合项的事实依据是否充分，理由是否充足?"如果是没有把握的不符合项最好撤销，否则将可能失去信任；如果受审核方提出补充证据，证明审核员对不符合事实陈述有误，审核员经过补充调查核实后应勇于承认并修正错误；如果审核员有充分事实和理由确认不符合项确实存在，可向审核组长或 HSE 管理体系负责人报告，由审核组长再次确认不符合项后，要求受审核方认可。

总之，当受审核方不确认不符合项时，审核员应冷静、耐心，应在坚持审核原则的前提下有"从善如流"的胸怀；审核员应阐明理由，说明这是客观事实或者是标准要求，让受审核方口服心服，而不是居高临下，以势压人。受审核方是审核员的"顾客"，审核员应全心全意地为其提供优质服务。切忌以自己的想法作为标准进行判断，甚至强加于人，这会遭到受审核方的强烈反感。

1.5.4 不符合报告的开具

现场审核结束后，审核员对审核发现进行判定，确定不符合项的性质，经过受审核方对不符合项的确认以后，就可以开具不符合报告。

1. 不符合报告的内容

(1) 受审核方名称、受审核区域（部门、单位或人员）；

(2) 审核员姓名、审核日期；

(3) 不符合事实描述；

(4) 不符合依据及条款号；

(5) 不符合性质的判定；

（6）受审核方代表确认及签名；

（7）不符合项原因分析；

（8）采取的纠正措施和预防措施及其完成日期；

（9）必要时，应明确采取纠正措施和预防措施可能带来的风险与控制措施；

（10）纠正措施完成情况及验证记录。

相关链接：不符合报告示例

不符合项报告

编号：×××

受审核部门	化 工 仓 库	部门负责人	×××
审核员	×××	审核日期	2011.5.18

不符合事实描述：

化学品管理程序规定“化工仓库中全部化验储罐均应直立摆放，不可倒置，最高码放不可超过三层。”但审核员在化工仓库审核时发现：A区存放的10桶涂料有6桶倒置，D区存放的润滑油储罐码放了四层。以上事实不符合程序要求。

不符合：☑ Q/SY 1002.1—2007标准5.5.6　□体系文件______　□法律法规______

严重程度：□严重不符合　☑一般不符合

类型：□体系性　☑实施性　□效果性　□法律性

审核员：（签名）×××　受审核方：（签名）×××

不符合原因分析：

（1）化工仓库装运工人和仓库保管员不了解程序要求，安全、环境意识淡薄，化工仓库经理和管理员监督检查不力。

（2）D区润滑区域太小，无法满足生产需要。

实施负责人：（签名）×××　确认人：（签名）×××

年　月　日　年　月　日

纠正措施和预防措施：

（1）化工仓库全体人员全面清查仓库内化学品储罐，将所有倒置和斜放储罐直立摆放。

（2）扩大D区润滑区域储存面积，润滑油储罐三层码放。

（3）化工仓库全体人员组织学习化学品管理程序及仓库规程，建立每周点检制度，由化工仓库经理及管理员每周进行检查并记录。

实施负责人：（签名）×××　确认人：（签名）×××

年　月　日　年　月　日

纠正措施完成情况：

（1）已将化工仓库全部倒置和斜放储罐直立摆放。

（2）D区面积扩大，润滑油储罐三层码放。

（3）培训工作完成并做记录，点检制度纳入化工仓库规程，本周检查完成并做记录。

实施负责人：（签名）×××　确认人：（签名）×××

年　月　日　年　月　日

整改要求	完成时间：□一周内　☑两周内　□四周内　□商定时间______周内 跟踪要求：□提交书面报告　☑进行现场跟踪　□其他要求______ 责任单位负责人确认：　年　月　日
备注	

2. 不符合报告的注意事项

（1）不符合项报告必须写出标准要求下的不符合客观事实，描述应尽量简单明了，事实确凿，直白表述，不能只写结论，不写事实。

（2）与时间、地点、数量、记录、文件、接口、重要危害因素和环境因素、法律法规条款等有关的内容都要包括在内，涉及具体人员时，通常使用岗位和职务，不宜直写其名。

（3）写出必要的细节，使其具有可重复性和可追溯性。

（4）尽可能使用书面语言和规范术语（标准或体系文件术语）。

（5）开具不符合项报告时，不能感情用事，不能用形容、夸张的语言描述，不能任意扩大不符合的客观事实范围，不能以自己的想法作为不符合判断的依据，不能任意提高标准、文件的要求。

（6）开具不符合项报告时，必须考虑其后纠正措施实施后产生的影响，是直接的、主要的，还是间接的、次要的，是否有利于体系的持续改进。

（7）对不符合项进行深入的分析和总结，结合以前内外部审核情况，将共性、个性问题进行分类。

（8）同类不符合事实，可以合并提交一份不符合报告。

（9）如果属于受审核方当场能纠正的不符合项，且并非系统性问题，审核员在确认纠正状态后，可以撤去该不符合报告。如属于系统性问题，审核员仍提交不符合报告，但对特定不符合事实已经纠正的情况应予以备注说明。

应针对共性的问题以及以前多次出现的不符合项和薄弱环节进行充分的描述，制定详细的整改计划，帮助受审核方弄清楚“纠正”、“纠正措施”和“预防措施”等概念，并指导其开展举一反三的整改活动。不符合项报告应至少分发到不符合项的责任部门和有实施纠正措施责任的部门，以便实施纠正措施并对其效果进行验证。

相关链接：不符合报告的开具练习

（1）审核员进入行政部办公室，发现办公人员在接电话，电话中传来对方大声的抱怨，办公人员立即拿起一份表格记录，并说马上派人去处理。放下电话后，办公人员向审核员解释：“对于抱怨我们严格按程序规定执行，接到有关抱怨的信件、电话我记录下来，然后马上派人去处理。”审核员看到办公人员在“抱怨事项”栏中写到：早晨运输煤渣和生活垃圾的车，将煤渣和生活垃圾撒到了马路上。在“纠正措施”一栏写到：马上派人清扫。

（2）审核员询问油库库管员，油品着火了怎么办？库管员回答：“打119。这是常识，谁都知道。”审核员进一步问：“除此之外，在应急方面还有哪些职责和要求?”库管员回答:“具体内容和要求我不太清楚,在程序文件中应该有规定。”

(3)审核员与管理者代表交谈,管理者代表说由于工作太忙,在HSE管理方面的职责仅是每年6月和12月组织两次内部审核,并将审核报告呈报最高管理者。当问及最近一次管理评审时,他说当时不在公司,但此前已将内部审核的书面报告呈报总经理了。

(4)审核员在审查污水处理站的监测记录,发现监测结果超过该公司所在地区的污染物排放的地方标准要求,污水处理站负责人说:“公司执行的是污水排放的国家标准,我们认为只要满足国家标准就可以了。”并拿出了公司的受控作业文件予以证实。

(5)审核员在审核过程中正在询问体系部负责人问题,突然有人打电话,称公司的建筑工地晚上还在施工,让人无法休息,负责人冲着电话说:“哪有施工不出声的,你们的事也太多了。”

(6)询问体系办公人员对法律法规遵守情况如何时,得到的回答是:我们已经针对重要环境因素所涉及的法律法规和其他的所有要求都进行了全面的收集、识别与评价,没有什么遗漏,当地的环保部门也没有来找我们的麻烦。

(7)审核作业现场时发现,有两位工人正在反应器内做清洗作业,反应器外无人监护。经询问得知,监护人正好外出购买盒饭去了,而该公司清洗作业程序规定“进入槽车、反应器内作业时,容器外部必须留有监护人。”

(8)审核员在现场巡视时发现一个储罐,经确认是硫酸储罐,而硫酸储罐泄漏应该被评为重要环境因素,于是审核员问对此采取的控制措施。负责人回答:“罐子很结实,从没发生过事故,现在还有很多事情要做,因此没将此事放在议事日程上。”

(9)在财务部门审核时,审核员询问一财务人员:“你们公司的HSE方针和战略目标是什么?”。该员工回答:“不知道,这是安全管理部门的事情。”

(10)在审核过程中,审核员发现生产员工经常违反垃圾分类规定,询问负责人对这类事情的处理,负责人斩钉截铁地说:“我们对这种事情处理非常严格,一般都会罚款。”审核员问处理效果怎么样,负责人无奈地说,虽然处罚很严,但是这种情况还是经常发生。

(11)审核员在某化工企业重油储槽区审核时,发现重油储槽的防溢堤正在进行改善工程的施工,由于工程施工的需要,暂时先打掉了靠东侧的部分围堤。

（12）审核员在某机加工车间审核，发现在车间门口两侧各放置一个垃圾箱，并在垃圾箱上标识有“废旧电池回收箱”和“工业垃圾箱”。审核员走近看了看，“废旧电池回收箱”里没有一个废旧电池，陪同人员解释说：“我们现在还没有废旧电池。”审核员又走近“工业垃圾箱”看了看，里面有金属屑和沾满油污的棉纱等垃圾。

（13）审核员到某车间发现：程序文件中规定每个月需要更换操作员防护面具滤毒罐一次。审核时发现，目前在某车间工作的三名员工，其中一名员工的滤毒罐已有一个半月未更换，但该员工解释说他所使用的滤毒罐一切良好，佩带时也未闻到溶剂的异味，且并无身体不适的感觉。

（14）审核员在甲苯罐区审核时发现，原料供应商的司机正在进行卸料作业，但他未按照甲苯储罐区物料装卸程序规定使用接地线。经询问得知，司机不知道有此规定，也不知道接地线在何处。

（15）审核员在公司油库审核时发现，有一位员工在油罐区吸烟，而旁边警示牌上清楚写明“严禁吸烟”，陪同人员说该员工因在场内吸烟已被多次罚款。

（16）审核员在作业区审核时发现，部分围栏、防护罩已经破损，陪同人员解释已作整改计划，但由于资金紧张，等资金到位后就立即整改。

（17）审核员在某作业区审核时，该区正在进行交叉作业，于是审核员要求审查作业区应急预案发放记录，发现记录为空白，作业现场没有紧急集合地点、紧急疏散路线标识，应急信息联络电话未张贴在办公室或显眼的地方。

（18）审核员发现近三个月内连续发生三次机修工伤手的事故，事故分析都是由于违规操作引起的。审核员问针对这样连续发生的事故，公司是否采取了相应的纠正措施和预防措施。生产部负责人说是由于他们自己违规操作造成的，发生事故后，及时地将他们送到医院进行治疗，都没有造成什么严重后果，其他就不需要采取什么措施了吧。

（19）审核员审核危险化学品库，看到消防、防爆设施齐全，墙上管理制度也健全，但是按照应急预案中的报警电话拨打了三遍，均无人接听。

（20）审核员在车间闻到一股刺鼻的气味，问车间主任是否对工人健康有影响，车间主任说：“时间长了可能会致病，但我们给员工都发了口罩，这些年来也没有出现过职业病。”审核员发现车间里的工人都没有戴口罩，就问工人是否知道会致病和为什么不戴口罩。工人回答说：“我们不知道会致病，在车间工作了三年，也没得病，没必要戴口罩。”

(21) 第一次审核时，审核员发现公司内审已经完成，在查看不符合报告时，发现其中有一项是关于厂区拉用临时照明线路的内容，记录表明公司对此已采取了纠正措施，但在第二次审核时，审核员发现厂区仍在使用临时照明线路。

(22) 审核员在锅炉房审核时，询问当班人员如果发生紧急情况怎么办，回答说："我是刚来的，这些方面的情况不了解，但我是有上岗证的。"并向审核员出示了他的特种作业资格证书。

(23) 现场审核过程中，审核员查阅上次的内审记录及不符合报告，其中编号为 001、003 的不符合报告事实描述中记录"生产部于 2010 年 5 月 2 日发出的 005～008 号生产工艺临时修改单上无修改人、批准人的签字，也没有编号"，纠正措施为"立即补上"，纠正措施的验证栏上为"确已补上"并有审核员签字。

1.6 内部审核报告

内部审核报告是对审核发现的汇总、分析、归纳、总结，应由审核组长编写，或在审核组长的指导下由审核组成员编写，审核组长对审核报告的准确性与完整性负责。审核报告在编写完成之后，提交之前，应与管理者代表协商交流，核实修正报告内容，取得原则上同意后，提交最高管理者审查批准，被批准后的审核报告分送有关部门和人员。

1.6.1 审核结论

审核组在完成现场审核后，应对审核记录汇总和整理，讨论得出审核结论。审核结论必须写入内部审核报告中。

1. HSE 管理体系的符合性

管理体系是否符合审核准则（Q/SY 1002.1—2007 标准；管理手册、程序文件及其他相关体系文件；适用于组织的国家、地方和行业有关法律法规及其他要求）。

2. HSE 管理体系的有效性

其体系的有效性评价可以考虑以下内容：

(1) 过程识别的充分性，危害因素和环境因素识别与评价的适宜性；

(2) 文件化体系的实施程度；

(3) HSE 方针、目标和指标的实现情况；

(4) 人力资源、基础设施、工作环境满足要求的能力；

(5) 主要过程、关键活动、重要危害因素和环境因素有效控制的情况；

(6) 员工 HSE 意识是否得到提高，能否自觉遵守与本岗位有关的程序或其他文件的规定；

（7）法律、法规和其他要求识别和评价的充分性及遵守情况；

（8）对合格承包方和供应方的定期评审情况；

（9）数据的收集、分析与利用、持续改进的有效性；

（10）内审、管理评审、纠正措施和预防措施等自我完善和持续改进机制的有效性。

1.6.2 审核报告的内容

审核组长应当对审核报告的编制和内容负责。审核报告涉及的内容应是审核计划中所明确的信息，审核报告应当提供完整、准确和清晰的审核记录，并包括或引用以下内容：

（1）审核目的，每次审核的目的可以有所不同，但应与审核计划保持一致；

（2）审核范围，尤其是应当明确受审核的组织单元和职能的单元或活动以及审核所覆盖的时期，以及列入审核范围，但未覆盖到的区域；

（3）明确审核组长和成员；

（4）受审核部门、单位和审核日期；

（5）审核准则；

（6）审核过程的简要介绍，包括所遇到的降低审核结论可靠性的不确定因素和障碍；

（7）审核发现，应包括正反两方面的发现，总结成绩与指出问题同样重要；

（8）审核结论，对受审核方的综合评价，应公正、客观地对受审核方的体系运行情况进行整体评价；

（9）如果审核目的有规定，对改进的建议；

（10）审核组和受审核方之间没有解决的分歧意见；

（11）经协商的审核后续活动计划和对纠正措施完成时限的要求。

审核报告附件，不符合报告和其他认为必要的审核结果相关的资料均可作为审核报告的附件，如关于内容保密的声明、不符合项报告、审核报告的分发清单等。

1.6.3 审核报告的常见问题

内部审核报告是审核成果的汇总，是内部审核的一项重要任务。内部审核报告的编写要做到简明扼要，突出重点，避免冗长叙述。完整的内部审核报告应能够提供一个全面、准确、简练和清楚的审核记录。

1. 审核报告应注意的问题

（1）审核报告应力求客观，对事不对人，应适当肯定成绩，不要一味谈问题；

（2）审核报告应注意定量、具体，用典型事实、数据说话；

（3）审核报告应专注受审核方领导层关心的问题；

（4）审核报告中提出的建议，应具有可操作性，不能就事论事，应从预防、系统和发展的角度，依据循序渐进、分层管理的原则制定和实施改进措施。

2. 目前审核报告存在的问题

（1）缺少对组织 HSE 管理体系的描述或评价内容，缺少结论性的意见；

（2）缺少对审核发现的综合分析评价，多数情况是对审核发现的不符合进行罗列或是对审核发现的简单汇总；

（3）缺少对审核发现的问题的改进性建议，或者提出的建议缺少针对性，不能有效指导后续工作；

（4）审核结论忽视对审核目的的回答，或者审核结论的得出与审核发现没有清晰的逻辑关系，不能很好地反映审核发现的情况。

1.6.4 审核报告的批准与发布

审核报告应当在确定的时间期限内提交。如果不能完成，审核组长应当向审核委托方通报延误的理由，并就新的提交日期达成一致。审核报告属审核委托方所有，审核组成员和审核报告的所有接收者，都应当尊重并保持审核的保密性。

审核报告应经组织最高管理者或管理者代表审查批准；经批准的审核报告应当分发给指定的接收者，一般为组织所有高层管理者、与审核有关的部门和单位相关人员等；报告的分发应签收。

当审核计划中的所有活动已完成，并分发了经过批准的审核报告时，审核即告结束。审核的相关文件应当按照审核方案程序、适用的法律法规和合同要求予以保存或销毁。审核组长与文件保管人做好移交手续，并注意后续工作（如纠正措施效果验证等）产生的存档。

除非法律要求，没有得到审核委托方和（适当时）受审核方的明确批准，有关人员不应当向任何其他方泄露文件内容以及审核中获得的其他信息或审核报告。如果需要披露审核文件的内容，应当尽快通知审核委托方和受审核方。

1.7 审核后续活动

审核结论可指出采取纠正措施、预防措施的需要，此类措施通常由受审核方确定并在商定的期限内实施，不视为审核的一部分，应当对纠正措施的完成情况及有效性进行验证。验证可以是随后审核活动的一部分。审核方案可规定由审核组成员进行审核后续活动，通过并发挥审核组成员的专长实现增值。在这种情况下，应当注意在随后审核活动中保持独立性。

对于审核发现，主要是对不符合项的处理，需要运用闭环管理的思想。就是要对不符合项进行原因分析，并针对原因分析制定相应的纠正措施和预防措施，最后要对纠正措施和预防措施进行跟踪和验证，从而实现闭环管理。对于不符合项要进行认真的原因分析，以确定体系存在的主要问题，且应在审核报告中进行充分的描述，以便对体系的实施效果作出准确评价。

1.7.1 纠正、纠正措施和预防措施的定义

在日常工作过程中，通常都要求对各类检查和审核中发现的问题进行现场整改，这种“整改”只是简单的“纠正”，而不是“纠正措施”。纠正措施实施前，应首先对造成不符合的原因进行分析，针对分析的原因所采取的措施才是真正的纠正措施。例如：你在检查时发现有一个进行吊装作业的员工没戴安全帽，你告诉他以后他随即戴上了安全帽，这就是纠正。但是如果你继续询问他为什么作业不戴安全帽，找到原因后，由所在单位进一步制定措施，防止此类问题的再次出现，这些措施才是纠正措施！

“纠正”（corrective）是消除已发现的不符合。【Q/SY 1002.1—2007，定义 3.6】纠正是针对已发生的不符合所采取的措施，目的是消除这次不符合，不涉及造成不符合的原因。纠正不符合可减少因不符合而产生的影响，但不能防止不符合的再次发生。纠正可连同纠正措施一起实施，但不能以简单的纠正代替纠正措施。

“纠正措施”（corrective action）是为消除已发现的不符合的原因所采取的措施。【Q/SY 1002.1—2007，定义 3.7】一个不符合可以有若干个原因。针对 HSE 管理体系运行过程中发生的不符合，在进行纠正的同时，还应进行原因分析，并针对原因制定纠正措施。对于所有拟定的纠正措施，在其实施前应先通过风险评价进行评审。采取的措施应与问题的严重性和相应的健康、安全与环境风险及影响相适应，并对纠正措施实施的有效性进行验证。

“预防措施”（preventive action）是为消除潜在不符合原因所采取的措施。【Q/SY 1002.1—2007，定义 3.26】一个潜在不符合可以有若干个原因。针对 HSE 管理体系运行过程中可预见的潜在的不符合，应进行原因分析，并针对原因制定预防措施。对于所有拟定的预防措施，在其实施前应先通过风险评价进行评审。采取的措施，应与问题的严重性和相应的健康、安全与环境风险及影响相适应，并对预防措施实施的有效性应进行验证。

采取预防措施是在没有发生不符合的前提下（往往从数据分析得到这种预见和趋势），为了防止不符合的发生所采取的措施，而采取纠正措施是为了防止不符合的再次发生。可以说“纠正措施”是“亡羊补牢”，“预防措施”是“未雨绸缪”。

从纠正到纠正措施、再到预防措施，是管理的前移，是从被动管理走向主动管理。一般来说，采取纠正措施的成本往往要比纠正大，预防措施的成本也要比纠正措施的成本大，但采取纠正措施和预防措施得到的效益往往会远远高于纠正。

1.7.2 纠正措施和预防措施的制定

制定纠正措施和预防措施是指对存在的或潜在的不符合原因进行调查分析，采取措施以防止不符合再发生或潜在不符合发生，它不是就事论事地对不符合进行处理，而是要从根本上消除不符合产生的原因，不断持续改进，提高管理水平。因此纠正措施和预防措施可能涉及 HSE 管理体系的各个方面的活动。

1. 纠正措施和预防措施制定的过程

（1）分析不符合或潜在不符合的原因（从人、机、料、法、环等方面分析）；

（2）制定纠正措施和预防措施的实施计划，识别可能带来的新风险；

（3）对制定的纠正措施和预防措施进行评审，同时关注可能带来新的风险的控制；

（4）对纠正措施和预防措施的实施效果进行验证。

2. 纠正措施和预防措施的计划要点

（1）职责明确。

谁负责组织纠正和预防工作的开展，谁负责制定实施计划，计划中的每项具体工作由谁负责完成，由谁负责实施过程的检查监督，谁负责验收并评价。

（2）报告与记录。

对审核中发现的问题，首先，以不符合报告或其他报告的形式通知受审核方。其次，记录产生不符合的原因以及各项纠正措施和预防措施的责任部门和人员。再次，记录措施实施工作的进展情况。

（3）验证与总结。

对于纠正措施和预防措施实施的有效性应进行验证，总结经验和教训，不足之处一定要及时报告，必要时采取升级行动。

3. 纠正措施和预防措施可能涉及的内容

（1）文件的更改或补充；

（2）设计的更改；

（3）监视措施的改进；

（4）方法的改进；

（5）培训（使员工掌握岗位技能）；

（6）设备、设施、工作条件的改进；

（7）资源补充；

（8）控制手段的加强；

（9）跟踪检查；

（10）检测系统的调整等。

相关链接：纠正、纠正措施及预防措施的区别

正确认识纠正、纠正措施及预防措施的区别（见表1），有助于预防不符合的再发生和潜在不符合的发生。纠正和纠正措施是不同的，纠正是“为消除已发现的不符合所采取的措施”，纠正措施是“为消除已发现的不符合的原因所采取的措施”。由此可以看出两者的区别在于：

1. 针对性不同

纠正和纠正措施都是针对已发生的不符合，但纠正针对不符合本身，是对不符合的处置，只是“就事论事”的表面功夫，治标不治本。而纠正措施针对的是产生不符合的原因，是为防止已出现的不符合再次出现，是“追本溯源”，是根治。

2. 时效性不同

纠正对质量来说是“返修”、“返工”、“降级”或调整，对HSE来说就是“整改”，是对现有的不符合所进行的当机立断的补救措施、改正错误，当即发生作用；而纠正措施是针对不符合原因采取措施，如通过修订程序和改进体系等，从根本上消除问题根源，通过后续的跟踪验证才能看到效果。

3. 效果不同

纠正是对不符合的处置，不涉及不符合产生的原因，不符合可能再次发生。纠正措施可能导致管理过程或文件等方面的加强或更改，切实有效地纠正措施由于从根本上消除了问题产生的根源，可以防止同类事件的再次发生，因此纠正和纠正措施的共同实施才可达到“标本兼治”的效果。

表1 纠正、纠正措施和预防措施的区别

对照内容	纠正	纠正措施	预防措施
定义	为消除已发现的不符合所采取的措施	为消除已发现的不符合或其他不良情况的原因所采取的措施	为消除潜在的不符合或其他潜在不期望情况的原因所采取的措施
对象	不符合实体	已发现的不符合的原因	潜在不符合的原因
目的	对不符合进行处置	消除已发现的不符合的产生原因、防止再发生	消除潜在的不符合的原因，防止不符合发生
范围	产品、过程和体系中已发现的不符合本身	产品、过程和体系中已发现的不符合和其他不良情况	产品、过程和体系中的潜在不符合和其他不期望的情况

续表

对照内容	纠　正	纠正措施	预防措施
内容	针对不符合本身采取的措施	针对已发现的不符合产生的原因的一整套措施	针对潜在不符合的原因的一整套措施
结果	仅不符合得到改正	可能涉及诸如过程和体系等的更改	
关系	可作为纠正措施的组成部分	纠正措施的巩固往往需要预防措施的配合	预防措施的具体内容与纠正措施的具体内容可能相似，但针对的对象不同
本质	都是改进措施的一个方面		

1.7.3　纠正措施和预防措施的有效性

纠正措施和预防措施是使得HSE管理体系得以很好地持续改进的重要保证。若纠正措施和预防措施没有效果或效果不明显，则内部审核将失去意义，体系不断改进和完善将会成为一句空话。如何提高纠正措施和预防措施的有效性呢？

1. 职责明确是前提

（1）明确归口和配合部门及其职责。

任何一个管理到位的归口部门都应充分发挥三个方面的综合职能：一是归口“立法”；二是归口组织、指导和协调；三是掌握归口情况并检查和考核。因此，纠正措施和预防措施归口部门的职责首先是制定有关程序、管理制度或办法；其次是综合把握重点与方向；再次是牵头组织纠正措施和预防措施的实施、协调和验证。配合部门要立足本职、搞好配合，才能从根本上保证纠正措施和预防措施的组织和协调力度。

（2）规定实施部门的职责。

实施部门的职责主要体现在三个方面：一是按指令、要求和实际情况进行立项；二是制定并实施相应的措施；三是保持和强化实施的效果。对于配合部门的职责，可以在纠正措施和预防措施的有关文件中作出规定，最好在有关立项表或经批准的措施计划中予以明确，其具体职责也应围绕以上三个方面落实。

2. 信息有效是基础

（1）建立恰当的载体。

载体的建立主要体现在渠道和形式上。渠道就是信息流动的网络，即信息流转涉及的单位及其相互关系。载体一般是文件化的。一次信息包括生产记录、检查记录、检验记录等；

二次信息包括统计报表、简报、总结，以及在一次信息基础上形成的表格等。从表现形式看，可以是纸张，也可以是电子媒体。

（2）进行有序的流动。

纠正措施和预防措施的信息流动应遵循两个原则：第一，前进不受阻，就是要流动、要传递、不能中间停止；第二，上传并下达，就是既有提出单位向归口单位上传，又有归口单位向有关单位下达。

（3）实行有效的管理。

管理的要求具体体现在四个方面：第一，明确信息流程和载体；第二，明确信息单位的职责；第三，明确信息的内容、时间和传递要求；第四，明确处理要求。

这些要求应体现在有关的文件中，由信息归口部门组织、检查和协调。管理的重点是：流转要正常有序；内容要突出重点。

3. 原因分析要到位

原因分析是否到位对纠正措施和预防措施能否取得良好的效果起着至关重要的作用。原因的分析一般应专门进行，不应应付或在措施的制定中附带进行。原因分析是否到位主要体现在以下两个方面：

（1）紧密结合实际。

要避免纯理论和空洞的分析，要紧密结合生产和管理的实际情况。充分利用各种具体的工具和方法进行深入的分析，结合人员、设备、工艺、原料和方法等诸多方面的实际情况。这样，才能保证分析一针见血，措施有的放矢，便于取得实际效果。

（2）找出主导因素。

只进行广泛的原因分析而不找出主导作用的原因，措施的制定就无法做到有的放矢和突出重点。主导因素的确定应在系统分析的基础上进行。

4. 措施得力是关键

（1）重点针对主导因素。

抓住了主导因素就抓住了纠正措施和预防措施的关键；同时，还要考虑到次要因素，以便使得措施取得更好的总体效果。此外，措施要具体可行，合理确定技术措施和管理措施的比例，效果会更好。

（2）确保实施到位。

措施实施到位要注意以下几点：一是严格按计划进行，必要时调整计划；二是职责明确并落实到位；三是归口部门要切实督促检查；四是进行必要的考核。

1.7.4 跟踪和验证

对纠正措施和预防措施进行跟踪验证体现了闭环管理的思想，从而实现 HSE 管理体系持续改进的目的。跟踪纠正措施和预防措施是否完成，验证其实施的有效性。如果纠正措施和预防措施经过跟踪验证，达不到预期效果，则应修改纠正措施和预防措施，直到通过验证。此过程是连续审核的一部分，是内部审核的延伸。

1. 跟踪和验证的重要性

在现场审核及审核报告完成后，审核组和管理者代表还需要在纠正措施和预防措施的有效实施上花费很多精力。审核组应对纠正措施和预防措施的实施情况进行跟踪和验证，其重要性在于：

（1）使受审核部门针对不符合进行纠正并完成整改，保证其体系与审核准则的符合性，防止 HSE 管理体系运行受到影响；

（2）监督受审核部门认真分析原因，找出不符合的根源，防止类似不符合再发生，通过管理体系的改进，为今后体系的运行创造良好的条件；

（3）通过对纠正措施和预防措施的跟踪，验证其有效性，促使受审核方完善 HSE 管理体系内部运行与改进机制；

（4）强化受审核方“预防为主”的意识，避免在某一个部门出现的不符合在其他部门中出现。

内部审核的重点在于发现体系存在的问题，加以纠正，进行原因分析，制定并实施纠正措施和预防措施，使管理体系得到不断改进，从而使得其纠正措施和预防措施的跟踪验证就具有特别重要的意义。

2. 跟踪和验证的原则

纠正措施和预防措施的跟踪和验证是 HSE 管理体系内部审核的重要阶段。其原则是：

（1）所有在审核中发现的不符合项，必须由受审核部门切实采取纠正措施和预防措施，审核员进行跟踪验证，形成有效闭环。

（2）根据不符合的性质或程度，可采用不同的跟踪验证方式：

——对于严重不符合项，审核员应对受审核部门的不符合项所涉及的要素进行再次现场审核，以检查纠正措施和预防措施的实施效果。

——对于一般不符合项，审核员可根据受审核组织提交的纠正措施和预防措施的记录进行验证。

——对于在短期内无法完成而又制定了纠正措施和预防措施计划的跟踪验证，可在下一次内部审核中再予以复查。

3. 跟踪和验证的期限

（1）对于严重不符合项，应在规定的期限内完成，一般规定为三个月，其中由相当数量同类性质的轻微不符合而形成的严重不符合项的完成时间可缩短，具体期限视组织实际情况而定。

（2）对于一般不符合项，一般规定在一个月内完成。

（3）对于程度轻微的一般不符合项：可在现场审核时由受审核部门立即采取纠正措施和预防措施，审核员应及时进行纠正措施和预防措施的跟踪和验证。如确定已完成，应在不符合报告中注明并记录。

4. 跟踪和验证的程序

纠正措施和预防措施的跟踪和验证应按照以下程序进行：

（1）审核期间审核组和受审核方确认不符合项；

（2）审核组向受审核部门提交不符合报告，并提出纠正措施的要求和建议；

（3）受审核方应分析原因，提出纠正措施和预防措施计划，必要时，还应识别纠正措施和预防措施可能带来的风险并制定和实施相关的控制措施；

（4）受审核方实施和完成纠正措施与预防措施，并向审核组报告；

（5）审核员对纠正措施和预防措施完成情况进行验证，并对实施效果作出判断；

（6）审核员验证过程应做好记录，并提交纠正措施和预防措施的跟踪验证报告。

5. 跟踪和验证的要点

审核员对受审核部门的纠正措施和预防措施的跟踪和验证，无论采取现场验证、资料验证、或审核复查等何种方式进行，均需重点关注以下环节。

（1）原因分析方面。

受审核方针对不符合进行的原因分析是否切中要害，找到了问题的根源；是否流于形式，避重就轻或浮于表面。

（2）措施制定方面。

针对不符合的原因所采取的纠正措施和预防措施是否具备可行性、合理性和有效性：

——采取纠正措施和预防措施的力度与不符合项产生的影响是否相适应；

——预防措施是否能够起到预防的作用；

——预防措施能否举一反三，避免同类问题的发生；

——纠正措施和预防措施的制定是否及时。

（3）实施及效果方面。

——计划是否按规定日期完成；

——计划中的各项措施是否全部完成；

——完成后的效果如何；

——实施情况是否有记录可查，如为资料验证，则所提交的资料是否充分，能否全面反映措施的实施情况及其效果，如需要，应以实施记录、报告、监测报告等形式证明；

——如引起程序文件的修改，修改内容是否使用有效，是否按照文件控制的规定完成了相应的修改、批准和发放手续并予以记录，该程序是否已被执行；

——如果某些效果确需较长时间才能最终体现，可留在下一次审核时再进行确认。

审核员针对不符合项进行了上述的跟踪验证，确认其有效性以后，在纠正措施和预防措施验证栏中注明验证结论，并签字确认。

6. 跟踪和验证时的注意事项

(1) 对现场问题的纠正，应进行现场复查验证。

(2) 对采取措施达到改进目标的，必要时应通过培训或文件修改予以巩固。

(3) 对采取纠正措施部分达到目标的，应进一步采取措施。

(4) 已采取纠正措施但效果不佳、采取补充措施后应再次进行跟踪。

(5) 纠正措施建议应经审核组认可，确保其可行性，再由管理者代表批准。

1.8 内部审核存在的主要问题

"穿管理体系的新鞋，走传统管理的老路。"这是很多组织的现实情况。虽然建立了HSE管理体系，却没有按照管理体系的要求来运行，而只是为了迎合外部审核的需要来开展内部审核，出现"体系运行"和"实际生产"两张皮的现象，从而导致内部审核达不到预期的理想效果。笔者认为现阶段内部审核存在的主要问题，主要突出表现在管理思路、审核策划和准备、审核实施过程、审核发现和改进等四个方面。

1.8.1 管理思路方面

(1) 有些组织的管理者没有认识到建立HSE管理体系的目的和意义，没有意识到开展内部审核的重要作用，各级管理者的参与性不够，只是为应付上级部门的要求，没有从思想和实际行动上真正想做好内部审核，搞好体系建设，从而出现"扎扎实实搞形式，认认真真走过场"的势头和风气。

(2) 很多组织在获得外部认证审核证书后，便对管理体系的运行置之不理，压缩其后内部审核工作的流程和工作内容。没有意识到内部审核是实现组织管理体系持续改进的需要，是管理体系自我完善、自我改进机制的核心内容之一。但是为了保住证书，每年不得不以例行公事的方式进行内审。

(3) 一些组织认为只要有内审员证书就可以参与审核，为了应付迫在眉睫的内部审核，管理人员随意找有内审员证书的人参与审核。没有认识到内部审核员获得审核员证书是可以进行内部审核的必要条件而非充分条件。一名称职的审核员必须掌握相应的审核方法和技巧；应该了解与所审核区域的产品和服务有关的专业知识及其流程、工艺要求等。

（4）有些组织把内部审核作为HSE管理体系考核的手段，制定具体的与部门绩效挂钩的考核方案，发现一般不符合就扣分，发现严重不符合的责任部门绩效为零，部门负责人受到处分等。从而把审核方和受审核方推到利益对立的立场上，因此审核人员不愿得罪受审核方，受审核方人员也千方百计地掩盖问题，造成内部审核难以发现问题。没有认识到对内部审核进行考核的重点应放在审核后的不符合的改进上，考核的过程应该是一个对考核对象进行沟通和辅导的过程。

（5）一些组织的部门领导总是希望在内部审核时自己部门的不符合项尽可能少甚至没有。之所以对不符合项非常在乎，原因在于不能正确认识到不符合项可能带来的积极作用，而是把不符合项作为一种负担，担心在领导和同事面前丢面子。殊不知不符合项的发现对于工作改进和体系运行来说是一种难得的财富。

（6）很多组织都认为开展HSE管理体系就是安全管理部门的事情，没有意识到全员参与是体系良好运行的前提，安全管理部门负责组织、指导和协调的工作。在进行职责分工时，把体系标准中几乎80%～90%的要素的管理都分配到安全管理部门，导致体系职能分配不合理，不能体现“谁主管，谁负责”的“直线责任”原则，体系推动工作存在很大的困难。一些部门甚至把安全管理部门要求参与实施管理体系维持和改进的工作视为麻烦而不愿意参与。

（7）现行体系文件与管理制度存在大量的交叉重复，体系文件缺少与管理制度有机融合，甚至缺少最起码的引用和衔接，脱离了现行的制度，另搞一套体系文件。各类体系文件和规章制度的功能定位不明确，最终导致体系工作和实际工作的“两张皮”的现象。

1.8.2 审核策划和准备方面

1. 审核计划方面

（1）未覆盖体系标准的全部要求，缺少对于最高管理者和管理者代表等高层管理的审核。

（2）审核范围不全面，没有完全覆盖组织内部相关职能部门或作业活动现场。

（3）审核深度不够，没有对照职能部门的职责权限或相关活动内容进行审核要素的分配，致使审核随意性大，相关部门的重要HSE活动可能没有涉及。

（4）审核安排不合理，对HSE有较大影响的过程或活动以及承担重要HSE职能的部门没有安排充足的时间，致使无法深入发现问题。

（5）审核组织方式单一，无论组织规模有多大，地域分布有多广，专业性有多大的差别，都采用集中式的审核组织形式，由于时间、精力和组织等多方面的原因，导致审核质量大打折扣。

2. 审核人员方面

（1）审核员培训不够。尽管有些组织对审核员进行了不少培训，但是由于培训老师或培训方法的原因，致使经过培训的审核员对标准的理解及内审的实施等仍然是模糊不清。

（2）审核员素质参差不齐。有些审核员缺乏管理或相应的技术知识，文字表达能力差，参与审核实践的机会少，使审核只能发现管理中的一些“皮肤病”，最多是个“外科医生”，而不能发现 HSE 体系中的深层次问题和管理上的隐患。

（3）审核员队伍不稳定。没有意识培养一支稳定的有经验的审核员队伍，使得有些组织审核人员变动过大，几乎每次审核都采用“新手”，质量审核难于保证。

（4）审核员分布不均。目前各企业的审核员通常就是清一色各基层单位安全管理人员，几乎没有领导的参加，也没有主要生产、技术、人事、综合等主要职责部门的人员参加，体系审核完全成了安全员的事情。

（5）审核员碍于情面。很多审核员在审核时都碍于情面，认为审核的深入会对受审核部门有一定的影响，不能提出太多问题，致使内审浮于表面。各个审核员之间缺乏沟通，各个组织、技术接口之间的审核内容出现重复和遗漏。

3. 审核检查表方面

（1）检查表缺少针对性。没有根据 HSE 管理体系文件要求、各部门承担的 HSE 职责及作业活动特点进行检查内容的设计，只是简单套用标准的要求。

（2）检查表没有突出重点。事先没有了解受审核方有关的职责、体系文件，以及重要的动态信息，使得各部门和单位的检查表千篇一律。

（3）检查表缺少可操作性。通常只说明要审核的内容，没有明确抽样的要求、审核对象和审核方法，检查表较为空洞，现场审核时操作性不强。

（4）检查表没有覆盖到审核计划中的全部内容。要么是有的领导没有审，要么是有的部门没有审，要么是有的单位没有审，要么是有的作业现场没有审，要么是有的要素没有审。

（5）使用检查表时缺少灵活性。对与现场审核临时发现的潜在问题或线索，没有进行合理有效的追踪，还是根据检查表的相关内容教条式地去审核，缺少相应的变通。

1.8.3 审核实施过程方面

（1）审核的实施不能满足审核方案和审核计划的安排，未按照审核计划、审核检查表规定的内容和“过程方法”的审核思路进行审核，更多的是“蜻蜓点水”或“走马观花”。

（2）审核对象没有抓住重点。对各部门和单位的审核，缺少对管理者和关键岗位人员的访谈。审核原本是对管理的审核，对直线责任者的审核，变成了对文件资料管理人员和安全管理人员的审核。

（3）审核深度不够。仅发现诸如文件、记录或标识管理方面的问题，如“没有签名”、“没有编号”等，很少涉及设计、生产、检验及体系管理和改进方面的实质的、深层次的问题，对体系改进的推动作用不大。

（4）审核脱离文件规定，生搬硬套标准条款。审核时很少按现行体系文件和规章制度进行审核，只是照搬标准条款的要求。对标准也没有做到活学活用，只“机械、简单、僵化”，使用。以审核员的个人经验作为审核准则进行不符合项的判定，审核结论不能使受审核方心悦诚服。

（5）审核记录没有可追溯性。审核记录过于简单，只写有和无，不能真实、客观、全面地反映受审核方的情况。对不符合事实的细节性描述不充分，致使审核方无法准确撰写不符合报告，责任部门无法对不符合进行深入的原因分析。

（6）审核中只注意文件、记录的完整性，对记录中的相关资料和数据等缺少分析研究。只能发现表面的问题，简单地“就事论事”，导致内部审核不能对 HSE 活动的改进发挥增值作用。

（7）审核方法过于单一，对有效性关注不够。目前的审核的主要方法就是查阅资料和记录，审核时大量的时间用在查阅文件和资料上，对各级员工的访谈、对作业现场观察等方法运用较少或很不充分，远离了体系运行的有效性的考量。这样的做法就误导受审核方人员，使其把工作的主要的精力放在了资料和记录的准备上了，从而忽略了对体系有效性和运行效果的关注。

1.8.4 审核发现与改进方面

（1）不符合事实描述不具体、不准确，缺乏重复性和可追溯性，导致不符合报告因事实依据不充分，而不被受审核方接受；或是不符合项的判定依据超出审核准则要求的范围，审核结果不易被受审核方所接受。

（2）不符合报告中未明确不符合项的类型和严重程度，不利于对 HSE 管理体系实施效果的分析评价。

（3）简单地把纠正当做纠正措施，不少不符合项仅停留在就事论事的纠正上，未对不符合进行原因分析，并针对原因制定并实施有效的纠正措施，没有起到“消除不合格的原因，防止不合格再发生”的作用。

（4）制定的纠正措施和预防措施缺少实施责任人和完成期限；纠正措施和预防措施未付诸实施，或未按规定的要求实施，或未按期完成；未对其他类似的不符合进行排查和整改，未能达到举一反三的整改效果。

（5）未对纠正措施的实施效果（有效性）进行验证；或跟踪验证结论未能对不符合是否得到有效纠正，以及能否防止同类型不符合的再发生做出评价。

（6）审核报告的输出不完整，没有对审核发现进行系统的整理分析，只是问题的简单罗列，未明确体系运行中存在的主要问题及薄弱环节，审核结论和改进建议没有针对性，或者根本没有提出针对问题的改进建议。

思 考 题

1. HSE 管理体系审核主要分为哪几类？都有什么特点？
2. 简述 HSE 管理体系审核流程与主要步骤。
3. 编制审核方案应注意哪些方面的问题？
4. 编制审核计划时应注意哪些问题？
5. 简述审核方案与审核计划的不同。
6. 检查表在现场审核时能起到什么样的作用？编制检查表时应注意哪些问题？
7. 不符合报告的分类有哪些？判定不符合项时应注意哪些问题？
8. 审核报告主要应报告哪些内容？编写报告时应注意哪些问题？
9. 简要说明纠正、纠正措施和预防措施的区别。

第2章　HSE管理体系审核要点

HSE管理体系的形成和发展是石油勘探开发多年管理工作经验积累的成果，它体现了完整的一体化管理思想。HSE管理体系是国际石油工业普遍采用的健康安全与环境管理模式，它集各国同行管理经验之大成，坚持以风险管理为中心实施HSE管理，突出了预防为主、领导承诺、全员参与、持续改进的科学管理思想，是石油天然气工业实现现代管理，走向国际大市场的准行证。各石油企业为提高竞争能力、与国际惯例接轨，相继建立起HSE管理体系。

在管理实践中，通过不断总结实施HSE管理体系过程中的经验和教训，中国石油天然气集团公司先后多次对HSE管理体系标准进行了修订和完善。十年磨一剑，目前HSE管理体系已进入到全面提升、持续改进的快车道。

2.1　引言

为了深入推进中国石油天然气集团公司HSE管理体系工作，推动健康、安全、环境管理与国际接轨，实现安全发展、清洁发展、和谐发展目标，在SY/T 6276—1997《石油天然气工业健康、安全与环境管理体系》标准的基础上，充分考虑了与GB/T 24001—2004《环境管理体系要求及使用指南》和GB/T 28001—2011《城市公共休闲服务与管理　基础术语职业健康安全管理体系　要求》标准要素的融合，并总结了Q/CNPC 104.1—2004标准实施过程中所取得的经验。中国石油天然气集团公司于2007年颁布实施了Q/SY 1002.1—2007《健康、安全与环境管理体系　第1部分　规范》。

Q/SY 1002.1—2007标准规定了HSE管理体系的基本要求，旨在使组织能够控制健康、安全与环境风险，实现健康、安全与环境目标，并持续改进组织的绩效。HSE管理体系建设是通过管理体系标准这样一个系统化的管理工具，对企业原有健康安全与环境管理进行规范化和系统化。通过建立HSE管理体系，将管理体系标准先进的管理思想和理念融入到企业日常管理的各个环节。

标准为组织规定了HSE管理体系要素，这些要素可与其他管理要求相结合，帮助组织实现其健康、安全、环境目标与经济目标。本章将对HSE管理体系标准的7个一级要素及相应的25个二级要素予以解析，明确各要素的理解要求与审核点，供审核员在学习应用本标准时作为参考，见图2.1。

HSE管理体系标准适用于中国石油天然气集团公司各组织及有以下愿望的相关方：

(1) 建立、实施、保持和改进HSE管理体系；

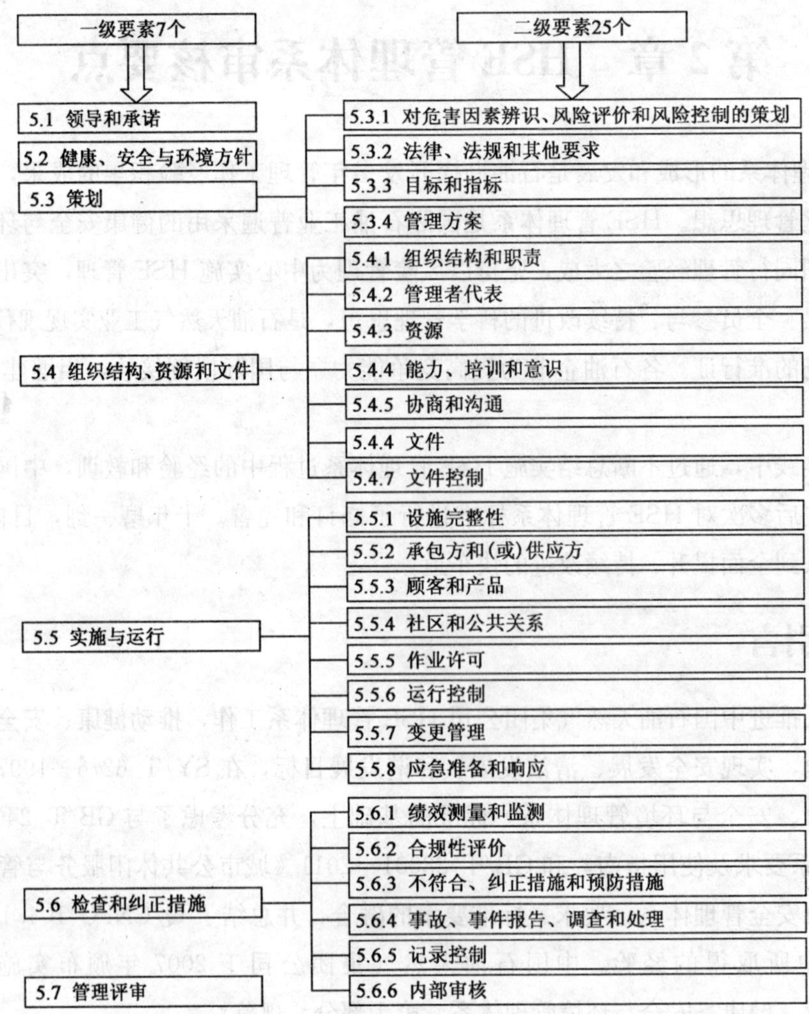

图 2.1 HSE 管理体系要素结构图

（2）使自己确信能符合所声明的健康、安全与环境方针；

（3）寻求相关方（如顾客）对其符合性的确认；

（4）寻求外部机构对其 HSE 管理体系的认证；

（5）进行自我评价和自我声明。

2.2 总要求

HSE 管理体系标准适用于中国石油天然气集团公司各组织及其相关方建立、实施、保持和持续改进 HSE 管理体系。组织依据 HSE 管理体系标准的要求建立、实施、保持和改进 HSE 管理体系时，应充分考虑组织的健康、安全与环境方针、活动性质、运行的风险与复杂性等因素。

石油石化行业具有生产工艺复杂多变、风险性高、不确定性强，技术含量高、生产工艺复杂、地质条件复杂、作业环境恶劣多变，生产装置大型化、过程连续化，原物料及产品易燃易爆、毒害和腐蚀性等危险特性，且危害因素呈现点多、线长、面广等特点。如何有效控制风险，实现安全生产、清洁生产，一直是石油石化行业优先考虑的头等大事。HSE 管理体系体现了现代安全科学理论中的系统安全思想，它通过系统化的预防管理机制，彻底消除各种事故和隐患，严格控制各种健康安全与环境风险，以便最大限度地减少生产事故、疾病、污染的发生。

【条文内容】

4　总要求

组织应建立、实施、保持和持续改进健康、安全与环境管理体系，确定如何实现这些要求，并形成文件。第 5 章描述了健康、安全与环境管理体系的要求。

组织应界定健康、安全与环境管理体系的范围，并形成文件。

健康、安全与环境管理体系模式如图 1 所示。

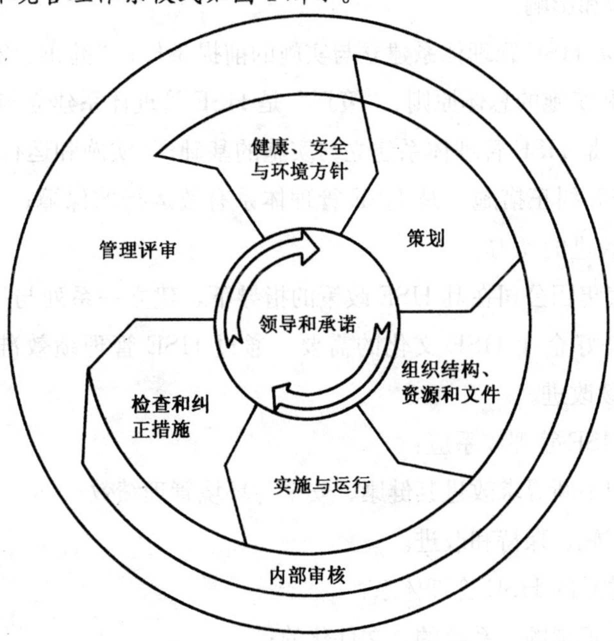

注：本部分规定的健康、安全与环境管理体系基于策划—实施—检查—改进（PDCA）的运行模式原理。关于 PDCA 的含义简要说明如下：

——策划：建立所需的目标和过程，以实现组织的健康、安全与环境方针所期望的结果；

——实施：对过程予以实施；

——检查：根据承诺、方针、目标、指标以及法律法规和其他要求，对过程进行监视和测量；

——改进：采取措施，以持续改进健康、安全与环境管理体系绩效。

图 1　健康、安全与环境管理体系模式

【理解要点】

Q/SY 1002.1—2007 标准的“总要求”是按照本标准建立体系的宗旨，提出组织应建立并保持 HSE 管理体系，通过 HSE 管理体系的实施，保证组织系统地控制其健康、安全与环境风险。“建立”即要求按本标准的要求，规定组织结构、职责、策划、活动、程序、过程和资源等要求并形成文件化体系；“保持”即要求组织按已建立的 HSE 管理体系的要求实施管理，并不断改进和完善 HSE 管理体系。

HSE 管理体系标准给出了 HSE 管理体系的基本模式。该模式采用了“策划—实施—检查—改进”的 PDCA 循环模式。整个 HSE 管理体系由 7 个一级要素构成。标准要素虽然划分为相对独立的条款，其内涵各不相同，但这些要素之间是紧密相关的，不能孤立地去理解各个要素。

7 个一级要素形成了组织 HSE 管理体系的建立过程和建立之后有计划地评审和持续改进的循环上升过程，从而使组织内部 HSE 管理体系得以不断完善和提高，有效地控制健康、安全与环境风险和影响。

“领导和承诺”是 HSE 管理体系建立与实施的前提条件；“健康、安全与环境方针”是 HSE 管理体系建立和实施的总体原则；“策划”是 HSE 管理体系建立与实施的输入；“组织结构、资源和文件”是 HSE 管理体系建立与实施的基础；“实施和运行”是 HSE 管理体系实施的关键；“检查和纠正措施”是 HSE 管理体系有效运行的保障；“管理评审”是推进 HSE 管理体系持续改进的动力。

中国石油天然气集团公司在其 HSE 政策的指导下，建立一系列与每一要素相关联的绩效准则，它是形成良好企业 HSE 文化的需要，通过 HSE 管理绩效准则的成功实施促进 HSE 管理体系的持续改进。

组织所建立的 HSE 管理体系应：

（1）有助于组织不断寻求改进其健康、安全与环境管理绩效；

（2）得到有效实施、保持和改进。

组织应确保所建立的 HSE 管理体系：

（1）在组织内是正规的、系统的、文件化的；

（2）所有要素在组织内所有职能和层次均得到实施。

【审核要点】

对本要素的审核主要是通过对领导层和主管部门的审核，获取企业在 HSE 管理体系建立和改进时策划过程的相关内容，包括：

（1）查 HSE 管理体系策划的相关过程资料（包括 HSE 管理体系初始评审的相关资

料），是否充分齐全。

（2）组织按照什么模式建立HSE管理体系，对HSE管理体系的结构、内容、程序、作用是否进行了准确清晰的描述。

（3）组织是否按HSE管理体系标准建立、实施和保持了文件化的HSE管理体系。

（4）查在机构变化、职能变化的同时，是否能保持体系的完整性，相应职责、资源配置是否能及时调整，HSE管理体系的变化是否在受控状态下进行。

（5）组织是否界定了HSE管理体系的范围，范围的界定是什么，是否明确、合理。

2.3 领导和承诺

组织的最高管理者应正确认识并把握自身在体系建立和运行中的领导作用。有感领导和可视承诺是HSE管理体系有效实施的核心动力，各级管理层强有力的行使领导责任和权利是HSE管理体系建立、运行、持续改进的最关键因素。组织的最高管理者应就健康、安全与环境管理及预期的业绩作出明确的承诺并公示于员工和社会，同时应将承诺转化为管理者的具体行动或行为，通过建立和维护企业文化促进HSE管理体系的有效运行。

各级管理者应对健康、安全与环境管理工作负责，在健康、安全与环境管理方面提出明确的承诺，并将其作为企业文化的一部分，这是建立和实施HSE管理体系的基础。通过强有力的领导，提出并履行承诺，培育适宜的健康、安全与环境文化，促进HSE管理体系的建立、实施、保持和持续改进。只有做到领导重视、全员参与、持续改进，把HSE管理体系作为组织管理的重要组成部分，才能建立起一个有效的HSE管理体系。

【条文内容】

5.1 领导和承诺

组织应明确各级领导健康、安全与环境管理的责任，保障健康、安全与环境管理体系的建立与运行。最高管理者应对组织建立、实施、保持和持续改进健康、安全与环境管理体系提供强有力的领导和明确的承诺，建立和维护企业健康、安全与环境文化。各级领导应通过以下活动予以证实：

a）遵守法律、法规及相关要求；

b）制定健康、安全与环境方针；

c）确保健康、安全与环境目标的制定和实现；

d）主持管理评审；

e）提供必要的资源；

f）确保健康、安全与环境管理体系有效运行。

【理解要点】

1. 最高管理者的领导责任

最高管理者对员工的安全与健康负最终责任，并在健康、安全与环境工作中起领导作用。这是 HSE 管理体系的要求，也是相关法律法规的要求，其职责包括：

(1) 提出承诺，批准健康、安全与环境方针；

(2) 制定有关健康、安全与环境工作的规划；

(3) 确保健康、安全与环境目标的制定和实现；

(4) 进行管理评审，持续改进 HSE 管理体系；

(5) 确保为 HSE 管理体系的有效实施提供必要的资源。

在最高管理层中任命一名对 HSE 管理体系的实施负有明确职责和权限的管理者代表(在大型或复杂的组织内，可以根据需要有多名管理者代表)。

2. 各级管理者的领导责任

健康、安全与环境管理是一种线形管理责任，每一名管理者在其负责的领域内应承担健康、安全与环境管理责任。

提供可视的承诺是有效的 HSE 管理体系的一个基本原则，承诺应形成文件。承诺的内容根据组织的具体情况来确定，并通过实施行动来践行 HSE 承诺，使领导和承诺真正让员工可悟、可见、可感。

制定并履行个人安全行动计划，落实“有感领导”，通过以身作则的良好个人安全行为，使员工真正感知到 HSE 的重要性，感受到领导做好 HSE 的示范性，感悟到自身做好 HSE 的必要性。

3. 建立支持 HSE 管理体系的企业文化

企业 HSE 文化是整个企业文化的有机组成部分，是 HSE 工作实践过程中所形成的物质和精神财富的总和，包括了 HSE 物质文化、HSE 制度文化、HSE 精神文化、HSE 行为文化等多个方面。一个组织只有培育出良好的 HSE 文化，才能使写在纸上的 HSE 成为全体员工的行动，并最终实现“HSE 融入我心中”的要求。HSE 文化包括了信念、价值观、驱动力、个人承诺、参与和责任等。

【审核要点】

通过对最高管理者和相关人员的审核，获取以下证据：

(1) 最高管理者对建立、保持和改进管理体系做出了哪些承诺。

(2) 最高管理者是否认识到满足法律、法规要求的重要性，采用什么方法向组织传达满足法律法规要求的重要性。

（3）最高管理者在制定 HSE 方针和目标时起了哪些作用。

（4）最高管理者是否组织了管理评审。

（5）最高管理者在 HSE 方面投入了哪些资源，是否参与评价资源能否满足法律法规的要求且符合企业自身的实际情况。

（6）领导层如何落实有感领导。

（7）各级管理者个人安全行动计划的制定和落实情况。

（8）通过和员工交流、查阅相关文件、现场观察等，了解公司的 HSE 绩效和公众形象、公司的 HSE 文化氛围等方面。

相关链接：国外石油公司 HSE 承诺示例

1. Shell 对 HSE 的承诺

在中国石油天然气集团公司内，我们一致承诺：不使人员受到伤害是我们的追求；所有的作业都要保护环境；提供高效利用原材料和能源的产品和服务；在与上述原则一致的前提下，开发能源和产品，提供服务；定期公布我们的绩效；在促进本行业 HSE 的最佳行为方面发挥带头作用；像管理其他关键业务那样来管理 HSE；培养一种使所有 Shell 员工都分担承诺的企业文化。这样做的目的是为了使我们取得引以自豪的良好 HSE 绩效，以赢得广大客户、股东和社会公众的信任，成为一个好邻居，并为可持续发展作出贡献。

2. BP-Amoco 对 HSE 的承诺

BP 的每一位职员，无论身处何地，都有责任把 HSE 的事做好。良好的 HSE 业绩是我们每位员工健康和安全的保障，是我们事业成功的关键。我们的目标可概括为：不发生事故、不损害人身健康、不破坏环境。我们将通过不断减少废水、废气及废渣的排放以及有效地利用能源来减轻我们的生产经营活动对环境与人身健康造成的影响。我们将生产客户能够安全使用的优质产品。我们将公开征求用户、员工、社区邻里及公众利益团体的意见，倾听他们的声音，响应他们的要求；共同协作，即与我们的合作伙伴、供应商、竞争对手及政府法律法规的制定机构一同努力，以提高我们行业的标准；坦诚公布我们的 HSE 业绩状况，报喜也报忧；表彰嘉奖对改善 HSE 业绩作出贡献的员工。我们的业务发展计划包括一系列可衡量的 HSE 指标。我们所有人都有责任来实现这些目标。

3. Exxon-Mobil 对 HSE 的承诺

每一个在公司工作的人员都负有保护环境和我们的人员、客户的健康与安全的责任，负有广泛交流的义务。我们对环境、健康和安全（EHS）绩效的承诺是我们企业经营活动的有机组成部分，经济有效地实现EHS目标是我们长期成功的必要条件。我们承诺：消除事故和环境事件；减少废水和废气排放；有效利用能源和其他资源；时刻做好应急反应的准备；评价我们的产品，教育我们的员工、客户和公众，使他们知道如何安全地使用产品，并对环境负责任；帮助我们的员工、承包商、合作伙伴和供应商了解他们的行动是如何影响EHS绩效的；与我们的邻居和其他方，就我们的EHS计划和绩效进行交流；通过有效的管理体系不断改进我们的EHS绩效；认可我们的员工、承包商和下属部门的杰出EHS绩效。以上承诺是以遵守所有环境、健康与安全法律和法规为基础的。

4. Statoil对HSE的承诺

健康、安全与环境方面的优秀绩效具有内在的价值，良好高效的绩效是进行竞争的前提。我们的目标是无事故、无伤害和无损失；我们将为可持续发展作出贡献；在任何地方和业务的任何领域我们都具有同样的态度；希望我们的供应商和合作伙伴都能满足我们的HSE标准的要求。

2.4 健康、安全与环境方针

健康、安全与环境方针是HSE管理体系建立和实施的总体原则和方向，组织建立、运行和持续改进HSE管理体系，首要任务是制定一个健康、安全与环境方针，该方针是组织在一定时期内在健康、安全、环境方面所奉行的基本政策、坚持的原则和努力的方向。方针的作用在于统一思想和原则，同时能够为阶段性战略目标的制定提供依据。通过将其要求在HSE体系诸要素中具体化和落实，控制各类HSE风险，实现绩效的持续改进。

【条文内容】

5.2 健康、安全与环境方针

组织应具有经过最高管理者批准的健康、安全与环境方针，规定组织健康、安全与环境管理的原则和政策。健康、安全与环境方针应：

a）包括对遵守法律、法规和其他要求的承诺，以及对持续改进和清洁生产、事故预防、社会责任的承诺等；

b）与上级组织的健康、安全与环境方针保持一致；

> c）适合于组织的活动、产品或服务的性质和规模以及健康、安全与环境风险；
>
> d）传达到所有为组织或代表组织工作的人员，使其认识各自的健康、安全与环境义务；
>
> e）形成文件，实施并保持；
>
> f）可为相关方所获取；
>
> g）定期评审。
>
> 组织应建立健康、安全与环境战略（总）目标，并应与健康、安全与环境方针相一致，以提供建立和评审健康、安全与环境目标和指标的框架。

【理解要点】

1. 形成文件的健康、安全与环境方针

组织应建立形成文件的健康、安全与环境方针，并经过最高管理者的批准。在内容上应阐明组织的健康、安全与环境原则、宗旨和政策，要考虑：

（1）包括对遵守法律、法规和其他要求的承诺，以及对持续改进和清洁生产、事故预防、社会责任的承诺等。

（2）与上级组织的健康、安全与环境方针保持一致。

（3）适合于组织的活动、产品或服务的性质和规模以及健康、安全与环境风险。

2. 建立健康、安全与环境战略（总）目标

（1）与健康、安全与环境方针保持一致。

（2）提供建立和评审具体健康、安全与环境目标和指标的框架。

3. 健康、安全与环境方针的管理

（1）健康、安全与环境方针应经最高管理者批准发布。

（2）员工及其代表参与方针的制定是员工的基本权益，而且员工的参与对 HSE 工作的成功及 HSE 绩效的改善至关重要。

（3）传达到所有为组织或代表组织工作的人员，从而有助于其对 HSE 管理体系的了解和参与。

（4）可为相关方所获取，通过各种途径使公众及相关方易获得组织的健康、安全环境方针，有利于提高组织的公众形象和声誉。

（5）最高管理者应定期对组织的健康、安全与环境方针进行评审，以适应不断变化的内外部条件和要求，确保体系的持续适宜性。

【审核要点】

通过对最高管理者和相关人员的审核，获取以下证据：

（1）组织是否制定了文件化的 HSE 方针，是否经最高管理者批准。

(2) 与最高管理者交谈了解制定 HSE 方针的意图和内涵。

(3) HSE 方针内容是否与组织的风险性质和规模相适宜。

(4) HSE 方针内容是否与上级组织保持了一致。但一致不能理解为完全一样。

(5) HSE 方针内容是否包括了遵守法律、法规和其他要求以及对持续改进和清洁生产、事故预防、社会责任的承诺。

(6) 是否阐明了 HSE 战略(总)目标，并提供制定和评审 HSE 目标的框架。

(7) 通过交谈，查组织如何向所有为组织或代表组织工作的人员传达方针？并通过交谈验证员工对方针的了解情况。

(8) 查相关方获取方针的渠道，并验证相关方是否能够获取组织的方针。

(9) 通过审核绩效测量和监视的结果，验证方针是否得以实施。

(10) 组织是否有定期评审 HSE 方针的规定。

(11) 最高管理者是否按照规定定期评审 HSE 方针。

(12) 如何对 HSE 方针进行修订。

(13) 评审和修订的依据是什么。

相关链接：各国石油公司 HSE 方针示例

1. Shell 的 HSE 方针

Shell 所属每个公司都有一套 HSE 管理体系，以确保其在商业活动中遵纪守法，不断改进，取得更好的业绩。不断提出改善目标，衡量、评价和报告自己在健康、安全与环境方面的成绩；要求承包商依据本政策管理健康、安全与环境事务和工作；要求在 Shell 控制之下经营的合资企业应用本政策并通过自己的影响促进本政策在其他企业的推广；在对员工进行评比时，将健康、安全与环境方面的绩效包括在内，并给予相应奖励。

2. BP-Amoco 的 HSE 方针

每位公司员工，无论身处何地，都有责任做好健康、安全与环境工作。良好的健康、安全与环境绩效，是我们事业成功的关键。公司将在全球范围内，采取与众不同的方式，追求并实现良好的健康、安全与环境(HSE)业绩。公司在健康、安全与环境绩效方面的承诺是中国石油天然气集团公司五大企业政策(道德行为，员工，公共关系，健康、安全与环境业绩，财务管理)之一。我们承诺以实际行动来展示我们对自然环境的重视并努力实现我们的目标，即：不发生事故，不损害人员健康，不破坏环境。

3. Statoil 的 HSE 方针

将 HSE 精神融入管理和控制活动的全过程中；根据 HSE 实际绩效情况来管理 HSE 活动；管理层的承诺和承诺公开；员工参与；将 HSE 融入工厂和设备设计的各个阶段；HSE 管理包括承包商在内，从最高管理层到最下层；无事故、无伤害和无损失；在健康、环境和安全方面处于行业前列。

2.5 策划

HSE 管理体系运行的最直接目的是防止事故发生，将危害因素的风险及影响降低到可接受的最低程度。对危害因素的正确而科学地识别、评价和有效管理是达到此目的的关键所在。风险管理是一个不间断的过程，是所有 HSE 要素的基础，应定期识别危害因素的存在，并评估业务活动中的相关风险，对所有风险都将采取适当的措施进行管理，以防止潜在事故的发生或降低事故所产生的影响。Q/SY 1002.1—2007 标准“5.3 策划”包含 4 个二级要素，见表 2.1。

表 2.1 “5.3 策划”的二级要素

二级要素	要点
5.3.1 对危害因素辨识、风险评价和风险控制的策划	辨识危害因素，依据准则对已确定的危害因素进行评价，并进行风险控制的策划
5.3.2 法律、法规和其他要求	获取、识别、传达和更新组织应遵守的相关健康、安全与环境的法律法规和要求
5.3.3 目标和指标	确定适合组织特点的 HSE 结果性和过程性目标和指标
5.3.4 管理方案	建立旨在实现健康、安全与环境管理目标的管理方案

2.5.1 对危害因素辨识、风险评价和风险控制的策划

危害因素辨识、风险评价和风险控制过程是建立和实施 HSE 管理体系的基础。一个系统全面的初始评审过程是建立 HSE 管理体系的良好开端，搞清组织运行过程中可能存在的健康、安全与环境危害因素、风险和影响，对以往的健康、安全与环境管理进行总结，找出优势和不足。组织可按照自己的实际情况制定具体目标和指标，制定风险和影响的运行控制要求及相应的应急准备和响应程序，控制组织的活动、产品或服务对健康、安全与环境的风险和影响，力争实现健康、安全与环境方针和目标。

【条文内容】

5.3.1 对危害因素辨识、风险评价和风险控制的策划

组织应建立、实施和保持程序，用来确定其活动、产品或服务中能够控制或能够施加影响的健康、安全与环境危害因素，以持续进行危害因素辨识、风险评价和实施必要的风险控制和削减措施。这些程序应包括但不限于：

a）常规和非常规的活动；

b）所有进入工作场所的人员（包括合同方人员和访问者）的活动；

c）工作场所的设施（无论由本组织还是由外界所提供）；

d）事故及潜在的危害和影响；

e）以往活动的遗留问题。

组织在建立健康、安全与环境目标时，应考虑危害因素辨识、风险评价的结果和风险控制的效果。

组织应开发危害因素辨识、风险评价和风险控制的方法：

a）依据健康、安全与环境风险和影响的范围、性质和时限性进行，确保该方法是主动性的而不是被动性的；

b）规定风险分级，识别出可通过风险管理措施来削减或控制的风险[1)]；

c）与运行经验和所采取的风险削减和控制措施的能力相适应；

d）为确定设施要求、识别培训需求和（或）开展运行控制提供输入信息；

e）规定对所要求的活动进行监视，以确保其及时有效实施。

组织应对危害因素辨识、风险评价和风险控制的过程的有效性进行评审，并根据需要进行改进。

组织应将危害因素辨识、风险评价和风险控制结果方面的信息形成文件并及时更新。

注：危害因素辨识、风险评价和风险控制包括了健康、安全与环境三个方面的因素。

1）有些风险和影响可通过5.3.3和5.3.4所规定的措施来削减或控制；有些风险和影响可依据相关准则通过确定关键任务或运行程序等运行控制措施进行控制。

【理解要点】

危害因素辨识、风险评价和风险控制的策划过程的复杂程度主要取决于组织的规模和性质、作业场所的状况、风险的复杂性和大小等因素。风险评价和管理是健康、安全与环境管理中最重要的一环，可分为四个阶段：辨识、评价、控制和评审。

辨识：可能出现什么问题？

评价：问题的性质？后果？风险？

控制：是否有较好的控制方法？该控制方法是否充分？

评审：是否得到实施？是否可控制不良后果？评审是否充分？

这样分为先后四个阶段是为了便于说明整个风险评价和管理的过程，但实际上这些阶段的界限并不清晰，许多情况下要将四个阶段作为一个整体来考虑，才能做出最后决策。最终，风险辨识、评价和控制的最后结果都应达到使风险降低到“合理实际并尽可能低”的程度。

1. 危害因素辨识

危害因素辨识是指识别组织整个范围内所有存在的危害因素并确定其特性的过程。组织应保持一套程序系统地进行危害因素和影响的识别。危害因素可能来自日常的活动，也可能来自使用的材料、设备、设施和过程。组织内全体员工都应参与对危害因素辨识、风险评价和风险控制的。

组织在危害因素辨识时，除考虑组织自身员工的活动所带来的危害因素和风险，还需考虑合同方人员和访问者的活动以及使用外部提供的产品和服务所带来的危害因素和风险。

（1）辨识过程中综合考虑的问题：

——组织的常规活动，如正常的生产活动；

——组织的非常规活动，如停工、维护、临时抢修等；

——所有进入工作场所的人员的活动，包括合同方人员和访问者的活动；

——工作场所的设施（无论由本组织还是由外界所提供）；

——事故及潜在的危害和影响，包括来自：产品或材料的包装缺陷、结构失效、天气、地质灾害及其他外部自然灾害、恶意破坏或违反安全规程；

——丢弃、废弃、拆卸和处理；

——以往活动的遗留问题；

——人为因素，包括违反 HSE 管理的要求。

（2）在辨识危害因素时，应考虑：

——三种状态：即正常、异常、和紧急状态。组织的生产过程许多是连续几个月，甚至连续几年运行生产，是正常状态。生产中开机、停机、检修等情况下的危害因素与正常状态有较大不同，属异常状态。紧急状态则是指发生火灾、爆炸、洪水等情况。

——三种时态：即过去、现在、将来。组织在对现场的、现有的危害因素进行充分考虑时，也要看到以往遗留的危险以及计划中活动可能带来的危险。

——在辨识有关健康、安全方面的危害因素时，应考虑以下四个方面，即人的不安全行为；物的不安全状态；管理上的缺陷；不良的作业环境。

——在辨识有关环境方面的危害因素时，应考虑八个方面，即向大气的排放；向水体的排放；向土地的排放；原材料和自然资源的使用；能源的使用；能量的释放（如热、辐射、振动等）；废物和副产品；物理属性，如大小、形状、颜色、外观等。

（3）危害因素辨识可以考虑的方法包括：

——经验和判断；

——关联图（BTA）；

——安全检查表（SCL）；

——工作安全分析（JSA）；

——危险与可操作性研究（HAZOP）；

——故障类型与影响分析（FMEA）；

——事故树分析（FTA）；

——事件树分析（ETA）。

每一种辨识方法都有其自身的适应范围和局限性，组织具体采用什么样的辨识方法应根据其自身的规模、风险特性和复杂程度等因素来考虑，针对不同的辨识对象选择采用最简洁、有效的方法。

2. 风险评价

风险评价是根据危害因素辨识的结果，依据判别准则进行评价，确定风险及影响的大小是否可接受。风险是可能性和后果严重程度的函数，即风险水平是用事故可能发生的几率和可能导致危害的严重程度两个因素表示，即，风险＝发生几率×后果严重程度。体系管理当中的风险一般按定性方法表述，如高、中、低。

HSE风险的评价需要得到有关特定事件的发生几率、性质和可能产生的后果的严重程度的资料，这类资料可来自：

（1）内部管理人员和HSE专家的经验；

（2）组织内部资料或数据库；

（3）行业的发生频率和失控率数据统计；

（4）相关的国际、国内和组织标准和规范；

（5）有关社团组织的规范和导则。

风险评价和风险的确定过程应考虑：

（1）活动、产品或服务的影响，包括生命周期的全过程；

（2）强调人和物产生的风险和影响；

（3）考虑来自与风险区有关的人员的意见；

（4）由具有资格和能力的人员来实施；

（5）按规定的程序和正确的方法（或推荐的）进行；

(6) 定期进行。

这里讲风险评价主要是定性的或半定量的，目前推荐采用的主要评价方法包括：

(1) 风险矩阵（定性或半定量）；

(2) LEC 法；

(3) ESP 法；

(4) 重要性准则法；

(5) 多因素评分法。

由于评价所用的数据和所作的假设通常具有局限性和片面性，因此一个事件的发生几率的评估可能带有相当的不确定性，但对于已经了解的危害因素，后果的严重程度可能更容易、更精确地确定。应该指出任何评价技术所提供的结果都会有一定程度的不确定性，因此风险评价技术的使用要结合有经验的操作人员、规章制定者和社区公众的意见。

3. 风险控制策划

风险控制是指根据风险评价的结果提出并实施风险削减和控制方案。根据风险评价的结果，有些风险和影响可通过Q/SY 1002.1—2007 中的5.3.3 和5.3.4 所规定的措施来削减或控制；有些风险和影响可依据相关准则通过确定关键任务或运行程序等控制措施进行控制。

组织在危害因素辨识、风险评价和风险控制的策划时，原则上首先考虑的是如何消除风险，不能消除的情况下考虑如何降低风险，不能降低的情况下考虑采取个体防护。消除风险是最先应采取的手段，个体防护是最后应采取的手段。工程技术措施在前，管理措施在后，风险控制措施优先顺序如下：

(1) 消除。工作任务必须做吗？用其他安全的技术手段取代危险的操作。

(2) 替代。是否可用其他低风险的材料、设备等替代风险较高的材料、设备。

(3) 工程控制。是否使用设施降低风险，如局部废气通风、防护栏/罩、隔离、照明等。

(4) 程序。是否可以用来规定安全工作程序降低风险？如作业许可、操作规程、工作安全分析等。

(5) 减少员工接触时间。限制接触风险的员工数目，控制他们的接触时间，在低活动阶段进行危险性工作，合理设计工作场所等。

(6) 个人劳动保护设备。适用充分的 PPE，是否适合工作任务，如安全带、呼吸保护设备、化学品防护服/手套。

组织应考虑尽可能对全部危害因素进行综合评价，而不是对某个具体的危害因素进行单个评价，以保证确定风险削减和控制措施的优先次序的准确性。当有多种措施可用时，可通过适当的经济风险分析确定适用的风险控制措施。

在进行风险控制策划时应考虑将风险降低到“合理实际并尽可能低”的原则，“合理实际并尽可能低”考虑了风险削减程度与风险削减过程的时间、难度和代价之间的平衡关系，即在确定判别准则和确定降低风险的措施时应考虑当地的环境和条件、投资和收益的平衡及当前的科学技术水平等。

4. 评审

组织要考虑对风险削减和控制措施进行评审，风险削减和控制措施是否足以将风险降低至合理实际并尽可能低。当得出控制过程不充分的结论时，应该重新考虑判别准则和重新进行风险评价，以确定更进一步的风险削减和控制措施。

(1) 组织应确保在建立健康、安全与环境目标时，考虑危害因素辨识、风险评价和风险控制的效果。另外，组织还应考虑为确定设施要求、识别培训需求和（或）开展运行控制、应急准备和响应提供输入信息，以及向管理者提供有关信息，为管理评审和修改或制定新的目标和指标提供依据。

(2) 危害因素辨识、风险评价和风险控制过程的评审。

组织应在一定的时间间隔内对危害因素辨识、风险评价和风险控制过程的有效性进行评审，并根据需要进行改进。评审期限取决于以下方面：

——危害因素的性质；

——风险的大小；

——正常运行的改变；

——原材料、中间产品和化学品等的改变。

如果组织内的变化使现有评价的有效性产生疑义，则应进行评审，这种变化可包括以下因素：

——扩大、缩小、限制；

——职责的重新分配；

——工作方法或行为模式的改变。

(3) 危害因素辨识、风险评价和风险控制的文件。

为了确保危害因素辨识、风险评价和风险控制过程有效，组织需要将危害因素辨识、风险评价和风险控制的过程形成文件，并定期更新有关信息。包括以下方面：

——危害因素的辨识和确定；

——判别准则文件，如适用于操作、生产、服务的健康、安全与环境管理和控制各个方面的法律、法规和要求文件；

——风险评价及分级，包括残余风险的可容许性评价，以及风险控制措施效果的评审；

——风险和影响削减和控制的策划文件。

组织应把危害因素辨识、风险评价和风险控制的策划过程作为一项主动性而不是被动性的活动来执行，即应在引入新的活动或程序，或对其进行修改之前进行。

【审核要点】

对本要素的审核几乎涉及所有部门、单位和现场，重点审核以下内容：

（1）组织是否制定了危害因素辨识、风险评价和风险控制策划的程序，程序中是否包括了标准的所有要求。

（2）查组织是否明确了危害因素辨识的范围和对象。

（3）查组织是否规定了危害因素辨识和风险评价的方法、准则和步骤。

（4）员工是否掌握了组织所规定的辨识与评价方法，是否会针对不同的评价对象选择使用相应的适宜方法。

（5）和部门负责人交谈，了解组织是否按照程序进行了危害因素识别与评价。

（6）查受审核方危害因素辨识的结果，是否考虑了“正常、异常和紧急”三种状态；是否考虑了“过去、现在和将来”三种时态；是否考虑了健康、安全与环境三个方面的危害因素；辨识结果是否齐全、充分、无遗漏；是否考虑了可对其施加影响的相关方带来的 HSE 风险。

（7）查有无重要危害因素和重要环境因素清单，其评价结果是否合理。

（8）结合对标准 Q/SY 1002.1—2007 中 5.3.4（管理方案）、5.5（实施和运行）要素的审核，查对危害因素控制措施有哪些，对有些危害因素和环境因素是否制定了应急措施。

（9）查组织有无对危害因素辨识和风险评价的更新的程序，并依据程序检查对危害因素的及时更新情况。

（10）查组织是否对危害因素识别与评价全过程的有效性进行评审，并根据评审的结果改进危害因素辨识和风险评价的过程。

（11）通过对基层单位“两书一表”和现场处置预案的审核，查其内容是否能够控制和削减现存的 HSE 风险。

（12）查对危害因素的及时更新、危害因素控制措施与应急处置措施的修订情况。

（13）结合标准 Q/SY 1002.1—2007 中 5.5 要素（实施和运行）的相关内容查这些措施的落实情况。

2.5.2 法律、法规和其他要求

遵守法律、法规和其他要求是组织 HSE 管理体系的基本要求，其贯穿于 HSE 管理体系的整个过程，是 HSE 管理体系改进的基础。组织通过建立渠道，识别适用的健康、安全与环境相关法律、法规和其他要求，在活动、产品或服务中加以落实，以实现贯彻和遵守法律、法规和其他要求，为 HSE 管理体系的其他要素功能实现提供依据。

【条文内容】

5.3.2 法律、法规和其他要求

组织应建立、实施和保持程序，用来：

a）识别适用于其活动、产品和服务中危害因素的法律、法规和其他应遵守的要求，并建立获取这些要求的渠道；

b）确定这些要求如何应用于组织的危害因素。

组织应及时更新有关法律、法规和其他要求的信息，并将这些信息传达给相关员工和其他相关方。

组织应确保在建立、实施、保持和改进健康、安全与环境管理体系时，考虑现行适用的法律法规和其他要求。

【理解要点】

1. 法律、法规和其他要求的识别和获取

组织需要建立识别和获取法律、法规和其他要求信息的程序。组织需根据自身的具体情况识别组织需要遵守的法律、法规和其他要求，并将这方面的信息传达给相关员工和相关方。可从以下几个方面进行识别：

（1）需遵守哪些法律、法规和其他要求（适用于其活动、产品、服务中的危害因素）；

（2）在何处使用这些法律、法规和其他要求；

（3）组织内部哪些部门需要获取哪些法律、法规和其他要求信息；

（4）如何最适宜的获取所需要的法律、法规和其他要求信息，包括此类信息的媒介。

组织不仅应获取国家有关法律、法规的要求，也要与地方健康、安全与环境管理部门保持联系，得到最新版本的当地政府的有关要求。另外，组织也需与行业主管部门保持联系，遵守行业规范。

2. 法律、法规和其他要求信息的更新

由于法律、法规和其他要求不断更新和变化，组织对法律、法规和其他要求的识别和获取应是一个持续进行的过程。组织应建立渠道从而能够获取和更新有关的法律、法规和其他要求的信息。

3. 将法律、法规和其他要求应用于危害因素

组织在识别法律、法规和其他要求过程中，其实已经考虑了法律、法规和其他要求与危害因素的对应关系。只有找出这种对应关系，组织建立的HSE管理体系才可以考虑这些要求，也只有这样，组织才能对法律、法规和其他要求的遵守情况进行评价（见Q/SY 1002.1—2007标准5.6.2条的要求）。

【审核要点】

通过对主管部门的审核，获取以下证据：

（1）组织是否建立了法律、法规和其他要求的控制程序。在程序中是否规定识别适合本组织的法律、法规和其他要求的方法，是否明确了获取法律、法规和其他要求的渠道，是否规定了收集、识别、保存的责任部门和人员，是否规定了对法律、法规变更信息的跟踪，是否明确了向员工和其他相关方传达有关法律、法规和其他要求方面的方法和职责。

（2）与主管人员交谈，了解该组织法律、法规及其他要求的获取途径和方法。

（3）索阅该组织的法律、法规及其他要求清单，结合组织的实际判定所识别的清单中的法律、法规及其他要求是否全面。

（4）询问并查阅法律、法规及其他要求清单，是否识别到法律、法规和其他要求的具体条款，并将这些条款与该组织的危害因素相对应。

（5）通过查阅该组织的各类 HSE 管理体系文件，是否考虑上述所识别的各项法律、法规条款的内容。

（6）有无守法证明性文件，如新、改、扩建项目的职业健康安全评价报告、“三同时”验收报告等。

2.5.3 目标和指标

根据战略（总）目标框架，制定实施具体的健康、安全与环境目标、指标，以体现承诺和健康、安全与环境方针。同时为组织的健康、安全与环境管理提供切实的指导，也是评价改进 HSE 管理体系绩效的重要依据。

【条文内容】

5.3.3 目标和指标

组织应针对其内部各有关职能部门和管理层次，建立、实施和保持形成文件的健康、安全与环境目标和指标。

如可行，目标和指标应可测量。目标和指标应符合健康、安全与环境方针及战略（总）目标，并考虑对遵守法规、事故预防、清洁生产和持续改进的承诺。

组织在建立和评审健康、安全与环境目标和指标时，应考虑：

a）法律、法规和其他要求；

b）健康、安全与环境危害因素和风险；

c）可选择的技术方案；

d）财务、运行和经营要求；

e）相关方的意见。

【理解要点】

1. 目标和指标的建立

组织应针对其内部各有关职能部门和管理层次，建立并保持形成文件的健康、安全与环境目标和指标。“有关职能部门和管理层次”目标和指标的确定应考虑危害因素辨识、风险评价和控制的结果和职能分配等因素。

组织在建立和评审健康、安全与环境目标和指标时，为了保证目标和指标的合理和可行，应获取广泛的信息，考虑下面的因素，并对目标和指标确定优先次序。

（1）法律、法规和其他要求；

（2）健康、安全与环境危害因素和风险；

（3）可选择的技术方案；

（4）财务、运行和经营要求；

（5）相关方的意见。

目标、指标的确定应考虑过程性指标和结果性指标两个方面。在可行时，目标和指标应是可测量的。在制定目标、指标时，应考虑设置可测量参数，为健康、安全与环境管理和体系运行提供信息，如消除或降低特殊意外事故发生的频次，噪声降低至多少，粉尘浓度降低至多少等。

2. 目标和指标应形成文件

组织应将所建立的目标和指标形成文件，同时考虑形成目标和指标体系，并且做到持续改进。持续改进可见证性的信息反映在每年不断更新的目标和指标上，直接反映出组织健康、安全与环境整体水平的改善状况。组织应确保目标和指标有效并得到组织内员工的理解，目标应向相关人员传达并通过健康、安全与环境管理方案进行部署。

【审核要点】

通过对组织、部门、单位的审核，获取以下证据：

（1）组织是否建立了HSE目标和指标，是否形成文件，是否经领导批准。

（2）组织是否将目标、指标分解到相关的职能部门和管理层次，分解是否合理。

（3）HSE目标和指标的内容是否符合方针的要求。

（4）HSE目标和指标的内容是否考虑了法律、法规和其他要求。

（5）HSE目标和指标是否考虑了危害因素辨识和风险评价的结果。

（6）HSE目标和指标的内容是否考虑了员工和相关方的观点。

（7）HSE目标和指标是否体现了持续改进的承诺。

（8）HSE目标和指标是否考虑了技术、财务和运作上的要求。

(9) 了解目标、指标的量化程度和可测量性。

(10) 是否包括了结果性和过程性两类目标和指标，比例是否合理。

(11) 与各相关岗位人员交谈，是否熟悉本部门、本单位、本岗位的目标和指标。

(12) 结合对标准Q/SY 1002.1—2007中5.6.1要素（绩效测量和监视）的审核，了解目标、指标的实现情况。

(13) 组织是否对HSE目标和指标进行定期评审，依据是什么。

(14) 目标的评审、修订是否体现持续改进。

2.5.4 管理方案

通过对重要危害因素筛选、排序、分级控制策划，以及对特定的活动、产品或服务进行策划，制定并实施健康、安全与环境管理方案，投入必要的资源，进行风险削减和管理，以实现健康、安全与环境目标和指标。

【条文内容】

> **5.3.4 管理方案**
>
> 组织应制定、实施并保持旨在实现其目标和指标以及针对特定的活动、产品或服务的健康、安全与环境管理方案。方案应形成文件，内容应包括但不限于：
>
> a) 为实现目标和指标所赋予有关职能部门和管理层次的职责和权限；
>
> b) 实现目标和指标的方法和时间表。
>
> 应在计划的时间间隔内对方案进行评审，必要时应针对组织的活动、产品、服务或运行条件的变化，对方案进行修订。

【理解要点】

1. 管理方案的类型

(1) 组织可针对实现其目标、指标制定健康、安全与环境管理方案。

(2) 组织也可针对特定的活动、产品或服务制定健康、安全与环境管理方案。作业计划书可以视为针对特定的活动、产品或服务的健康、安全与环境管理方案，其内容根据具体情况或合同要求可包括针对特定的活动、产品或服务的全面的健康、安全与环境管理内容。

2. 管理方案应包括的内容

(1) 明确的目标和指标；

(2) 明确各相关层次为实现目标的职责、权限和责任人；

(3) 实现目标所采取的方法、措施；

（4）资源需求及配备；

（5）方案实施的时间进度安排；

（6）需要的协商和沟通；

（7）确定评审或验证的时机和方式等。

3. 健康、安全与环境管理方案应形成文件

HSE 管理方案应形成文件并予以传达，管理方案的具体名称、表现形式应根据组织实际需要和惯例确定，可以是管理方案列表或综合性指导文件，如企业经常用到的隐患治理计划、安全措施项目计划、环保措施项目计划、HSE 作业计划书等。

4. 健康、安全与环境管理方案的评审修订

HSE 管理方案是动态的，应定期且在计划的时间间隔内对健康、安全与环境管理方案进行评审。针对组织的活动、产品、服务或运行条件的变化对健康、安全与环境管理方案作出必要的修订和调整。

【审核要点】

通过对相关部门、单位的审核，获取以下证据：

（1）是否依据该组织风险评价的结果和目标指标的分解，制定了管理方案。

（2）管理方案中是否明确了相关部门的职责、权限。

（3）管理方案中是否明确了实现 HSE 目标和指标的方法。

（4）管理方案中是否明确了时间进度要求。

（5）管理方案中是否明确了相应的资源保证。

（6）由谁负责方案实施的监督，如何验证方案实施的效果。

（7）作为管理方案的形式之一，是否针对特定的活动制定了“HSE 作业计划书”，“HSE 作业计划书”内容是否符合要求。

（8）组织是否定期对管理方案进行评审，是否针对变化的情况对管理方案进行修订。

（9）到相关部门、单位和现场了解管理方案的实施情况，是否按照管理方案所计划的时间表在实施。

（10）结合标准 Q/SY 1002.1—2007 中 5.3.3 要素（目标和指标）和 5.6.1 要素（绩效测量和监视）的审核了解管理方案的实施与完成情况。

2.6 组织结构、资源和文件

组织结构是指组织负有 HSE 管理责任的部门和人员的构成及其职责，是 HSE 管理体系有效运行的组织基础。资源主要指可供使用的人力、财力、物力、技术、设备等内部资源，是 HSE 管理体系建立和运行的重要物质保障。文件是指 HSE 管理体系在建立、运行

和保持过程中所形成的各种文档，可以是书面的，也可以是电子的。

组织结构、资源和文件是HSE管理体系运行的组织保障和物质基础，是保证健康、安全与环境绩效的必要条件。为了有效地实施HSE管理体系，必须对组织有关部门与人员的作用、职责和权限加以界定，形成文件并予以传达，而且要提供足够的资源以确保HSE管理体系有效运行。本标准要求：通过实现在人员组织、资源管理和文件管理方面的优化配置，实施健康、安全与环境责任管理，以获得良好的健康、安全与环境绩效。标准Q/SY 1002.1—2007中“5.4组织结构、资源和文件”包含7个二级要素，见表2.2。

表2.2 “5.4组织结构、资源和文件”的二级要素

二级要素	要点
5.4.1 组织结构和职责	明确组织管理体系及各层次人员的具体职责和权限
5.4.2 管理者代表	任命管理者代表，明确并履行其职责和权限
5.4.3 资源	提供必要的资源保障HSE管理体系的有效运行
5.4.4 能力、培训和意识	从事HSE关键活动和任务的员工必须进行培训并具备相应的能力
5.4.5 协商和沟通	内、外部信息收集、传递与处理，员工参与和协商HSE事务
5.4.6 文件	HSE管理体系文件的层次与构成
5.4.7 文件控制	体系文件的批准、发放、使用、标识、修订、回收和作废

2.6.1 组织结构和职责

通过确定适宜于组织HSE管理体系的组织结构，及HSE管理体系实施和运行过程中有关人员的作用、职责和权限，为HSE管理体系有效运行提供保障。

【条文内容】

> **5.4.1 组织结构和职责**
>
> 组织应确定与健康、安全、环境风险有关的各级职能部门和管理层次及岗位的作用、职责和权限，形成文件，便于健康、安全与环境管理。
>
> 健康、安全与环境的最终责任由最高管理者承担。
>
> 所有承担管理职责的人员，应表明其对健康、安全与环境绩效持续改进的承诺。

【理解要点】

(1) 组织要确定与HSE管理体系有关的各职能部门和管理层次及岗位的作用、职责和权限，形成文件并进行沟通。健康、安全与环境管理是一种直线责任，并不只是健康、安全与环境管理部门的事情。“各职能部门和管理层次”是指组织横向的各管理职能部门和纵向的各组织管理层次。

（2）依据“直线责任”的原则明确各级领导、各职能部门和相应岗位的HSE职责，理顺管理流程，避免多头管理和管理脱节。

（3）依据“属地管理”的原则明确基层岗位人员的HSE职责，每个员工都是属地主管，都要对属地内的HSE负责。即每个员工对自己岗位涉及的生产作业区域的安全环保负责，包括对区域内设备设施、工作人员和施工作业活动的安全环保负责。

（4）所有承担HSE管理体系职责的各职能部门和管理层次，应该表明其对健康、安全与环境绩效持续改进的承诺，这种承诺并不是提出明确的承诺的相关文字，而是要求各职能和层次的管理者可通过以下方式的实际行动，来表明这种承诺，如：

——现场检查；

——参与事故、事件调查；

——提供资源；

——出席HSE会议；

——其他。

【审核要点】

对每个部门、单位和现场都应对本要素进行审核，通过对相关部门、单位和岗位人员的审核，获取以下证据：

（1）查组织是否有清晰的组织结构。

（2）查各部门和单位是否依据“直线责任、属地管理”的原则制定了各部门、单位和岗位的职责，是否包括了健康、安全与环境管理方面的内容，并形成文件。

（3）组织是否明确了各级管理者的职责和权限，是否包括了健康、安全与环境管理方面的内容。

（4）组织各职能部门和管理层次之间的职责接口是否明确、合理和清晰。

（5）各级管理者实际工作中如何落实和体现“有感领导”。

（6）各级管理者是否为实施HSE管理体系提供必要的资源。

（7）承担管理职责的人员，如何表明其对HSE绩效持续改进的承诺。

（8）查各级管理者如何参与和支持健康、安全与环境活动。

（9）查各部门、各岗位的职责、权限是如何传达的。

（10）抽查相关岗位人员对各自职责的了解与履行程度。

2.6.2 管理者代表

通过最高管理者的任命和授权，明确管理者代表及其职责和权限，确保HSE管理体系的建立、实施和有效运行。

【条文内容】

> **5.4.2　管理者代表**
>
> 组织应在最高管理层中指定一名成员作为专门的管理者代表，以确保健康、安全与环境管理体系的有效实施，并在组织内推行各项要求。
>
> 组织的管理者代表，无论是否还负有其他方面的责任，应有明确的健康、安全与环境作用、职责和权限，以便：
>
> a）确保按本部分的要求建立、实施和保持健康、安全与环境管理体系；
>
> b）向最高管理者报告健康、安全与环境管理体系的运行情况和绩效，以供评审，并提出改进建议。

【理解要点】

（1）最高管理者应在最高管理层中任命一名成员作为管理者代表，授权其行使特定职责。管理者代表可以在授权范围内代表最高管理者全面负责 HSE 管理体系的建立、实施、保持和持续改进，且应定期向最高管理者汇报和请示。

（2）管理者代表可在组织的健康、安全与环境管理职能部门的支持下开展工作，管理者代表的职责包括：

——确保建立、实施和保持 HSE 管理体系；

——向最高管理者汇报 HSE 管理体系的运行情况和绩效，以供评审，并提出改进建议。

（3）最高管理者应对 HSE 管理体系负第一责任，任命管理者代表并不表示可以减少或替代最高管理者应担负的责任。

【审核要点】

通过对最高管理者和管理者代表的审核，获取以下证据：

（1）查阅管理者代表任命的相关文件，是否明确了管理者代表的职责和权限。

（2）与管理者代表交谈，是否履行了建立、实施和保持 HSE 管理体系的职责。

（3）查管理者代表是否定期向最高管理者报告 HSE 管理体系的运行情况，是否提出了改进的建议。

2.6.3　资源

适宜和充足的资源是组织各级职能部门和管理层次的职责得以落实的基础，也是组织建立、实施、保持和持续改进 HSE 管理体系的保障。

【条文内容】

5.4.3 资源

管理者应为建立、实施、保持和持续改进健康、安全与环境管理体系提供必要的资源，包括但不限于以下：

a) 基础设施；

b) 人力资源；

c) 专项技能；

d) 技术资源；

e) 财力资源；

f) 信息资源。

为确保提供的资源适合于组织的活动、产品或服务的性质和规模以及健康、安全与环境风险控制的需要，应考虑来自各级管理者和健康、安全与环境专家的意见，且定期评审资源的适宜性。

【理解要点】

(1) HSE管理体系的建立和运行，以及各项活动的实施都离不开资源的支持，高层管理者应为实施、保持和改进HSE管理体系提供必要的资源，包括但不限于：基础设施、人力资源、专项技能、技术资源、财力资源和信息资源。

(2) 资源的配置。

组织的资源分配要适合于组织的活动、产品或服务的性质和规模以及健康、安全与环境风险控制的需要，要考虑：

——符合国家、地方法规要求；

——满足实现组织健康、安全与环境目标和指标的要求；

——组织持续改进健康、安全与环境管理绩效的需要；

——健康、安全与环境风险控制的需要；

——必要时，考虑经济风险评估，确定资源的最佳利用方式；

——来自各级管理者和健康、安全与环境专家的意见；

——当缺乏资金和技术时，可考虑通过适当的合作和资源共享进行解决。

(3) 资源的评审。

组织应定期评审资源的适宜性，以保证资源的到位和有效利用，可从以下方面进行评审：

——满足健康、安全与环境目标和指标的情况；

——资源配置是否足以能够实施HSE管理方案；

——法律、法规和其他要求的满足程度；

——风险的有效控制。

【审核要点】

对资源的管理往往会涉及组织的多个管理部门，因此，对本要素的审核可能会涉及对领导层、人力资源管理部门、设备设施管理部门、技术管理部门、财务管理部门等部门和有关单位的审核，通过对上述领导层、部门、单位的审核，获取以下证据：

(1) 组织HSE管理体系所需要的资源有哪些，如何确定。

(2) 组织是否规定了提供资源的途径。

(3) 归口和分管部门的职责和权限是否清晰。

(4) 到人力资源部门审核公司人力资源配置情况，特别要关注HSE管理人员是否能够满足国家法律、法规的要求；到设备设施管理部门审核基础设施配置情况；到技术管理部门审核HSE方面技术的研究与应用情况；到财务管理部门审核HSE方面的资金投入情况。

(5) 在各部门审核时，查各类资源的配置是否考虑了来自管理代表、员工代表、各级管理者、专家和相关方的意见。

(6) 根据现场观察情况，判断各类资源配置是否齐全合理。

(7) 查组织是否定期评审资源的适宜性，是否针对实际情况进行持续改进。

2.6.4 能力、培训和意识

通过有效的能力评估和培训，确保员工具备所需的意识和能力，能够胜任其承担的任务和职责。

【条文内容】

> **5.4.4 能力、培训和意识**
>
> 对于其工作可能产生健康、安全与环境风险和影响的所有人员，应具有相应的工作能力。在教育、培训和（或）经历方面，组织应对其能力做出适当的规定，并对员工完成工作的能力进行定期的评估。
>
> 组织应确定培训的需求并提供培训，评估培训效果并采取改进措施。培训程序应考虑不同层次的职责、能力和文化程度以及风险。
>
> 组织应建立、实施和保持程序，确保处于各有关职能部门和管理层次的员工都意识到：
>
> a) 符合健康、安全与环境方针、程序和健康、安全与环境管理体系要求的重要性；
>
> b) 在工作活动中实际的或潜在的健康、安全与环境风险，以及个人工作的改进所带来的健康、安全与环境效益；
>
> c) 在执行健康、安全与环境方针和程序中，实现健康、安全与环境管理体系要求，包括应急准备和响应（见5.5.8）方面的作用和职责；
>
> d) 偏离规定的运行程序的潜在后果。

【理解要点】

1. 能力评估

员工能力主要指各职能部门和管理层次的员工做好本岗位工作所具备的个人素质，及通过实践不断提高技能和更新知识的能力。各个层次上的人员，特别是HSE关键岗位上的人员都应具有必需的能力。组织应该在教育、培训和（或）经历等方面，对员工能力做出适当的规定。

要确定一个人能否胜任所从事的工作，就需要进行能力评估。组织应有一套针对不同层次的人员（如管理者、职员、HSE人员、关键岗位工作人员等）分别进行能力评估的程序。能力评估应考虑以下内容：

（1）资历，指学历、工龄等；

（2）工作表现，包括责任心、工作态度、工作业绩等；

（3）理论考核和操作考核，包括考核方法、综合测评方法等；

（4）岗位培训要求；

（5）各方面的意见。

能力评估的方式可以考虑岗前评估和在岗评估，在岗评估应在一定的时间间隔内定期进行。

2. 培训

（1）HSE管理体系的成功实施，在很大程度上取决于组织人员的整体素质和能力，而个人素质和能力的提高主要靠教育和实践。为保证各级人员有较高的素质和能力，需要根据具体情况做好培训，组织的培训程序应考虑不同层次的职责、能力和文化程度以及风险。

（2）组织应确定培训的需求及计划，评估培训效果并采取改进措施。

组织应通过建立培训矩阵来识别培训需求：

——直线领导负责下属员工培训需求的识别与评估，并根据岗位变化及时编制和更新培训矩阵；

——基层单位的培训矩阵应涵盖所有岗位，内容应该全面，包括操作规程、HSE知识等；

——围绕培训矩阵，要开发课件、培养兼职培训师，并按照规定的周期和方式开展培训。

培训计划应针对以下方面制定：

——根据所识别的培训需求进行评审确定培训计划；

——考虑临时员工的培训；

——考虑必要的外部人员的培训，对于承包商或供应方人员的培训，需通过协商确定培训计划。

（3）培训的实施。

——根据人员能力分析情况，按照矩阵实施具体培训工作；

——基层HSE培训应小范围、短课时、多形式地进行；

——基层HSE培训可采用理论培训、实战演练、案例教育等方式；

——涉及操作规程和制度标准的培训课件要统一。

（4）检查和改进。

评估培训效果是为了评估培训的有效性，即培训的结果是否满足所识别的培训需求，如果评估结果有价值，则应反馈到培训程序的设计和具体内容中。来自训练和事故的经验，如果认为可以改善 HSE 培训的准则和质量，也可反馈到培训程序中。

3. 意识

组织应通过适当的培训和教育，确保处于各有关职能部门和管理层次的员工都意识到：

（1）符合健康、安全与环境方针、程序和 HSE 管理体系要求的重要性；

（2）在工作活动中实际的或潜在的健康、安全与环境风险，以及个人工作的改进所带来的健康、安全与环境效益；

（3）在执行健康、安全与环境方针和程序，实现 HSE 管理体系要求时，包括应急准备和响应要求方面的作用和职责；

（4）偏离规定的运行程序的潜在后果；

（5）组织需保存个人培训和能力的记录，包括教育、培训、经历、技能等记录。

【审核要点】

通过对主管部门、岗位人员的审核，获取以下证据：

（1）查能力评价标准的制定情况，抽查几个岗位，看是否制定了能力评价标准，是否包括了教育、培训和经历的要求。

（2）查是否定期对关键岗位员工进行了能力评价。

（3）抽查相关岗位人员的实际能力是否满足评价标准的要求。

（4）查各部门、单位如何确定培训需求，是否考虑到职责、能力、文化程度以及风险的不同情况的要求，培训的对象是否包括所有员工。

（5）是否根据培训需求制订了培训计划。

（6）HSE 培训计划中是否包括了 HSE 方针、意识、程序、制度、规程等方面的培训。

（7）是否包括了应急准备和响应方面的作用和职责的培训。

（8）对特种作业人员是否及时组织了培训并进行了资格认定。

（9）查培训的实施情况，抽查培训台账，是否有培训记录，培训后是否有考核，以何种方式评价培训的有效性，实际效果如何。

（10）抽查员工的培训档案，是否齐全完整。

（11）到各现场分别抽查可能产生重大 HSE 风险的岗位员工，询问有关健康、安全与环境方面的职责、危害因素、预防措施、应急措施等，查其 HSE 意识，判断培训的有效性。

相关链接：需要进行能力评估的人员示例

需要进行能力评估的人员包括：

(1) 在应急反应中起关键作用的人员，如管理者、指挥员和现场应急反应人员；

(2) 从事关键设备（如含有易燃易爆物质的设备、具有压力或高温的设备）的操作人员；

(3) 特种作业，如电工、焊工等；

(4) 负责钻井、试井、修井、酸化压裂、采油（气）和油气集输处理、加工等的操作人员；

(5) 负责环境污染治理的人员；

(6) 无线电报务员；

(7) 监督和检查人员，包括健康检查和环境监测人员；

(8) 制定重要的健康、安全与环境工作细则的人员；

(9) 其他人员。

2.6.5 协商和沟通

组织通过建立和保持有效的协商和内外部沟通机制，实现内、外部信息的有效传递，并就有关重要信息进行处理，确保HSE管理体系的有效运行，实现健康、安全与环境方针和目标。协商和沟通是体现健康、安全与环境管理“全员参与”的重要途径，也是组织履行社会责任的重要方式。

【条文内容】

5.4.5 协商和沟通

组织应建立、实施和保持程序，确保就相关健康、安全与环境信息进行相互沟通：

a) 组织内各职能部门和管理层次间的内部沟通；

b) 与外部相关方联络的接收、文件形成和答复；

c) 组织应考虑对涉及健康、安全与环境重要危害因素的信息的处理，并记录其决定。

组织应将员工参与和协商的安排形成文件，并通报有关的相关方。员工应：

a) 参与风险管理，方针和程序的制定、实施和评审；

b) 参与商讨影响工作场所内人员健康和安全的条件和因素的任何变化；

c) 参与健康、安全与环境事务；

d) 支持员工代表和管理者代表的工作（见5.4.2）。

【理解要点】

1. 健康、安全与环境信息沟通

组织应建立并保持程序，确保就相关健康、安全与环境信息进行相互沟通：

(1) 组织内各管理层次和职能部门间的内部沟通。

内部沟通是组织内部各管理层次间的信息交流，如各部门之间的日常联络、指令、报表、各种消息、通报、各部门间的行文等，对组织的 HSE 管理起协调和促进作用，对组织内部信息的上通下达起保障作用。顺畅有序的内部沟通，有助于组织内部各个环节的成功协作及促进，有助于确保员工的积极参与，是 HSE 管理体系有效运作的必要条件。

(2) 与外部相关方联络的接收、文件形成和答复。

外部沟通主要是与各相关方（相关的政府机构、团体、所在社区及社区公众、承包商、顾客等）的信息沟通，它起着使组织了解外部要求和向外界提供相关的组织信息、宣传组织形象的作用。对于涉及重要事项的外部联络，应规定相应的程序，确定信息的接受、答复、处理、归档等事宜。

(3) 对于涉及重要危害因素的信息，组织要考虑进行处理，并记录有关的决定。

(4) 信息沟通的方式。

通常用于 HSE 事项的信息沟通方式有：

——各种会议，包括班前 HSE 短会；

——部门 HSE 计划和工作目标文件；

——录像、快讯；

——板报、张贴图表；

——Email、电话、HSE 新闻、公报；

——HSE 信息系统，办公自动化系统；

——对外健康、安全与环境数据的报告。

(5) 在信息沟通上有以下几点需要注意：

——在遇到紧急情况时，对外通讯联络的畅通具有特别重要的意义，因此应有可靠的对外联系手段，并经常进行检查，使其始终处于完好状态，对特殊的意外情况还要准备好特殊的处置办法；

——组织应建立和保持与政府相关方进行 HSE 信息交流沟通的渠道，以确保组织的现行方针符合政府的法律、法规；

——组织在保守机密的前提下，能使员工、承包商、顾客和从事同样活动的组织得到自己的 HSE 经验，以助于共同改善 HSE 绩效；

——对来自员工、承包商、顾客、政府机构和关心组织 HSE 绩效和管理的公众信息，应建立和保持一套接受和反应程序，并有人负责；

——在信息交流中，应时时注意使用合适的语言和方式，特别是在将技术信息传递给非专业人员时，HSE 的关键程序和指令，如溢油回收方法和紧急撤离指令等，都应使用现场工作人员熟悉的语言和方式；

——通讯手段应定期进行测试，并备有紧急情况时特殊的应急通讯手段；

——建立报告系统，鼓励提出想法和建议，无论是否具有建设性，考虑建立对反馈信息进行奖励的制度。

2. 员工协商和沟通

组织应将员工参与和协商的安排形成文件，并通报有关的相关方。

（1）员工协商和沟通方式。

——建立员工代表与管理者之间的协商和沟通的有效机制，如参与事故、事件调查等；

——管理者与员工通过某种机构正式协商，如工会或类似的机构；

——管理者与员工的直接沟通渠道；

——其他沟通方式，如 HSE 简报、公告栏、海报、标语等。

（2）员工协商和沟通内容。

——参与风险管理方针和程序的制定、实施和评审；

——参与商讨影响工作场所内人员健康和安全的条件或因素的任何变化；

——参与健康、安全与环境事务；

——应告知其员工代表和管理者代表，同时员工也要支持员工代表和管理者代表的工作。

【审核要点】

通过对相关部门、单位和岗位人员的审核，获取以下证据：

（1）查组织是否制定了协商和沟通的程序，程序中是否对协商和沟通的方式、内容作了规定，程序制定过程中是否听取了员工的意见。

（2）在主管部门查阅有关信息交流的记录，各部门之间横向信息交流是否畅通。

（3）到基层现场查问有关信息交流的记录，与主管部门所获取的信息进行比较，以验证信息交流是否畅通。

（4）查组织各级管理人员安全观察与沟通的计划和实施情况。

（5）查阅外部相关方（包括顾客、供方、承包方、社区、政府部门等）与组织的信息交流记录，是否进行了接收。对相关信息进行调查和处理，特别是关注对有关投诉、抱怨等信息的调查和处理。

（6）对是否需要就重要危害因素和重要环境因素信息进行对外交流，是否规定了交流方式，并进行了记录。

（7）是否将 HSE 管理体系审核和管理评审结果通报组织内所有有关人员。

（8）信息通报采取何种方式，异常、紧急信息如何通报。

（9）查员工是否参与风险管理、HSE 方针和程序的制定、修订与评审。

（10）查员工是否参与商讨影响工作场所的条件和因素的变化？包括引进新设备、原材料和新技术等方面。

（11）员工是否参与健康、安全与环境事务？包括危害因素辨识、风险评价过程和事故的调查处理等方面。

（12）查员工是否了解谁是健康、安全与环境员工代表和管理者代表，并支持他们的工作。

相关链接：各种层次的 HSE 会议示例

会议是沟通信息的有效手段，应建立公开的不同层次的会议交流制度，进行由上至下、由下至上和横向交流的沟通。基层经理应主持 HSE 领导小组会议或类似会议。会议计划应包括各个层次的 HSE 会议的次数、时间、沟通的主要内容。所有员工和承包商都应参加有关 HSE 会议，其中包括工作现场班前会议。HSE 会议的主要目的和内容为：

（1）激励管理层和员工之间关于 HSE 事项的双向有效的沟通交流；

（2）分享安全经验，对全员参与 HSE 管理起到推进作用；

（3）对管理层可起到顾问的作用；

（4）检查为防止事故所采取措施的实施效果；

（5）针对不安全的做法进行检查和评审；

（6）对检查和评审报告进行审核；

（7）对近期事故、事件的调查报告进行审核；

（8）对已发生事故或事件的处理情况进行检查；

（9）对管理层提出进一步改善 HSE 的建议；

（10）加强全体人员在推进 HSE 方面的进一步合作；

（11）对人员的 HSE 培训、指导提出建议。

2.6.6　文件

确定、规范 HSE 管理体系文件，为体系持续有效运行建立信息平台，确保 HSE 管理体系得到充分理解和有效运行。

【条文内容】

5.4.6 文件

健康、安全与环境管理体系文件应包括：

a）承诺；

b）方针、目标和指标；

c）对健康、安全与环境管理体系覆盖范围的描述；

d）对健康、安全与环境管理体系主要要素及其相互作用的描述，以及相关文件的查询途径；

e）组织为确保对涉及危害因素的过程进行有效策划、运行和控制所需的文件和记录；

f）本部分所要求的其他文件，包括记录。

【理解要点】

（1）文件是指建立和保持HSE管理体系文件，其所记录的应是健康、安全与环境管理过程的准确信息。

（2）体系要素的描述是指对规范中所要求的28个体系要素及其相互作用的描述，主要是描述28个体系要素在组织中是如何实现其功能，如何相互补充、相互支撑、相互渗透，形成具有自我约束、自我调节、自我完善的运行机制，并有机地结合成一个完整的HSE管理体系。

（3）提供查询相关文件的途径是指对各管理层次的文件通过查询途径形成一个接口完善的整体。通常HSE管理体系文件的结构层次是管理手册、程序文件和支持性文件，但这并不意味着这是一种特定的统一格式，将“本标准所要求的形成文件的程序”包括在管理手册之中也是可以接受的。

（4）体系文件可以是纸质或电子版，不主张采用复杂繁琐的文件系统。按照有效性和效率要求应使HSE管理体系文件数量尽可能少。组织在制定体系文件时，应充分考虑员工的知识与技能、文件的价值、审核的需要、运行控制需要，力求在满足实用和有效要求的同时，保持文件的最小化。

【审核要点】

通过对主管部门的审核，获取以下证据：

（1）HSE管理手册、程序文件、作业文件的内容是否满足Q/SY 1002.1—2007标准的要求。

（2）HSE管理体系要素间逻辑关系是否清楚。

（3）体系文件之间的层次、结构、接口是否清楚。

（4）与受审核部门相关的文件有哪些，是书面形式还是电子形式，是否有效。

（5）是否提供了查询相关文件的途径，文件是否便于查询。

（6）查是否对中国石油天然气集团公司新颁布的制度结合自身实际情况进行了转化。

相关链接：组织 HSE 管理体系包括的文件示例

（1）健康、安全与环境承诺、方针、目标和有关规划文件；

（2）关键岗位和责任说明文件；

（3）HSE 管理体系要素及其相互作用的表述文件；

（4）描述文件相互关系及与整个管理体系其他方面相互关系的文件；

（5）记录 HSE 危害因素辨识、风险评价及风险控制结果的文件；

（6）记录相关法律、法规和其他要求的文件；

（7）关键活动、任务的程序和指南文件；

（8）描述应急计划和职责的文件，及事故和潜在紧急状态响应的文件；

（9）记录事故、事件调查和处理过程的文件；

（10）有关承包商或供应方的文件；

（11）有关设备设施健康、安全与环境控制的文件。

2.6.7　文件控制

识别和控制所有（包含组织 HSE 管理体系运行和健康、安全与环境绩效的关键信息）的文件和资料，确保 HSE 管理体系文件中的所有文件和资料适宜、有效和易获取，以支持 HSE 管理体系的有效运行。

【条文内容】

5.4.7　文件控制

组织应对健康、安全与环境管理体系文件和资料进行控制。记录是一种特殊类型的文件，应依据 5.6.5 的要求进行控制。

组织应建立、实施和保持程序，以规定：

a）在文件发布前进行审批，以确保其充分性和适宜性；

b）必要时对文件进行评审和修订，并重新审批；

c）确保对文件的更改和现行修订状态做出标识；

d）确保在使用处得到适用文件的有关版本；

e）确保文件字迹清楚、易于识别；

f）确保对策划和运行健康、安全与环境管理体系所需的外来文件做出标识，并对其发放予以控制；

g）防止对过期文件的非预期使用，如需将其保留，要做出适当的标识。

【理解要点】

（1）组织应建立、实施和保持程序，对 HSE 管理体系文件的制定、批准、发布和作废进行控制。文件控制的要求包括：

——确定文件控制的职责和权限；

——确保文件的唯一性；

——文件应得到授权人员的审核和批准；

——所有的活动场所或人员应能够方便地获取或查阅；

——适当标识或处理，区别有效文件与作废文件（版本）或参考资料，避免混淆和误用；

——定期评审文件的适用性；

——确定文件修订或更改的方式；

——妥善管理外来文件和资料。

（2）规定统一的、适用的文件格式，其中包括标题和编号方式、实施日期、修订版次、有关权限等；指定具备相应能力和职权的人员来评审和签署文件。

（3）文件应向组织内所有相关人员或受其影响的人员进行传达。文件发放前，应详细统计核实，以保证所有场所都能方便地获取和查阅；使用电子方式发布文件时，应进行授权和确认。

（4）所有文件应注明发布和实施日期，予以标识，易于识别和管理。组织应对现行文件的有效状态进行管理。当文件作废时，应进行回收、销毁或对文件保留进行注明。

（5）组织应按照一定的时间间隔来评审文件的适用性，相关职能部门和管理层次应参与文件评审。

（6）当法律法规、组织外部经营环境发生变化、组织内部发生重大变更时，应及时组织文件评审。文件的修订可以采用换版、发放修订通知单等方式。当采用修订通知单方式时，应对修改情况进行记录或提示。

（7）组织在文件批准前，应由各相关职能部门和管理层次进行充分的讨论，确保其充分性和适宜性。

（8）对策划和运行 HSE 管理体系所需的外来文件做出标识，并对其发放予以控制。

（9）对于外来文件，组织应确定采用的程度、范围和模式。对法律、法规和其他要求应及时更新目录和文本，并通过修订内部文件来满足符合性。

【审核要点】

通过对主管部门及相关部门的审核，获取以下证据：

（1）查组织是否制定了文件控制的程序，是否有可操作性。程序中是否对文件编制、批准、发布、存档、查找、修订、评审做出规定，是否规定了对外来文件的控制，是否规定了失效文件的处理、管理办法。

（2）所有文件是否字迹清楚，文件标识是否明确。

（3）抽查文件发布前是否得到授权人的批准。

（4）查文件发放与回收的控制情况，是否发放到关键岗位，并在相应岗位处进行验证。

（5）查文件的评审及更改控制情况，是否经过评审、审批，并及时发放到相应岗位。

（6）文件修改后是否重新批准。

（7）识别文件现行修改状态的方法是什么，是否满足要求。

（8）使用处是否得到现行有效的文件。

（9）文件的查找是否方便、保管是否有效。

（10）查对需保留的作废文件是否进行适当的标识，以防误用。

2.7　实施与运行

组织通过建立系统化的HSE管理体系，对运行过程中的活动和任务进行严格的健康、安全与环境管理，通过设定有特色的运行过程实现风险和影响的有效控制。标准Q/SY 1002.1—2007“5.5实施和运行”包含8个二级要素，见表2.3。

表2.3　“5.5实施与运行”的二级要素

二级要素	要　点
5.5.1设施完整性	对与健康、安全与环境有关的设施的建造、采购、操作、维护和检修进行控制，达到设施完整性的要求
5.5.2承包方和（或）供应方	对承包方和（或）供应方进行管理，以保证良好的健康、安全与环境绩效
5.5.3顾客和产品	识别顾客需求，对产品及服务的健康、安全与环境的风险和影响进行评估和管理
5.5.4社区和公共关系	通过积极的沟通及适当的规划和活动获取社区支持，建立良好的公共关系
5.5.5作业许可	通过执行作业许可，能有效地控制关键活动和任务的风险和影响
5.5.6运行控制	通过对活动和任务的有效控制，使风险和影响处于有效的受控状态
5.5.7变更管理	对组织HSE管理体系范围内人员、设备、生产工艺、操作程序的变更进行健康、安全与环境管理
5.5.8应急准备和响应	建立有效的应急准备和响应系统

2.7.1 设施完整性

通过对设施的设计、建造、采购、安装、操作、维护和检查，实施全过程管理，以控制因设施完整性的缺陷可能带来的风险。

【条文内容】

> **5.5.1 设施完整性**
>
> 组织应建立、实施和保持程序，以确保对设施的设计、建造、采购、安装、操作、维护和检查等达到规定的准则要求，对项目建设、设施购置及建造前应进行健康、安全与环境评价，用满足本质健康、安全与环境要求的设计来削减和控制风险和影响。
>
> 对设计、建设、运行、维修过程中与准则之间的偏差，组织应当进行评审，找出偏差的原因，确定纠正偏差的措施并形成文件。

【理解要点】

（1）组织应通过建立并保持程序，确保对设施的设计、建造、采购、操作、维护和检查达到规定的准则要求，要求对关键设施进行全过程控制，包括从设计、建造、采购、操作、维护和检查各个阶段进行控制。

（2）“规定的准则要求”包括了法律、法规要求、相关标准、设计规范、采购文件、维修规程等。对于关键设备和相关活动，遵循认可的操作规范和标准是相当重要的。

（3）所有执行设计、建造、采购、操作、维护和检查任务和与设施完整性有关的人员都属于HSE关键人员，应具有必需的经验、资质等，以保证具有能够承担控制重要风险的能力。

（4）对新项目建设、设施购置及建造前应进行健康、安全与环境评价，以满足本质健康、安全与环境要求的设计来削减和控制风险和影响。应特别强调，设计阶段是降低风险和防范不利影响的最好时机。重点应放在新设施的设计上，通过早期危害因素辨识、评价，制定削减和控制措施，在源头上消除风险和影响，预防事故发生。

（5）对设计、建造、运行、维修过程中与准则之间的偏差，组织应当进行评审，找出偏差的原因及纠正偏差的措施并形成文件。评审应考虑让具有相应能力的人参加，通过偏差的评审确定为不符合时，应与发生不符合情况时所采取纠正、预防措施的工作程序相一致。

（6）为了保证设施的完整性，应做好下述各项工作：

——明确规定设备、设施管理的责任；

——实际和全面地了解计划变更控制系统；

——制定公开的检查原则和程序；

——制定成文的管理和交叉检查原则（设施相互检查）程序。

【审核要点】

通过对相关部门、现场的审核，获取以下证据：

（1）查组织是否制定了设备完整性管理的程序。是否规定了设施的设计、建造、采购、安装、操作、维护和检查等的操作准则。设备设施在设计、建造、运行、维修过程中与准则之间出现偏差，是否对偏差进行评审。对产生的偏差是否找出原因并制定纠正措施。

（2）设备设施在首次使用前、停用较长时间恢复使用前、维修后重新使用前是否进行了检查、试验、评估、验收和确认等工作。

（3）中、长期发展计划和资源配置计划是否充分考虑到基础设施的完整性。

（4）按资源配置计划查是否提供了为达到产品符合和保证健康、安全与环境所需的全部设施，包括设施、工作场所、过程设备的安全、防护设施、应急设施、支持性服务等。

（5）是否建立主要设备设施清单。

（6）是否对主要设备设施运行和使用过程中出现的HSE方面的风险进行识别和评价。

（7）是否针对风险评价结果制定有针对性的风险控制措施。

（8）是否建立各类设备设施的维护、检修规范和计划。

（9）是否建立主要设备设施的检查记录和验收记录。

（10）项目建设、设施购置及建造前是否进行健康、安全和环境方面的相关评价，是否有评价报告，评价过程中出现不可接受的风险将如何处理。

（11）现场观察所有设备设施运转情况，所有现场基础设施是否完好，现场操作人员是否都能使用。

相关链接：与设施完整性控制有关的设施示例

（1）专门用于健康、安全与环境保护的关键设施，如放空火炬、防喷器、污水处理设施。

（2）主体设施中与健康、安全与环境有关的关键性设施，如用于消防、紧急关断、报警和降低噪声的设备等。

（3）其他关键设施。

2.7.2 承包方和（或）供应方

通过对承包方和（或）供应方施加影响和管理，促使承包方和（或）供应方的健康、安全与环境管理满足组织的要求，维护组织的利益和保持组织的良好形象，提高组织的健康、安全与环境绩效。

【条文内容】

5.5.2　承包方和（或）供应方

组织应建立、实施和保持程序，以保证其承包方和（或）供应方的健康、安全与环境管理与组织的健康、安全与环境管理体系要求相一致。组织与承包方和（或）供应方之间应有特定的关系文件，以便明确各自的职责，在工作之前解决存在的差异，认可有关工作文件。

组织应收集承包方和（或）供应方的相关信息并定期评审，在确定承包方和（或）供应方的评定过程中应考虑：

a）资质；

b）历史业绩；

c）能力；

d）健康、安全与环境管理状况等。

【理解要点】

（1）组织应当保证其承包方和（或）供应方的健康、安全与环境管理与组织的HSE管理体系要求相一致，但这并不意味着承包方和（或）供应方应该有和组织一样的HSE管理体系。

（2）关于承包商的健康、安全与环境管理，一种是按照组织（甲方）的HSE管理体系要求运作，另一种是承包商建立自己的管理体系，但都应与组织的HSE管理体系要求相一致。对于前一种情况，组织给予指导和监督检查，提供相应的文件包；对于后一种情况，承包商自己进行监督检查和审核，向甲方表明HSE管理体系的有效运行，组织进行必要的检查和认可，确认其健康、安全与环境管理，如采取第二方审核等方式。

健康、安全与环境管理对承包商的作用可用图2.2表示。

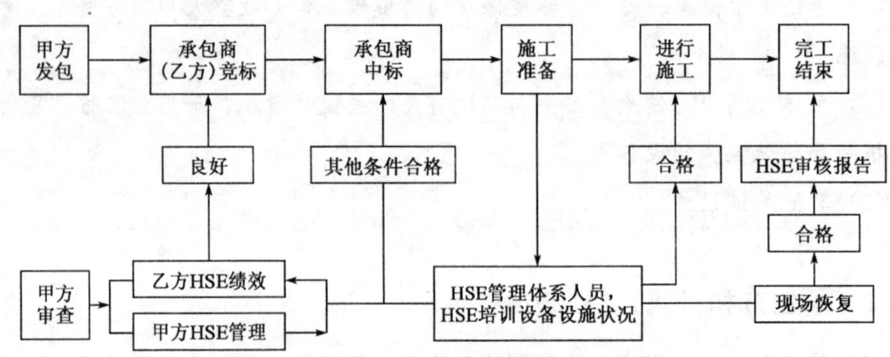

图2.2　HSE管理在承包商管理中的作用框图

（3）组织与承包方和（或）供应方的联系。

组织与承包方之间应当有特定的关系文件，以便于明确各自的职责，在工作之前解决任何差异，认可有关工作文件。“特定的关系文件”可能包括合同及其附件、协议，以及其他有关的文件，但组织不能试图通过这些文件来免除自身的健康、安全与环境责任。组织与承包方之间关系的界定应在相关法律、法规的要求范围内进行。

组织与承包方之间应认可有关工作文件，以便在工作之前解决任何差异，有关工作文件可在特定的关系文件中提出或作为附件，并作为承包方履行健康、安全与环境管理的依据及组织进行检查的依据。这类文件可以包括具体活动、产品或服务的健康、安全与环境的管理规定要求，如有关承包方培训的要求、危险货物运输的要求等。

（4）承包方和（或）供应方的评价和选择。

组织应该收集承包方和（或）供应方的相关信息，对承包方和（或）供应方的选择和评价应该考虑：

——资质；

——历史业绩；

——能力；

——健康、安全与环境管理状况等。

（5）承包方和（或）供应方的管理还应包括监督和评价承包方行为的内容。

【审核要点】

通过对相关部门的审核，获取以下证据：

（1）查组织是否制定了承包方和供应方的管理程序、各自的职责和权限，进入组织区域开展工作的承包方是否具有相应的作业资格证。

（2）是否有选择、评价、重新评价承包方和供应方的准则和文件。

（3）是否建立合格供应方和承包方名录。

（4）分别抽查供应方和承包方，索阅供应方和承包方的资质、业绩、能力和HSE管理状况等方面的文件资料，并查阅对供应方和承包方评价记录。

（5）抽查与供应方或承包方签订的合同或HSE协议，是否明确了双方的HSE责任。

（6）查阅有关部门、单位对供应方、承包方的监控记录，是否对承包方、供应方的事故报告情况、绩效、培训、风险控制等方面的情况进行检查。

（7）查阅对供应方、承包方的年度业绩评价情况，是否根据监控情况及时对合格供应方和承包方名录进行调整。

相关链接：××公司对承包方管理的要求示例

(1) 对承包方进行评价和选择的健康、安全与环境准则，应包括对其健康、安全与环境的方针、惯例、绩效的评价，HSE管理体系适应性的评价，以及保证提供与风险相当的服务的评价。

(2) 承包方的人员在组织内作业时，应报告作业场所内的工伤、疾病和事故、事件；组织定期监测作业现场承包方各项活动的健康、安全与环境绩效。

(3) 确保作业开始前，组织与承包方之间在适当层次建立有效的交流与协调机制，包括在HSE管理体系的关键要素、认可的HSE目标、危害因素、风险预防与控制措施、人员要求以及培训要求等方面进行有效的交流。

(4) 确保在作业开始前和作业时，对承包方或其员工开展必要的HSE知识教育和培训活动。

(5) 确保承包方遵守作业现场程序、工作指南或作业计划书等。

(6) 确定监督和评价承包方行为是否符合组织的健康、安全与环境要求的方法和频次。

2.7.3 顾客和产品

通过识别并满足顾客在健康、安全与环境方面的需求，对产品各个过程中的风险和影响进行评估和管理，提高组织的声誉和绩效。

【条文内容】

5.5.3 顾客和产品

组织应识别、确定并满足顾客有关健康、安全与环境方面的需求。对产品的生产、运输、储存、销售、使用和废弃处理过程中的健康、安全与环境风险和影响应进行评估和管理，提供与产品相关的健康、安全与环境信息资料。

【理解要点】

(1) 组织应识别并确定顾客的需求，通过市场调研、竞争对手分析、水平对比等识别顾客对服务或产品的需求和期望，并确定相关要求，主要包括：

——顾客规定的要求；

——顾客未做要求的，但服务或生产过程中预期发生的事件要求；

——与服务有关的义务，包括法律、法规和行业惯例等要求（如健康安全环保要求、顾客财产的控制要求、国际钻井承包商协会 IADC 或美国石油学会 API 标准等要求）；

——组织承诺的其他要求等。

这里对顾客需求的确定更强调了对有关健康、安全与环境方面的需求和期望。

（2）组织应对产品的生产、运输、储存、销售、使用和废弃处理以及服务过程中的健康、安全与环境的风险和影响进行评估。该过程应考虑与危害因素辨识、风险评价和风险控制过程相结合。

（3）组织活动、产品或服务过程中相关的健康、安全与环境信息，应通过各种形式和渠道提供给顾客和相关方，特别是具有健康、安全与环境风险和影响的产品，应提供有关的信息如化学品安全技术说明书（MSDS）、危险化学品的储存、运输、使用安全及防护技术资料等。

【审核要点】

通过对相关部门的审核，获取以下证据：

（1）查阅顾客需求调查情况，是否通过市场调查、竞争对手分析等手段识别了顾客需求，特别是顾客在 HSE 方面的需求。是否有记录，如何解决的。如果顾客 HSE 需求得不到满足，如何处理的。

（2）查阅有关危害因素识别与评价记录，是否包括了对产品的生产、运输、储存、销售、使用和废弃处理以及服务过程中的健康、安全与环境的风险和影响，并对其进行评价。

（3）通过交谈和查阅文件，组织是否向顾客传递有关 HSE 的数据和资料（如 MSDS），通过何种方式传递。

相关链接：BP 对顾客和产品的管理要求示例

（1）产品上市或销售前要进行评估，识别其对健康、安全和环境方面的影响、正常使用中所涉及的风险，以及可预见的使用不当的情形下的风险。

（2）定期评估所生产的和以前不同品牌销售的产品、半成品，包括审查产品使用者报告或产生的不良效果。

（3）评估现有产品的新用途或新市场，以识别其健康、安全和环境方面的危害和风险，并制定相应对策。

（4）在产品寿命周期内，要及时更新并妥善保管产品评估记录、背景资料和有关结论。

（5）有关使用、储存、装卸、运输和处置产品过程中的健康、安全和环境的最新信息要对全体员工、用户和相关方开放。编制产品安全技术说明、标签和其他资料。

在法规或用户要求变更以及资料发生变化时，及时向接触和使用产品的单位分发。

（6）建立信息沟通系统，根据收集、分析产品使用者所报告或经历的不良反应，找出问题的原因，并采取相应的纠正措施。

（7）建立有效的回收系统，回收因质量缺陷可能导致健康、安全和环境危害的产品。

（8）建立24小时值班制度，随时提供关于产品健康、安全和环境方面的信息，以满足应急状态下的需求。

2.7.4 社区和公共关系

通过积极的沟通及适当的规划和活动，获取社区各相关方的理解和支持，建立和谐、良好的公共关系。

【条文内容】

5.5.4 社区和公共关系

组织应就其活动、产品或服务中的健康、安全与环境风险和影响，与社区内关注组织健康、安全与环境绩效或受其影响的各方进行沟通。通过适当的规划和活动，展示组织的健康、安全与环境绩效，获取社区各相关方对组织改进健康、安全与环境绩效的支持。

【理解要点】

（1）组织在进行危害因素辨识、风险评价和控制时，应充分考虑其活动、产品或服务中的危害因素对社区的风险和影响，组织应将其健康、安全与环境管理绩效或影响及时与社区各方沟通，特别是可能对社区公众健康、安全和环境产生重大危害及影响的活动，通过各种渠道和方式向社区及相关方通报。

（2）组织应当通过规划活动向社区各方展示其健康、安全与环境管理绩效，例如宣传、赞助、合作伙伴或其他公益活动等形式。这也是提高组织声誉、展示企业形象、融洽公共关系的有效途径，以此来获得社区各方对组织的支持。

【审核要点】

通过对相关部门的审核，获取以下证据：

（1）询问组织采取哪些形式就其活动、产品或服务中的HSE风险和影响与社区各相关方进行沟通。

（2）查阅信息交流记录，是否就有关 HSE 风险和影响与社区内的相关方进行交流。

（3）在活动、产品或服务中出现异常和紧急情况时如何与社区相关方进行沟通。

（4）通过交流和查阅文件，组织开展了哪些活动和规划来展示组织的 HSE 业绩。

（5）查组织就 HSE 风险和影响的某些方面如何获取社区内相关方对组织 HSE 工作的理解和支持。

2.7.5 作业许可

组织识别并确定高风险作业，实施作业许可与作业证明，对运行进行控制，有效控制和降低作业现场的风险和影响，确保健康、安全与环境目标的实现。

【条文内容】

> **5.5.5 作业许可**
>
> 组织应建立、实施和保持作业许可程序，规定作业许可类型和证明，以及作业许可的申请、批准、实施、变更与关闭。作业许可内容应包括区域划分、风险控制措施和应急措施，以及作业人员的资格和能力、责任和授权、监督和审核、交流沟通等。通过执行作业许可程序、控制关键活动和任务的风险和影响。

【理解要点】

（1）组织应建立、实施和保持作业许可程序，针对临时性作业活动设立作业许可票证，实施作业许可管理。应包括：

——实施作业许可的对象、范围和类别；

——作业申请的提出及要求；

——风险分析和描述；

——风险控制措施及现场确认；

——审核、批准等的逐级授权及责任；

——作业过程的现场监督、隔离与监控；

——作业结束后的关闭、延期等。

（2）在所辖区域内或在已交付的在建装置区域内，进行下列工作均应实行作业许可管理，办理作业许可证：

——非计划性维修工作（未列入日常维护计划或无程序指导的维修工作）；

——承包商作业；

——偏离安全标准、规则、程序要求的工作；

——交叉作业；

——在承包商区域进行的工作；

——缺乏安全程序的工作。

对不能确定是否需要办理许可证的其他工作，应办理许可证。

（3）如果工作中包含下列工作，还应同时办理专项作业许可证：

——进入受限空间；

——挖掘作业；

——高处作业；

——移动式吊装作业；

——管线打开；

——临时用电；

——动火作业。

（4）组织应按照标准要求，结合自身作业活动特点、风险性质，确定需要实行作业许可管理的范围、作业类型，确保对所有高风险的、非常规的作业实行作业许可管理。

【审核要点】

通过对相关部门、单位和现场的审核，获取以下证据：

（1）组织是否制定了作业许可的程序，程序中是否明确了作业许可的范围，是否规定了作业许可类型和证明，是否规定了申请、批准、实施、变更和关闭等相关信息。

（2）组织是否针对可能存在的动火作业、动土作业、高处作业、进入有限空间作业、临时用电作业、管线打开作业、移动式吊装作业等专项作业许可明确了管理要求。

（3）是否对作业人或监护人等现场关键人员出现变更、正在进行的工作出现紧急情况、许可证在有效期内没有完成工作等特殊情况作出规定。

（4）抽查作业许可证，作业申请的材料是否齐全有效。

（5）作业许可申请前是否进行风险评估，是否编制安全工作方案，安全工作方案中是否包括风险控制措施，风险控制措施是否有针对性。

（6）抽查作业许可证的填写是否存在错项或漏项。

（7）作业人员是否有相应资质。

（8）是否现场确认各项安全措施的落实情况。

（9）是否有批准人或其授权人、申请方和受影响的相关方签字。

（10）是否确定作业许可证的有效期限和延期次数。

（11）若作业许可审查未通过，是否对其进行原因分析，是否记录了查出的问题。

（12）在控制室、值班室或现场是否有张贴许可证的地方。

（13）正在执行的作业许可证是否按标准要求分别张贴。

（14）作业许可证是否按照相关程序及时关闭并存档。

2.7.6 运行控制

组织通过对与风险有关的活动和任务的策划和控制，使与风险有关的、需要采取控制措施的运行和活动均出于有效的受控状态，以实现健康、安全与环境目标。所有活动都存在风险，只是风险的多少、大小和形态不同而已。通过建立最佳的工作规则或指南，指导员工有序作业，不仅能削减原有风险，还可大大降低新风险的产生。因而，风险控制的最普遍和最有效的手段就是在运行中去控制。运行控制应该覆盖组织所有的常规活动，组织也应识别所有常规活动，对其建立最佳的程序、工作指南或标准。

【条文内容】

5.5.6 运行控制

组织应确定控制健康、安全与环境风险的活动和任务，并且不同职能部门和管理层次的管理者应针对这些活动和任务进行策划，通过以下方式确保其在规定的条件下执行：

a）对于因缺乏程序指导可能导致偏离健康、安全与环境方针、目标和指标的运行情况，应建立、实施和保持形成文件的程序和工作指南；

b）在程序和工作指南中对运行准则予以规定；

c）对于组织所购买和（或）使用的货物、设备和服务中已识别的健康、安全与环境风险和影响，应建立、实施和保持程序，并将有关的程序和要求通报承包方和（或）供应方；

d）建立、实施和保持程序，用于工作场所、过程、装置、机械、运行程序和工作组织的设计，包括考虑与人的能力相适应，以便从根本上消除或降低风险和影响；

e）建立、实施和保持程序，推行清洁生产，对使用有毒有害原料进行生产或者在生产中排放有毒有害物质以及污染物超标排放时，应进行清洁生产审核并实施清洁生产方案。

【理解要点】

运行控制是HSE管理体系的重要要素，是有效控制风险和影响的重要保障。通过对与风险有关的运行、活动和任务，制定相应的程序和工作指南，明确规定运行标准和要求，予以规范和控制。

1. 活动和任务的确定和策划

组织应确定控制健康、安全与环境风险的活动和任务，这些活动和任务应当是与风险和影响相关的。风险和影响包括引起事故、事件或其他偏离健康、安全与环境方针和目标的情况。不同职能部门和管理层次的管理者应当针对这些活动和任务进行策划，使组织不同职能部门和管理层次的人员在HSE管理体系过程中，依据计划、程序和工作指南开展和执行各自的活动和任务，例如：

（1）管理者和管理层：遵循健康、安全与环境方针制定战略目标和高层活动计划。

（2）管理执行层：采用计划和工作程序的形式制定有关活动和任务的书面指导（通常包括多项任务），指导各项工作。

（3）操作层：在这里，计划和工作程序都是书面形式的，都是按照确定的健康、安全与环境工作体系颁布的（例如工作许可证、协同操作程序、启动程序、准许操作手册），工作人员按照这些规定的要求完成任务。

2. 运行控制策划

组织在对运行控制进行策划时考虑以下方面：

（1）根据与风险有关的活动和任务的确定和策划的结果，确定是否需要建立形成文件的程序，主要依据是因缺乏程序指导而可能导致其偏离了健康、安全与环境的方针、目标和指标。

（2）考虑相关方所带来的需要实施运行控制的风险和影响，建立和保持管理程序或作业指导书，并通报相关方。包括对于组织所购买和（或）使用的货物、设备和服务中已识别的健康、安全与环境风险和影响，以及由合同方人员和来访者带来的风险和影响。此处的策划应考虑与Q/SY 1002.1—2007标准中“5.5.2承包方和（或）供应方”相结合。

（3）对工作场所、过程、装置、机械、运行程序和工作组织的设计考虑运行控制的要求。此处的策划应考虑与Q/SY 1002.1—2007标准中“5.5.1设施完整性”相结合。

（4）考虑组织的风险和影响可能会扩展到其他外部相关方的作业场所或控制区域的情况，例如，组织的员工在某客户（或业主）的场地作业时，可能需要组织与外部相关方协商健康、安全与环境问题，根据需要实施运行控制。

（5）组织根据法律法规、相关方及顾客要求，针对产品的设计、生产、销售、使用和废弃处理以及服务过程，推行清洁生产。

（6）组织使用有毒有害原料进行生产或者在生产中排放有毒有害物质以及污染物超标排放时，应实施清洁生产审核，制定清洁生产方案。清洁生产审核作为一种技术方法，可考虑与健康、安全与环境的风险和影响的评估过程结合。组织可从以下方面制定清洁生产方案：

——原辅材料和能源替代；

——技术工艺改造；

——设备维护和更新；

——过程优化控制；

——产品更换或改进；

——废物回收利用和循环使用；

——加强管理；

——员工素质的提高以及积极性的激励。

3. 制定程序和工作指南文件

（1）“程序”是指为进行某项活动所规定的途径。许多情况下，程序可形成文件，而被称为“书面程序”或“文件化程序”。程序通常包括：活动的目的和范围，做什么和谁来做，何时、何地和如何做，应使用的设备、材料和文件，如何对活动进行控制和记录等。“工作指南”规定了在工作现场完成任务的方式。

（2）根据运行控制的策划，对与风险有关的运行、活动和任务制定成文的程序和运行准则，应尽量让负责实施这些程序和指南文件的人员参与文件的制定过程。所有形成文件的运行控制程序都应表述简单、明确、易于理解，明确职责和权限、所用的方法、应满足的运行准则。制定文件时应注意：

——在实现对风险和影响进行控制的前提下，尽量减少文件的数目和篇幅；

——程序文件之间有必要的衔接，但要避免过多重复；

——充分利用组织已有的适用程序；

——文件具有可操作性，内容简单、明确、易于理解，明确职责和权限。

（3）提供现场工作任务指南的方式有多种，取决于任务的复杂程度、执行任务人员的能力、与之有关的风险及对设施和操作等其他方面的影响，包括作业指导书、安全技术规程、工作手册等。工作指南的颁布应形成文件，由授权人签字后发布执行，并通知到有关单位和人员，包括承包方必要时应提供有关安全操作、维护和更新活动（包括协调操作）的工作指南。

【审核要点】

通过对相关部门、单位和现场的审核，获取以下证据：

（1）结合对标准Q/SY 1002.1—2007中5.3.1（对危害因素辨识、风险评价和风险控制的策划）要素的审核，了解组织确定了哪些与重大健康、安全与环境风险有关的活动和任务。

（2）对于缺乏程序指导可能偏离方针、目标和指标的活动和任务是否制定和保持了管理程序或作业指导书，在程序或作业指导书中是否规定了运行准则。

（3）对组织所购买或使用的货物、设备和服务中已识别的HSE风险是否制定了管理程序。

（4）对组织活动、工作场所、过程、装置、机械、运行程序和工作组织的设计，是否制定了管理程序。

（5）对关键设备和工序是否明确了需要监测的内容和控制限界值，有无支持的作业文件。

（6）运行控制程序和作业指导书是否具备可操作性。

（7）有关的程序和要求是否通报承包方和供应方，采用何种方式通报。

（8）抽查员工，是否熟悉运行控制程序或作业指导书。

（9）实际运作是否按程序或作业指导书执行。

（10）是否按要求保留了有关的记录，有关的运行记录是否表明其遵守了程序。

（11）是否向承包方和供应方通报了与他们所提供的产品和服务有关的HSE信息，并使其遵守相关的规定。

（12）了解组织如何推行清洁生产。

（13）了解组织主要排放的有害物质以及污染物有哪些。

（14）有害物质及污染物现行控制方法有哪些。

（15）有无高耗能的设备、工艺与过程，采取了什么样的控制手段。

（16）在生产过程中是否力所能及的选择和采用了更加清洁的原料、能源、工艺、过程等。

（17）是否进行了清洁生产审核并实施了清洁生产方案，是否达到了预期的目标。

（18）查看现场的人员、设备、工具、场地是否目视化管理，管理是否符合要求。

相关链接：现场目视化审核的示例

（1）现场观察员工劳动防护用品是否正确穿戴。

（2）进入生产作业场所的外来人员是否佩戴入厂许可证，其劳动防护用品是否符合作业场所的安全要求，标识是否醒目。

（3）从事特种作业和特种设备作业的人员，其安全帽上是否粘贴相应的目视标签。

（4）生产作业场所所有的工器具是否有检查合格标签或标识。

（5）所有工器具的使用者是否在使用工具前再次进行目视检查。

（6）相关工器具是否进行了定置管理。

（7）相关工器具是否明确了相应的属地主管。

（8）已投用的设备是否在明显部位标注明确的设备名称及工位号。

（9）已投用的设备是否使用设备状态指标牌。（“在用”、“备用”、“待修”、“在修”）

（10）设备控制盘上按钮及指示装置是否有标注。

（11）控制开关是否指明了控制对象，和现场设备标识是否对应。

（12）已投用的设备是否制作设备管理卡、待检修设备牌及区域责任牌。

（13）对设备能造成严重危害的操作，现场是否有操作警示。

（14）已投用的压力容器是否在明显位置粘贴压力容器检查牌。

(15) 润滑油、导热油、冷却液等是否分类摆放并标识，是否对盛装各类油品的加油桶及设备的加油点统一进行标识。

(16) 油品外包装名称及化学品危害等级标识是否齐全完好，现场是否有MSDS。

(17) 工艺管线是否按标准刷有安全色或色环，并标明介质名称、工艺流向，阀门表面是否刷有安全标志色。

(18) 工艺、设备现场压力表、温度表、液位计等指示仪表是否标识正常工作范围。

(19) 防雷、防静电接地是否按标准要求刷有安全色，是否定期进行检测。

(20) 消防设施、管线是否按标准刷有安全色。

(21) 消防器材是否悬挂检查卡，是否按要求填写。

(22) 现场消防报警、控制按钮是否有标识。

(23) 是否有现场消防设施布置示意图。

(24) 地面是否使用红、黄指示线标识出危险区域、警告区域。

(25) 是否标识消防通道、逃生通道、逃生设施，是否畅通。

(26) 急救设施是否摆放在明显、便于取用的位置，是否有标识。

(27) 是否按照标准规范设置安全警示标识，安全警示标识应设置在醒目的地方和它所指示的目标物附近；应使操作人员能识别出它所指示的信息属于哪一类对象；安全标志应保证在夜间也清晰可辨。

(28) 废旧物资的处理是否符合安全和环保要求，作业现场是否做到“工完、料尽、场地清”。

(29) 油气生产、炼油化工等高危工作场所重要巡检点是否设置巡检牌。

(30) 是否有厂区平面布置图（标明危险区、警戒区、急救设施存放点、逃生路线等）。

(31) 行人或车辆存在危险的任何地点或作业区域，如坑、可能发生高处坠落物、高温、腐蚀液飞溅和泄漏的地方等，是否进行隔离及标识。

(32) 具有危险性的操作、维修工作区域，是否进行隔离及标识。

(33) 是否按标准要求进行隔离，隔离区域是否按标准要求正确标识。

(34) 各种工器具、便携式仪器、消防器材、急救设施、应急设施、卫生设施、车辆停放是否实行定置管理。

2.7.7 变更管理

组织应对HSE管理体系范围内的各种变更进行控制，包括对人员、设备、过程（工艺）、运行程序的变更进行管理，防止因变更产生对健康、安全与环境的风险和影响。

【条文内容】

> **5.5.7 变更管理**
>
> 组织应建立、实施和保持程序，以控制组织内设施、人员、过程（工艺）和程序等永久性或暂时性的变化，避免对健康、安全与环境的有害影响及风险。包括：
>
> a）对提议的变更及实施应确定并形成文件；
>
> b）对变更及其实施可能导致的健康、安全与环境风险和影响进行评审和做出记录；
>
> c）对认可的变化及其实施程序形成文件；
>
> d）提议的变更应当经过授权部门的批准。
>
> 注：当新的运行或者更改运行会引起管理体系的变化，变更管理不再适宜，组织需要建立专门的管理计划。

【理解要点】

（1）变更管理的范围。

组织应控制内部设施、人员、过程和程序等永久性或暂时性的变化，需要考虑HSE管理体系范围内所有的变更，不仅要考虑上述各类变更，也要考虑组织的重组带来的变更，如收买、合并、新的联合开发和合作方的加入等带来的变更。在变更管理中，例如排放组成的逐渐变化或者生产超出了原设计范围且在逐渐变化时应特别加以注意，这些很可能从量的变化转变为质的变化，从而引发事故。与变更有关的计划要考虑各个阶段受变更影响所产生的健康、安全与环境事项，以保证通过有效的计划和管理将风险或影响减少到最小。

（2）变更管理的程序。

根据变更的特点及其潜在的风险和影响，变更管理的程序要考虑：

——对提议的变更及其实施要明确并形成文件；

——对变更及其实施可能导致的健康、安全与环境风险和影响进行评审和做出记录；

——对认可的变更及其实施程序形成文件，包括确认的风险和影响及削减和控制措施、沟通和培训要求、时间要求、验证和监测要求、不符合的处理等；

——提议的变更应当经过授权部门的批准。

（3）当新的运行或者更改运行会引起管理体系的变化，新的操作或者更改操作已不在

HSE管理体系的控制范围内时（如引入新的生产过程或新的物料系统），此时的变更管理会引起HSE管理体系的变化，组织应当建立专门的变更管理计划，应考虑：

——要达到的健康、安全与环境目标；

——达到目标的方法；

——达到目标的资源要求；

——处理实施过程中的变更的程序；

——所采用的纠正方法和监测方法是否充分，如何实施这些方法。

【审核要点】

通过交流和调查，了解部门、单位是否在人员、设施、过程和程序方面发生了变更，如有，是否进行了如下控制：

（1）组织是否制定了变更管理的程序。

（2）程序是否包括对人员变更、设备设施变更、技术或工艺等变更的管理方法。

（3）查组织对提议的变更是否形成了文件。

（4）对变更可能导致的健康安全与环境风险是否进行了评审。

（5）是否针对评审结果制定风险控制措施。

（6）是否对认可的变更及其实施形成了文件。

（7）提议的变更是否经过授权人批准。

（8）是否将变更的有关信息传递到各相关方。

（9）是否对涉及变更的岗位人员进行培训。

（10）变更实施结束后，是否对变更的实施情况进行验收。

（11）若变更引起HSE管理体系文化变化，是否对体系文件进行了修改。

相关链接：可能影响健康、安全与环境的变更示例

1. 工艺与设施的变更

工艺或机械设计改变时会引起设施的变更，生产介质、添加剂、产品规格、副产品、废品、设计条款、监测仪器和控制系统或建筑材料的变更也可能引起设施的变更。在下述条件下，设施变更可能发生。

（1）生产或工艺设施的建造。

（2）新设施的建设，包括与现有设施的配套、设施的重新配置或对现有设施的改造。

（3）现有设施的改造导致设施或设备的设计、结构支持、布局、配置的变化。

(4) 增加设施生产量或接纳不同介质的项目。

(5) 运行条件的明显改变，包括与原始工艺或设计不同的压力、温度、流速或其他工艺条件的变化。

(6) 设备的改变，包括增加新设备或改造现有设备，主要指报警设备、检测设备和控制程序等的变化。

(7) 工艺或设备的更改可导致设施泄压或放空要求的变化，包括增加生产量、提高运行温度或压力，扩大设备规格或增加更大压力的附加设备。

(8) 正常使用中设备的跨接。

(9) 超出现有运行程序规定范围的作业，包括设备启动、正常关闭和紧急关闭。

(10) HSE管理体系要素所产生的运行程序、过程或机械设计的变化。

(11) 新的或不同化学试剂（如防腐剂、防垢剂和防泡剂）的引进。

(12) 设施的改变包括机械（如钻井设备、建造设备、临时连接或失效部件替换）的改变，其中的一些改变可能未在工艺和检测流程图中标明，这些可能包括：

——替换了规格不同于风险评价和管理过程中所要求的机械和设备；

——临时管线、连接件、皮管或修补过的管线；

——工艺材料、催化剂或反应剂的替代供给；

——临时电力设备或公用动力的连接，不包括应急情况。

(13) 有关工艺控制或安全系统的程序的变化。

2. 人员的变更

人员的变更包括承包商人员的变动、组织机构的变更、设备操作人员的改变、由设施转让引起的组织机构变更等，都需要考虑对HSE管理体系进行修订。

3. 程序的变更

HSE管理体系运行控制涉及的过程及相应程序的变化。

2.7.8 应急准备和响应

组织通过对潜在的事故和紧急情况进行识别，制定应急准备和响应的计划和程序，使紧急情况和意外事故得到快速、及时和有效的处置，以便预防和减少可能随之引发的疾病、伤害、财产损失和环境影响。应急准备和响应是实施风险控制的进一步补充。

【条文内容】

> **5.5.8 应急准备和响应**
>
> 组织应建立、实施和保持程序，以系统地识别潜在的紧急情况和事故，并规定响应措施。
>
> 组织应对实际发生的紧急情况和事故做出响应，以便预防和减少可能随之引发的疾病、伤害、财产损失和环境影响。
>
> 组织应评审其应急准备和响应的程序和措施，必要时对其修订，尤其是在事故或紧急情况发生后。
>
> 如果可行，组织还应定期测试这些程序和措施。

【理解要点】

（1）组织建立 HSE 管理体系就是体现了预防为主的思想，虽然通过管理体系可防止事故的发生，但并非建立了管理体系就一定不发生事故。组织应针对潜在的紧急情况和事故建立、实施和保持应急准备和响应程序，应包括以下内容：

——建立应急组织；

——制定应急预案；

——配备应急资源；

——培训和演练；

——评审应急预案；

——修订和改进应急预案；

——必要时，应急预案应送达相关方等。

（2）组织应根据危害因素辨识和风险评价的结果，对可能发生的潜在突发事件和紧急情况，按管理职责和层次分级建立应急预案。应急预案应明确特定紧急情况发生时需采取的步骤和措施，其结构和内容应符合《中国石油天然气集团公司应急预案编制通则》（中油安〔2009〕318 号文件）的要求。

（3）组织在应急预案中应明确规定外部相关机构的参与，并向相关方提供信息，以便参与应急响应活动。

（4）组织的应急预案通常包括总体预案、专项预案和现场处置预案。

（5）组织建立的应急组织系统应明确应急责任分工，提供紧急情况预警、通讯联络方式、应急救援设备和物资，同时考虑可利用的社区和相关方应急资源，如消防、医疗、物资等。

（6）组织应定期开展应急预案演练。应急预案演练或启动后，对其有效性和适宜性进行评审，为预案的改进提供依据。

【审核要点】

通过对相关部门、单位、现场的审核，获取以下证据：

(1) 组织是否制定了应急准备和响应程序，程序中是否明确了应急预案编制、应急培训、应急物资储备、应急响应、应急演练等方面的管理职责和流程。

(2) 结合对Q/SY 1002.1—2007标准5.3.1（对危害因素辨识、风险评价和风险控制的策划）要素的审核，查组织识别出了哪些潜在事件或紧急情况，识别是否全面。

(3) 是否针对潜在事件或紧急情况制定了应急预案，应急预案是否符合《中国石油天然气集团公司应急预案编制通则》（中油安〔2009〕318号文件）的要求，是否具有可操作性。

(4) 是否针对潜在事故和紧急情况规定了处置对策，是否有明确的处置程序、方法、措施、资源保证以及明确的职责分工。

(5) 应急预案是否以正式的文件予以发布。

(6) 查阅应急演练记录，是否按照规定的要求进行了应急演练，演练效果如何。

(7) 了解是否发生过突发事件，如发生，是否按预案采取了应急行动程序。

(8) 查阅对应急预案的评审记录，应急预案的有效性如何。

(9) 查是否按应急预案储备了应急物资和装备，是否对应急物资和装备进行检查，保持其有效性。

(10) 查组织是否开展了应急培训。

(11) 是否定期对应急预案进行评审，是否根据评审的结果对应急预案进行修订，修订后是否再次进行了内部审核和管理评审，并以正式文件予以发布。

相关链接：石油石化企业需要制定应急预案的紧急状态示例

(1) 火灾；

(2) 爆炸；

(3) 井喷；

(4) 有毒气体泄漏和扩散；

(5) 危险化学品意外泄漏；

(6) 现场人员受到伤害；

(7) 海上失控事件；

(8) 向大气的意外排放；

(9) 向水体和土壤的意外排放;

(10) 安全环保关键设施失效;

(11) 放射源或放射性物质的失控;

(12) 食物中毒;

(13) 人为破坏;

(14) 传染性疾病暴发;

(15) 地震、泥石流、山体崩塌等地质灾害;

(16) 台风、洪水等自然灾害;

(17) 社会动乱;

(18) 炼化生产中水、电、气、风等的突然性大规模中断;

(19) 建筑物坍塌;

(20) 组织大规模群众性活动时可能出现的意外等。

2.8 检查和纠正措施

组织在HSE管理体系的运行控制过程中，需要对自身状况进行监控，以确定是否满足于法律、法规和其他应遵守的要求，评价目标和指标的实现情况，发现不符合并有效纠正，及时报告并处理事故、事件，为体系的实施和改进提供依据。Q/SY 1002.1—2007标准“5.6检查和纠正措施”包含6个二级要素，见表2.4。

表2.4 “5.6检查和纠正措施”的二级要素

二级要素	要点
5.6.1绩效测量和监视	确定关键特性，监测健康、安全与环境绩效，校准和维护所用到监测设备，建立、保存相应记录
5.6.2合规性评价	定期评价对现行适用法律、法规和其他要求的遵守情况
5.6.3不符合、纠正措施和预防措施	不符合情况的确定，不符合的纠正、原因分析、纠正措施和预防措施制定、实施和验证
5.6.4事件、事故报告、调查和处理	记录、报告已经影响或正在影响健康、安全与环境的事件、事故，并进行调查和处理
5.6.5记录控制	记录管理系统，为HSE管理体系有效运行提供证据
5.6.6内部审核	组织自行发起的内部审核，是自我完善的重要手段

2.8.1 绩效测量和监视

持续对组织的健康、安全与环境绩效进行监视和测量，确定反映组织整体健康、安全与环境关键特性和绩效的参数，了解 HSE 管理体系状况，为分析纠正和预防措施提供依据，以保证 HSE 管理体系在受控状态下运行。绩效测量和监视是一个重要功能要素，是组织 HSE 管理体系持续有效运行的重要保障。

【条文内容】

5.6.1　绩效测量和监视

组织应建立、实施和保持程序，对可能具有健康、安全与环境影响的运行和活动的关键特性以及健康、安全与环境绩效进行监视和测量。程序应规定：

a）用于组织的运行控制所需要的定性和定量测量；

b）对组织的健康、安全与环境目标和指标的满足程度的监视和测量；

c）主动性的绩效测量，即监视和测量是否符合健康、安全与环境管理方案、运行准则；

d）被动性的绩效测量，即监视和测量事故、事件、疾病、污染和其他不良健康、安全与环境绩效的历史证据；

e）记录充分的监视和测量的数据和结果，以便于后面的纠正措施和预防措施的分析。

如果绩效测量和监视需要设备，组织应建立、实施和保持程序，对此类设备进行校准和验证，并予以妥善维护，且应保存相关记录。

【理解要点】

（1）“绩效测量和监视”在本标准中是一个特殊的定义，包括了监督、检查、测试、测量、检测及监测等内容。“监视”不是平常所说的概念，包含了更广泛的内容，如检查活动、外部监督、有关运行的确认、验证检验等。

（2）绩效测量和监视的内容。

对可能具有健康、安全与环境影响的运行和活动的关键特性以及健康、安全与环境绩效进行测量与监视，需考虑以下的内容：

——运行控制，对具体运行准则的满足情况；

——健康、安全与环境目标、指标和管理方案的实现情况；

——可能具有健康、安全与环境影响的运行和活动的关键特性；

——其他关键绩效指标，如员工和相关方的意识、培训、沟通和协商是否有效等。

绩效测量和监视要能反映 HSE 管理体系各要素的实施与运行情况，以考查管理体系的符合性，绩效测量和监视的结果为实施纠正和预防措施提供分析依据。

（3）绩效测量和监视的方法。

——根据绩效指标的不同可以采用定性和定量的绩效测量和监视的技术，绩效测量和监视技术的选择要达到法定要求。

——主动性测量和监视和被动性测量和监视结合起来，全面了解组织的健康、安全与环境绩效。

■主动性测量和监视主要是检查组织的健康、安全与环境活动的符合性，例如，可包括目标、指标和管理方案的满足情况，运行控制准则的满足情况的监视和测量，法规要求的遵守情况也是主动性测量和监视的一种。

■被动性测量和监视主要是调查、分析和记录 HSE 管理体系的失败，包括事故、健康损害、事件、疾病、环境污染、财产损失等。

——在检查过程中积极推行“安全观察与沟通”的方法。

(4) 组织应建立和保持工作程序，监测 HSE 绩效的有关情况，记录和保存相应的监测结果，以利于健康、安全与环境绩效的持续改进。对有关的运行和活动，组织应进行以下工作：

——检查和记录获得的监测信息，并规定监测结果所要求的准确度；

——规定和记录监测方法、监测地点和测量频次；

——建立、记录和保持控制测量健康、安全与环境的方法；

——建立和记录数据处理和解释的方法；

——建立和记录监测结果超出绩效准则时需采取的措施；

——评价和记录监测系统发生故障时受影响数据的有效性；

——保护监测系统，避免损害和未经授权的校验。

(5) 绩效测量和监视设备。

如果绩效测量和监视需要设备，组织需按程序处理设备的校准和维护及其相关记录。测量设备宜以适当的方式维护和保存，并能提供所需的测量精度。有关测量设备校准时需要考虑：

——需要时，组织可制定测量设备的校准计划。校准计划包括：校准的频次、所引用的测试方法（如可行）、校准设备的识别，当发现特定的测量设备未校准时所采取的措施。

——校准宜在适当的条件下进行。对于关键的校准或难于进行的校准，组织可建立校准程序。如果有国家标准，校准设备应符合现行国家标准。如果无标准，组织宜将作为标准使用的依据形成文件。

——所有校准、维护活动和结果的记录均应保留，并详细记录调整前后的测量情况。

——组织需向使用者清楚标明测量设备的校准状态。

对于合同方所用的测量设备，宜与组织内部的设备一样受到相同的控制。组织宜要求合同方保证其设备符合这些要求。对于任何已识别的需要进行测试记录的关键设备，在其开始工作前，宜要求合同方提供一份设备测试记录的副本。

【审核要点】

通过对归口管理部门、相关部门和现场的审核，获取以下证据：

（1）查组织是否制定了绩效测量和监视的程序，程序是否满足标准要求。

（2）绩效测量和监视程序是否包括了具有重大风险的活动和任务的关键特性。

（3）绩效测量和监视程序是否规定了绩效测量和监视的方法。

（4）绩效测量和监视程序是否规定了测量和监视的依据，是否符合有关法律、法规的要求。

（5）查对目标、指标和管理方案的监测情况，是否按要求进行了监测，管理方案是否按计划实施，目标、指标是否实现。

（6）查对各项专业 HSE 监测记录，包括：特种设备监测情况、重点工序和设备的日常监测情况、有毒有害场所监测情况、环境监测情况、职业性体检情况、事故事件监测情况等。

（7）查是否按要求进行了 HSE 检查活动。

（8）是否对测量与监视的数据进行了适当的统计分析，为体系改进提供依据。

（9）查工艺设备在启动前，是否组织开展了启动前安全检查（PSSR）。

（10）查对 HSE 监视和测量装置的校准和控制，监测装置是否均进行校准/检定，在有效期内，检定人员是否均持证上岗，检定/校准室是否规定条件，对监测装置是否进行了标识。

（11）监视和测量出现异常时如何处理。

相关链接：可用于测量健康、安全与环境绩效的方法和项目示例

1. 可用于测量健康、安全与环境绩效的方法示例

（1）应用危害因素辨识、风险评价和风险控制的过程；

（2）使用检查表进行系统的工作场所检查；

（3）对新的装置、设备、材料、化学品、技术、过程、程序或工作方式的预评价；

（4）检验特定的机械和装置，着重检查与安全有关的部分是否处于适宜和良好的状态；

（5）安全抽样，检查某特定方面的健康、安全状况；

（6）环境抽样，测量在化学、生物或物理因素（例如噪声、挥发性有机物等）中的暴露情况，并与有关标准相比较；

（7）安全行为审核，评价人员的行为，以识别可能需要纠正的不安全工作习惯；

(8) 健康检查，包括暴露测量和医疗检查；

(9) 文件和记录的分析；

(10) 其他。

2. 一些具体的监测方法及其使用示例

只有通过有效的监测才能保证防范系统的完整性，才可达到减少事故及降低其严重性的目标。错误的决策、潜在的失误、不安全的条件或行动都可导致事故。监测技术的使用应形成一个网络，在操作层、执行层和管理层三个层次上联合起来。表1列出了常用的监测技术对三个层次的适用情况。表2给出了对各种方法的进一步说明，及如何对结果进行解释等。

表1　常用监测技术与三个层次上的关系

监测技术	操作层	执行层	管理层
安全行为审核	√		
管理层HSE检查	√	√	√
系统检查	√	√	
事故状态图	√	√	
审核	√	√	√

表2　常用监测方法的目标、过程和步骤

方法	目标	过程	基本步骤简述
行为审核	确定不安全行为发生的原因和条件	现场个人表现的随机观察、审核和公开讨论	选择审核区域； 短期观察人员活动表现； 与个人讨论安全的工作方法； 列出观察到的不安全行为和产生的条件； 列出涉及人员的类别
系统检查	检查作业场所、工厂和设施，确定是否严格执行了HSE计划和程序	按照计划的程序和方法详细检查规定目标区域的实际活动，重点检查任务实施方面	选择检查区域； 审查该处的计划和程序； 检查任务、计划的执行情况，讨论计划与实际之间的偏离
事故状态图	确定一个组织抵抗HSE风险的能力	一种诊断工具，从通用数据库随机选择设定的HSE图表，来判别组织体系类别	将通用数据库图表改制成作业公司需要的HSE图表； 间隔一定时间从数据库中选择图表、检查单； 向现场内外人员和相关承包商监督员发放检查单； 作HSE正统计表，并确定差别； 根据各自的记录按类别建立图表； 比较（由近及远，对照其他公司）； 针对识别的所有缺陷制定行动要点

续表

方法	目　　标	过　　程	基本步骤简述
管理层的HSE检查	确定体系的有效性，展示自上而下的承诺	由管理层某个人或某些人组成小组进行检查，重点放在人员活动和计划的执行情况	选择特殊重点区； 评审总结材料（例如组织计划，HSE记录，审核报告等）； 由作业队总结本区工作和HSE措施等； 与该区的监督员、作业人员、承包商等座谈； 观察现场活动、操作； 召开总结会，根据体系条款讨论优缺点
审核	证实符合已有的指南和标准	按照预定的范围，由审核小组对组织体系、人员、设施等进行独立的系统评审，重点针对整个组织	选择审核员，计划审核； 审核背景材料； 在现场评审管理体系，收集审核数据； 评审数据，报告审核发现； 推荐行动程序； 进一步监测进展； 评价表现

3. 主要健康、安全、环境测量和监视项目示例

（1）危害辨识、风险评价和控制的结果分析；

（2）利用检查表对作业场所进行监督检查；

（3）建设项目的安全、卫生、环境预评价；

（4）装置或运行区域的定期安全评价；

（5）作业环境测量（有害气体浓度、噪声、震动强度、辐射剂量等）；

（6）行为安全性评估；

（7）事故、事件统计分析；

（8）环境监测（排放物测量）；

（9）职业卫生监测点设置和测量；

（10）员工健康体检；

（11）季节性检查和专项检查；

（12）目标指标分解及考核；

（13）合规性评价；

（14）审核及管理评审报告；

（15）不符合及纠正措施和预防措施跟踪的统计分析；

（16）应急演习及总结讲评等。

2.8.2　合规性评价

定期评价组织的活动、产品或服务与适用法律法规的符合性，履行遵守法律法规的承诺。合规性评价是组织HSE管理体系运行符合法律法规要求的重要监督保障。

【条文内容】

> **5.6.2 合规性评价**
>
> 为了履行遵守法律法规和其他要求的承诺，组织应建立、实施和保持程序，以定期评价对现行适用法律法规和其他要求的遵守情况。
>
> 组织应保存对上述定期评价结果的记录。

【理解要点】

(1) 组织应建立、实施和保持合规性评价程序，对适用法律、法规和其他要求的遵守情况进行定期评价。应考虑：

——识别、获取到的适用的法律、法规和其他要求（见 Q/SY 1002.1—2007 标准 5.3.2)；

——活动、产品和服务及其规模、类型和复杂程度；

——策划制定的程序和工作指南及运行准则；

——运行控制的实际效果；

——测量和监视的结果（见 Q/SY 1002.1—2007 标准 5.6.1)

——来自相关方的有关信息等。

(2) 组织应根据规模、类型和复杂程度，规定适当的合规性评价的职责、方法、范围和频次，并考虑以往的合规性评价情况、所涉及法律法规和其他要求的具体特点等。

(3) 组织应通过下述过程进行合规性评价：

——内、外部测量和监视的结果；

——日常的监督检查；

——文件评审；

——审核；

——管理评审；

——对投诉情况的处理等。

(4) 对不合规的情况应进行原因分析，针对性地制定和实施纠正措施和预防措施，跟踪措施实施效果，达到法规的要求。

(5) 组织应记录并保存合规性评价的结果。

【审核要点】

通过对归口管理部门、相关部门和现场的审核，获取以下证据：

(1) 查组织是否制定了合规性评价的程序，程序中是否明确了合规性评价的依据、时机、频次、内容和方式等方面。

（2）查组织是否按程序的要求定期开展了合规性评价，采用什么样的评价方式。

（3）评价结果是否有记录。查合规性评价的证据，通过对现场审核的判断，评价结果是否合理可信。

（4）针对违反法律法规的情况，组织是否进行了原因分析，制定并实施了相应的纠正措施。

（5）评价信息是否向有关部门、单位和岗位及时通报。

2.8.3 不符合、纠正措施和预防措施

通过建立并保持程序，确定不符合并予以纠正，采取纠正措施和（或）预防措施，以消除不符合的原因，预防不符合的进一步发生。“不符合、纠正措施和预防措施”是 HSE 管理体系有效运行的重要保障机制。

【条文内容】

5.6.3 不符合、纠正措施和预防措施

组织应建立、实施和保持程序，确定有关的职责和权限，以便：

a）识别和纠正不符合，采取措施减少因不符合而产生的风险和影响；

b）对不符合进行调查，确定其产生原因，并采取纠正措施避免再次发生；

c）评价采取预防措施的需求，实施所制定的适当措施，以避免不符合的发生；

d）记录采取纠正措施和预防措施的结果；

e）评审所采取的纠正措施和预防措施的有效性。

对于所有拟定的纠正措施和预防措施，在其实施前应先通过风险评价进行评审。

采取的措施，应与问题的严重性和相应的健康、安全与环境风险及影响相适应。

组织应确保对因纠正和预防措施引起的健康、安全与环境管理体系文件进行修改。

【理解要点】

（1）不符合可通过监测程序确定，可通过来自员工、承包商、顾客、政府代表或公众的信息确定，也可通过事故调查确定。

（2）组织应建立和保持调查和处理不符合及采取纠正措施的程序，程序应考虑：

——通知相关方；

——确定起因或根源；

——制订行动计划或改善计划；

——实施与不符合相适宜的纠正措施和预防措施；

——进行控制管理，保证所有实施的纠正措施和预防措施的有效性；

——修改程序，加强措施，防止事故的再次发生，并将任何更改通知相关人员。

（3）“对于所有拟定的纠正措施和预防措施，在其实施前应先通过风险评价进行评审。”这种评审体现了全过程风险管理的思想，但这并不意味着对所有拟定的纠正和预防措施实施完整的风险评价过程。

（4）在制定纠正和预防措施时，应充分进行调查和原因分析，以保证采取的任何纠正或预防措施与问题的严重性和伴随的健康、安全与环境风险和影响相适应，对措施的完成和有效性进行跟踪和证实。

（5）因纠正和预防措施而引起对形成文件的程序的任何更改时，应记录这一过程，并通过后续的控制保证更改要求的实施。

【审核要点】

对在监视和测量、内部审核、数据分析等过程中所发现的实际和潜在的不符合，是否按以下要求进行控制：

（1）查组织是否制定了不符合、纠正措施和预防措施的控制程序，程序是否明确了对不符合进行处理、分析原因以及采取纠正措施和预防措施的职责和权限。

（2）对于产生的不符合，是否采取措施，减少因不符合造成的影响。

（3）是否对实际和潜在的不符合进行调查，确定其原因。

（4）是否针对原因制定纠正措施和预防措施，并对纠正措施和预防措施进行风险评价，避免和减少因纠正措施和预防措施造成的影响。

（5）是否实施了纠正措施和预防措施。

（6）组织是否对纠正措施和预防措施的实施情况进行验证。

（7）纠正措施和预防措施是否有效，是否能避免不符合的再次发生。

（8）纠正措施和预防措施涉及 HSE 管理体系文件修订时，是否及时修订并实施了 HSE 管理体系文件。

2.8.4 事故、事件报告、调查和处理

通过有效的程序，对事故、事件的报告、调查和处理作出规定，以达到法定要求，并识别和消除根源，预防事故、事件的发生。“事故、事件”是“不符合”的一种特殊情况，事故、事件管理是实现 HSE 管理体系自我控制的保障机制。

【条文内容】

5.6.4 事故、事件报告、调查和处理

组织应建立、实施和保持程序，确定有关的职责和权限，以便：

a）各职能部门和管理层次应记录并报告已经影响或正在影响健康、安全与环境的各类事故、事件（包括突发情况或管理体系的缺陷所引起的事故、事件）。事故、事件报告应达到法律、法规要求的范围，或达到组织对外交流所需要的更广的范围。

b）确定事故、事件调查和处理的工作程序及责任，应与发生不符合情况时所采取纠正措施、预防措施的工作程序（见5.6.3）相一致。事故、事件调查和处理所确定的责任应与事故、事件的实际和潜在影响的程度相符合。事故、事件调查应尽可能快地开始，并考虑到事故现场、人员和环境保护的需要。

【理解要点】

1. 事故、事件报告

(1) 组织应建立和保持程序，以规定职责和明确各职能部门和管理层次记录和报告组织内部已经影响和正在影响健康、安全与环境的各类事故、事件要求。

(2) 对已经影响和正在影响健康、安全与环境的各类事故、事件应进行记录和报告。对未造成后果和损失的各类事件（可称之为“未遂事件”）也应记录和报告。各级组织应考虑按照法定要求和上级组织的要求记录和上报事故、事件。

(3) 事故、事件报告应达到法律法规要求的范围，或达到组织对外交流所需要的更广泛的范围。在事故、事件管理上应严格遵循法律法规要求的报告范围和时限要求，“组织对外交流所需要的更广泛的范围”可能涉及合同要求、应急响应的需要等方面。

(4) 建立报告系统，鼓励员工报告未遂事件而不是责难。报告系统应该简单，达到识别潜在较高风险的事故苗头，以获得关键性信息和资料。报告系统要求报告的关键内容可包括：

——所有伤害、职业病或不利环境影响的详细情况；

——伤害涉及的人数；

——环境条件的描述；

——事件详情；

——结果详情；

——可能的后果；

——HSE 管理体系的某些问题在事故中所引起的不利影响。

2. 事故、事件调查和处理

(1) 应明确规定事故、事件调查和处理的程序和责任，这一程序应与发现不符合情况时采取纠正和预防措施的工作程序相一致。这样做的目的是为了预防事故、事件的再次发生，消除其根源。即要考虑以下程序：

——调查和处理事故、事件；

——采取措施减少因事故、事件而产生的影响；

——采取纠正措施和预防措施，并予以完成；

——确认所采取的纠正措施和预防措施的有效性。

(2) 事故、事件调查和处理所确定的责任应与事故、事件的实际和潜在影响的程度相符合。在生产安全事故调查中应考虑到“四不放过”的要求。

调查组的组成取决于特定事故，调查组成员应具备相应的专业知识，能够客观、公正、有效地执行任务。调查过程由以下几个基本步骤组成：

——事故报告；

——组成调查组；

——调查本身包括审查事故现场和环境条件，会见见证人，分析操作条件、数据和其他证据；

——形成调查报告，给出结论意见；

——签署报告和纠正措施计划。

(3) 事故、事件调查应尽快开始，并考虑到事故现场、人员和环境保护的需要。事故调查的首要作用是确定可能的原因和适合的补救措施，对补救措施的实施应进行监测，直到确定效果才能认为补救行动完成，且应考虑到事故、事件管理和应急响应的关系。

【审核要点】

通过对相关部门和现场的审核，获取以下证据：

(1) 查组织是否制定了事故、事件报告、调查和处理的程序，程序中是否明确了事件、事故报告、调查和处理的职责和权限，是否明确了记录、上报、调查和处理的管理流程，是否明确了“四不放过”的要求，是否明确要求必须针对事故、事件发生的原因采取防止再发生的纠正措施。

(2) 组织是否针对事故、事件管理制定了程序文件，文件是否满足法律、法规和集团公司的要求。

(3) 了解组织事故、事件发生情况，是否按照要求进行了上报，是否存在谎报、迟报和瞒报的情况。

(4) 查组织是否对事故、事件进行调查，结果如何。

(5) 查组织是否针对事故、事件进行了原因分析，并依据原因制定并实施了纠正措施。

(6) 对事故、事件是否按“四不放过”的原则进行了处理。

(7) 对事故、事件的处理和原因分析是否在全体员工中进行了分享。

(8) 对事故、事件是否进行统计归类分析，从而有针对性地采取预防措施。

2.8.5 记录控制

通过建立、标识和保存HSE管理体系运行中所形成的各种记录，为HSE管理体系建立、实施、保持和改进提供证据。

【条文内容】

> **5.6.5 记录控制**
>
> 组织应建立、实施和保持程序，用于记录的标识、存放、保护、检索、留存和处置。
>
> 健康、安全与环境记录应字迹清楚、标识明确，并具有可追溯性。健康、安全与环境记录的保存和管理应便于查阅，避免损坏、变质或遗失。应规定保存期限并予以记录。
>
> 组织应按照适于组织和健康、安全与环境管理体系的方式保存必要的记录，用于证实符合本部分的要求，以及所实现的结果。

【理解要点】

(1) 有关记录管理的程序应考虑：

——记录的标识。记录需填写完整，字迹清楚，标识明确，并有明确的保存时间。

——记录的保存。需遵守有关要求的规定，应保存在安全地点，便于查阅，避免损坏、遗失。

——记录的处置。规定记录的处置权限及要求。

——规定并登记记录的保存时间。保证记录的可得性和保密性。

(2) 记录的设置应科学合理，与相应程序、标准和工作指南等体系文件保持一致。记录的设计应充分考虑现行有效的记录，避免重复。

(3) 记录的填写应保证客观、及时、完整和准确，字迹清晰，具有可追溯性等。应规定记录的更改方式。对于可能出现空白的栏目或表格，组织可采用必要的标识方法统一规定记录空白的处置。

(4) 记录可以采用书面文本、电子文档、光盘等体现、使用、保存和管理，组织可针对载体的具体特性确定其管理方式。

(5) 对于超过保存期限不必再保存的记录，明确处理、处置的方法，包括审批权限、责任人、销毁方法等。

【审核要点】

通过对相关部门的审核，获取以下证据：

(1) 查组织是否制定了记录控制的程序，程序中是否对记录的标识、储存、检索、保护等方面作出了规定。

(2) 了解与受审核部门有关的健康、安全与环境管理的记录有哪些。

(3) 对记录的标识、储存、检索、保护是否与书面程序的要求相一致。

(4) 记录的填写是否正确、字迹清楚，能否提供足够信息，能否做到对相关活动、产品或服务的可追溯性。

(5) 记录的储存是否便于存取和检索，员工在需要时能否从组织的记录、信息管理系统获取相应的信息。

(6) 查记录的储存环境，是否有防止记录的丢失、防蛀、防潮、防火等方面的措施，对电子记录是否有防磁的措施。

(7) 作废记录是否按要求进行处置。

2.8.6 内部审核

审核是对 HSE 管理体系是否按照准则要求运行的检查和评价活动，内部审核是 HSE 管理体系本身所具有的一种全面而正式的自我评价机制。通过实施内部审核，能够评审和持续评估组织的 HSE 管理体系的有效性，自我评价 HSE 管理体系与审核准则的符合性。

【条文内容】

5.6.6 内部审核

组织应建立、实施和保持审核的方案和程序，确保按照计划的间隔开展健康、安全与环境管理体系审核。目的是：

a) 确定健康、安全与环境管理体系是否：

1) 符合健康、安全与环境管理工作的策划安排，包括满足本部分的要求；

2) 得到了恰当的实施和保持；

3) 有效地满足组织的方针和目标。

b) 向管理者报告审核的结果。

审核方案，包括日程安排，应基于组织活动的风险评价结果和以往审核的结果。审核程序应包括审核的准则、范围、频次、方法和能力要求，以及实施审核和报告审核结果的职责和要求。

审核员的选择和审核的实施均应确保审核过程的客观性和公正性。

【理解要点】

1. 审核程序

内部审核是组织按照审核方案和程序评估 HSE 管理体系有效性的过程，作为组织的一项经常性工作，应定期进行。组织应建立、实施和保持内部审核的程序，规范内部审核，包括：

（1）审核的目的、准则、范围、频次；

（2）实施审核的责任部门和责任人；

（3）制定审核方案，对一定时期内的审核进行策划；

（4）制定内部审核计划，并按计划进行，必要时可增加审核频次；

（5）审核结果中应包括审核发现和对体系要求的符合性和有效性的评价；

（6）对审核中发现的问题采取针对原因的纠正措施和预防措施；

（7）跟踪并验证纠正措施和预防措施的有效性；

（8）记录审核结果，编制审核报告；

（9）向管理层报告审核结果；

（10）提出审核员的能力要求，保证审核由胜任审核任务的人员进行。

2. 审核方案

组织在审核时需按审核方案的安排来进行。审核方案，包括日程安排，应基于组织活动的风险评价结果和以往审核的结果。在审核计划中应考虑：

（1）需要审核的特定活动和区域。应包括 HSE 管理体系的运行及体系与各种活动的结合程度。

（2）特定活动或区域的审核频率。应根据有关活动对 HSE 绩效的影响或可能的影响及上次的审核结果来确定审核频率。

（3）主持与审核特定活动或区域的责任。应对审核组长和审核组成员在审核过程中的重点活动和职责作出规定，受审核方应保证给予必要的配合。

（4）审核时间表和审核方法。

（5）审核过程中资源的分配。

（6）审核组的人员能力要求。

3. 审核频次

组织根据具体情况确定内部审核的频次，每年度应进行不少于 1 次覆盖全要素、全部门的审核。出现下列情况之一时，可追加审核：

（1）组织机构和职能分配有重大调整时；

（2）HSE 管理体系文件发生重大变更时；

（3）发生重大健康、安全与环境事故时。

组织在确定审核频次和覆盖范围时应考虑下列因素：

（1）危害因素辨识、风险评价和控制的结果；

（2）现有的健康、安全与环境绩效；

（3）管理评审的结果；

（4）HSE管理体系内、外部环境的变化等。

4. 审核人员

内部审核应由组织的管理者代表来组织实施，审核组应由具备相应资质的人员组成，并确保审核人员的专业知识、经验与受审核区域相适应。内部审核应由组织内部的人员和（或）委托外部人员以组织的名义执行。不论来自组织内部还是外部，均应保持独立性、公正性和客观性。组织应培养足够数量的、具有责任心的内部审核员，并通过相互间的交流和参与审核不断提高其能力和素质。

【审核要点】

通过对领导层和主管部门的审核，获取以下证据：

（1）查组织是否制定了内部审核程序，程序中是否包括实施审核、确保审核的独立性、记录审核结果并向管理者报告的职责和要求，是否包括审核的范围、频次、计划和方法。

（2）是否进行了年度审核方案策划且明确规定了审核的准则、范围、频次和方法。

（3）年度审核方案是否经管理层批准，年度内审方案是否发放到相关部门，是否按年度审核方案实施了内审。

（4）是否制定了内审实施计划，相应的内审实施计划是否覆盖全部要素和全部部门。

（5）审核员是否经过培训，具备了相应的能力并取得了资格证，审核是否保持了独立性。

（6）审核是否抓住了关键环节（部门、设备、活动）和重大健康、安全与环境风险。

（7）是否对领导层、职能部门、基层单位、承包商和员工都进行了审核。

（8）相关的各级管理者是否亲自参加了审核活动。

（9）检查表是否充分、符合要求。

（10）审核报告的内容是否全面，是否按要求发放到有关领导、部门和单位。

（11）对内部审核中发现的不符合是否分析了原因，制定并实施了有效的纠正措施。

（12）对纠正措施的实施是否进行了有效性验证，验证结果是否报告了相关部门。

2.9 管理评审

管理评审是由组织的最高管理者主持的，对HSE管理体系的适用性及其执行情况的系统的、全面的评审，是HSE体系最高形式的改进机制。评审是HSE管理体系的PDCA（策划、实施、检查、改进）循环的最后一个环节，是HSE管理体系实现持续改进的最重要保证。评审覆盖了组织的全部活动、产品和服务的各个方面。通过评审，可以了解 HSE 管理体系的整体运行情况及其不足之处，以便作出改进，使其在螺旋上升的进程中跃上一个新的层次。

管理评审的主要目的是确保 HSE 管理体系的适宜性、充分性和有效性，指出持续改进的方向，作出资源配置调整、目标和指标更新、职能分工合理化等重大决策，保证和促进 HSE 管理体系的改进。

【条文内容】

5.7　管理评审

组织的最高管理者应按规定的时间间隔对健康、安全与环境管理体系进行评审，以确保其持续适宜性、充分性和有效性。评审应包括评价改进的机会和对健康、安全与环境管理体系进行修改的需求。管理评审过程应确保收集到必要的信息提供给管理者进行评价。应保存管理评审的记录。

管理评审的输入应包括但不限于：

a）内部审核和合规性评价的结果；

b）和外部相关方的交流信息，包括投诉；

c）组织的健康、安全与环境绩效；

d）目标和指标的实现程度；

e）纠正措施和预防措施的状况；

f）以前管理评审的后续措施；

g）客观因素的变化，包括与组织有关的法律法规和其他要求的发展变化；

h）改进建议。

管理评审的输出应包括为实现持续改进的承诺而做出的，与健康、安全与环境方针、目标以及其他要素的修改有关的决策和行动。

【理解要点】

(1) HSE 管理体系管理评审的典型输入包括而不限于：

——HSE 管理体系审核的结果；

——合规性评价的结果；

——来自外部相关方的交流信息，包括投诉、抱怨等；

——HSE 管理体系运行状况的报告（数据、绩效和信息等）；

——目标和指标的实现程度；

——事故、事件统计数据；

——危害因素辨识、风险评价和风险控制过程的有关报告；

——资源配备的分析；

——应急总结（包括实际发生的或演练的）；

——以前管理评审的后续措施，包括所采取的纠正措施和预防措施；

——内、外部环境的变化，包括组织产品、活动或服务的变化，法律、法规和其他要求的变化等；

——改进建议。

（2）管理评审通常采用会议的方式进行，参加人员应包括最高管理层、各职能部门和适当管理层次的负责人。编制管理评审计划应包括以下内容：

——所针对的主题；

——参加人员、时间和地点；

——参与者在评审过程中承担的职责和作用；

——评审所需收集和确认的相关信息。

（3）管理评审应就以下事项进行评审，做出结论和决策：

——健康、安全与环境方针的适用性，包括方针是否满足持续改进和未来发展的需要；

——健康、安全与环境目标和指标的实现情况及变更需要；

——健康、安全与环境总体绩效；

——法律、法规和其他要求的遵守情况；

——HSE 管理体系所需资源的调整；

——存在的主要问题及解决方案；

——评价改进的机会，明确下一阶段主要改进的领域。

（4）管理评审每年评审次数不少于一次，两次评审的时间间隔不大于 12 个月，当出现下列情况之一时，可增加频次：

——组织机构和职能分配有重大调整时；

——发生重大健康、安全与环境事故；

——外部环境发生重大变化时等。

（5）管理评审应对 HSE 管理体系运行的适宜性、充分性和有效性做出评价，并对持续改进的重要事项形成决议，落实责任单位和责任人，明确完成时间期限。管理评审所形成的决议应及时在组织内部通报并实施跟踪和验证。

【审核要点】

通过对领导层和主管部门的审核，获取以下证据：

（1）查管理评审的策划文件，是否在规定的时间间隔（通常12个月）进行，是否由最高管理者主持。

（2）查管理评审的输入资料是否齐全完整。

（3）查管理评审实施过程的各项记录是否齐全。

（4）查管理评审报告，是否阐述了HSE管理体系适宜性、充分性和有效性的结论，是否包括承诺、方针和目标的更改，其他管理体系要求的更改，资源需求等。

（5）管理评审报告是否发放到有关领导、部门和单位。

（6）是否对管理评审中的纠正措施进行了验证，验证结果是否记录并报最高管理者。

思考题

1. 常用的危害因素辨识与评价的方法有哪些？各自的适用范围是什么？

2. 在设施完整性管理中，如何理解对偏差的评审和处置？

3. 承包方和（或）供应方评价、选择应考虑哪些因素？

4. 怎样理解改进社区和公共关系在组织履行社会责任方面的意义？

5. 作业许可常见类型有哪些？作业许可的程序包括哪些内容？

6. 怎样理解“运行控制”要素中对清洁生产的要求？

7. 基于风险的变更管理的对象主要有哪些？

8. 绩效测量和监视的主要对象包括哪些？

9. 合规性评价的方法有哪些？

10. 怎样理解采取的措施是否与问题的严重性和相应的健康、安全与环境风险及影响相适应？

11. 如何理解HSE体系的三级监控机制？

12. 管理评审的输入和输出包括哪些内容？

第 3 章 现场审核的方法与技巧

现场审核是采用抽样的方式对人员进行询问、对资料进行查阅、对现场进行观察寻找客观证据的过程，是整个审核的核心工作。衡量内部审核效果的审核过程的可信性和审核结论的可靠性很大程度上取决于审核员的能力和水平。而决定审核员能力和水平的因素除了管理体系标准相关的基础知识以外，审核检查表的设计和使用、审核方式的选择等也是极其重要的。

审核员进行现场审核时的工作状况直接影响审核的客观性、公正性和有效性。因此，审核员在现场审核时不仅要掌握审核有关程序，还要运行相应的审核方法和审核技巧，正确地应对审核过程中出现的各类问题，才能确保审核的成功。

3.1 审核的抽样

抽样是指从欲研究的总体中按一定方法抽取出一部分样本单位的过程，目的是从被抽取样本单位的分析、研究结果来估计和推断总体样本的特性。其基本要求是要保证所抽取的个体样本单位对总体样本具有充分的代表性。

审核抽样是审核策划、准备、实施过程中最常运用的方法，也是运用其他所有审核方法的基础。其他审核方法和技巧的成功运用都是以科学合理的抽样为前提的，抽样的代表性是审核成功实施的最基本的保证。

3.1.1 抽样调查方法

抽样调查是审核过程中最基本思想。在审核策划与现场审核时常用到的抽样调查方法一般可分为简单随机抽样、系统抽样、分层抽样、整群抽样、分阶段抽样。

1. 简单随机抽样

简单随机抽样也称纯随机抽样，是指从总体中不加任何分组、划类、排队等，完全随机地抽取调查样本单位。特点是：每个样本单位被抽中的概率相等，样本的每个单位完全独立，彼此间无一定的关联性和排斥性。简单随机抽样是其他各种抽样形式的基础。通常只是在总体单位之间差异程度较小和数目较少时才采用这种方法。

2. 系统抽样

系统抽样也称机械抽样或等距抽样，是指将总体各单位按一定标志或次序排列成为图形或一览表式（通常所说的排队），然后按相等的距离或间隔抽取样本单位。特点是：抽出的单位在总体中是均匀分布的，且抽取的样本可少于简单随机抽样。系统抽样是实际工作中应用不多的方法，但在总体样本数量很大时，一般会采用这种方式。

3. 分层抽样

分层抽样也称类型抽样，是指将总体单位按其属性特征分成若干类型或层，然后在类型或层中随机抽取样本单位。特点是：由于通过划类分层，增大了各类型中单位间的共同性，容易抽出具有代表性的调查样本。该方法在审核时应用最多，适用于总体情况复杂，各单位之间差异较大，单位较多的情况。

4. 整群抽样

整群抽样是指从总体中成群成组地抽取调查单位，而不是一个一个地抽取调查样本。特点是：调查单位比较集中，调查工作的组织和进行比较方便。但调查单位在总体中的分布不均匀，准确性要差些。因此，在群间差异性不大或者不适宜单个抽选调查样本的情况下，可采用这种方式。

5. 多阶段抽样

多阶段抽样是指将抽样过程分阶段进行，每个阶段使用的抽样方法往往不同，即将各种抽样方法结合使用，在大型流行病学调查中常用。其实施过程为：先从总体中抽取范围较大的单元，称为一级抽样单元，再从每个抽得的一级单元中抽取范围更小的二级单元，依此类推，最后抽取其中范围更小的单元作为调查单位。

3.1.2 审核现场抽样的条件

系统的内部审核是不允许抽样的，必须是全部门、全现场的审核。在年度审核方案中的多次审核中，当样本总量较大，现场较多，而又受到时间、现场、地域等诸多条件的限制时，可通过抽样的方法来证实相应的审核对象是否符合要求。因此，决定采用抽样的方法进行审核时，为保证审核的系统性和完整性，需要了解抽样的条件、抽样的原则和方法、现场抽样审核时存在的主要问题，以此通过选择合理的样本来实施审核。

1. 允许实施抽样审核的情况

（1）各现场所提供的产品或服务必须是在本质上属同一类，并基本按照相同的方法和程序进行生产；

（2）组织的管理体系应在集中控制的计划下予以集中管理；

（3）在需要时对组织实施变更的权限和能力（如：体系文件和体系的变更；管理评审；投诉；纠正措施的评价；内部审核策划和结果评价）。

2. 确定审核现场抽样的样本时应考虑的因素

（1）HSE管理体系的审核结果和报告；

(2) 管理评审的结果；

(3) 管理体系的成熟性；

(4) 对组织的了解程度；

(5) 现场的规模差别及其复杂性；

(6) 管理体系的复杂性；

(7) 不同的法律、法规要求；

(8) 分班工作情况；

(9) 从事的作业、活动或服务的差别；

(10) 组织人员在各个现场的分布情况；

(11) 危害因素的重要性及相关影响的程度；

(12) 相关方的意见。

3. 不允许实施抽样审核的情况

(1) 当某现场所提供产品或服务与其他现场不是同一类时，则该现场不计入现场数量总数，必须审核；

(2) 当标准中的某项活动或要素由某现场统一管理时，则该现场不计入现场数量总数，必须审核；

(3) 对专业特点差别大的工程项目，应全部审核；

(4) 当采用现场抽样时，如不能对组织管理体系的有效性获得足够的信任，则不应抽样。

3.1.3 审核抽样的代表性

在有限的审核时间内，审核员可能没有充足的时间对审核范围内的所有作业活动或场所逐一进行调查取证，只能通过抽取样本来证实被审核对象是否符合要求。这就要求抽取的样本具有一定的代表性，才能使得样本信息最大限度地反映总体情况。

(1) 做到分层抽样。

抽样时，将总体分成互不交叉的层，然后按一定的比例，从各层次独立地抽取一定数量的个体，将各层次取出的个体合在一起作为样本，这种抽样方法是分层抽样。如人员的抽样，要从决策层、管理层和执行层人员中分别抽样；与承包方签订 HSE 合同的抽样，要从关键作业活动、重要作业活动和一般作业活动的 HSE 合同中分别抽样等。

(2) 做到随机抽样。

随机抽取样本时，样本选择的结果应当是在不排除抽样的随机因素的情况下，使不同范围的现场都处于选择的范围内。应由审核员亲自策划并选取样本，而不能由受审核部门的人员随意选送样本。不必由审核员自己动手去取样，可以由审核员点样，由受审核部门的人员根据审核员的点样去取样。

（3）样本量的确定（平方根取值法）。

要根据受审核对象样本总量的多少来确定抽样量的多少，但样本数与总体数量之间并非简单的等比例关系，通常采用平方根取值法，即将样本总量平方根后向上取整数就是抽样量。对于 HSE 管理体系审核来说，现场样本量的选取还与作业场所的风险性有关。低等风险至中等风险作业的多现场的组织，抽取样本量应当为现场数量的平方根向上取整数；高风险作业的多现场的组织，抽取样本量应当为现场数量的平方根乘以系数 1.5 后向上取整数。

（4）抽样应相对集中在具有最新动态的样本上。

审核过程中的抽样范围通常包括上次审核至本次审核期间开展的工作，而组织的管理体系的运行是动态的，体系的执行者本身也在实现持续改进，早期存在的问题可能在后期已经实现了改进，这时审核员再提出要组织对早期问题实施改进的要求已没有任何意义。所以，在审核时抽样应相对集中在具有最新动态的样本上，这将更能反映出审核时组织的管理体系运作水平。

（5）做到合理策划、适度均衡。

首先要考虑审核区域的“面”，再考虑“面”中的关键以及足够的样本数量，从而使样本既保证覆盖审核范围，又突出关注的重要方面。对于内部审核来说，与 HSE 体系关系密切的、具有重要危害因素的场所、容易产生健康、安全与环境事故的岗位的相关样本要多抽取一些。

HSE 管理体系共 28 个要素，现场审核中不可能做到每个现场均实施全要素的审核，而要选择与现场作业活动相关的重要要素，关键是确保通过对抽取样本的检测、检查、分析能够对组织总体的 HSE 管理体系的符合性作出正确的判断。因此，为了保证 HSE 管理体系审核的系统性和完整性，审核员必须注意合理策划样本，做到抽样量的适度均衡。

3.1.4 审核抽样中存在的主要问题

（1）只注重样本的“量”，忽视“质”的要求。

有些审核员片面认为，抽样计划就是在检查表中规定一个样本量，即在检查表中规定查几份文件或几个现场，不考虑现场的实际情况以及是否需要进行调整，而忽略了对抽样时机、抽样方式和方法等的策划。

（2）在缺乏系统性的前提下进行抽样。

个别审核员看到什么查什么，见到谁问谁，收集到的样本信息难以保证审核的全面性、系统性和客观性，也就不能有效地评价总体。这里的评价总体，不仅指一个体系的总体，也包括一个体系要素、一个过程、一个部门的总体。

（3）没有做到独立抽样。

抽样是一个过程，包括抽样方案的设计、抽样条件的确定、抽样信息的验证，以及样本信息对评价总体的推断。一些审核员在抽样时，习惯于让受审核方“送样”而不去现场采样，这样的样本可能被事先刻意挑选过，失去了随机性也就失去了代表性。

（4）不验证受审核方提供信息的可信性。

受审核方提供的信息通常也是样本信息。如果受审核方选用的抽样计划不科学或计划使用不当，样本信息不可靠，即使审核抽样合理，也不能说明问题。

3.2　审核的方式

目前，组织在进行审核时，更多的是采用按部门的顺向审核方式，审核好似按部就班，但往往注重了计划，忽视了实施；注重了检查，忽视了改进；注重了记录、忽视了实效；注重了流程，忽视了风险等。今后应更加强调按要素审核、逆向追踪审核、以危害因素为主线的审核方式在实际审核工作中的应用。

体系审核根据审核思路的不同，可采取不同的审核方式来进行，最常见的审核方式有如下几种类型：按部门审核、按要素审核、顺向追踪审核、逆向追踪审核、以危害因素为主线审核。此五种审核方式各有不同的特点，不是相互排斥，而是互为补充，一次审核可采用多种方式结合运用。

3.2.1　按部门审核

按部门审核的方式，是指以受审核方（部门或单位）为中心进行审核，一个部门往往在HSE管理体系运行中承担若干要素的职能。因此，在审核时应以该部门主管要素（即主要业务内容）为主线进行审核，兼顾其他相关要素，但不可能把该部门所有相关要素都查到。

（1）特征：以部门为中心的审核，即集中在一个部门针对其涉及的相关要素进行审核。

（2）优点：容易把握该部门的整体运行状况，审核时间较为集中，审核效率较高。

（3）缺点：在一个部门审核内容比较分散，要素的覆盖可能不够全面。

（4）要求：按部门审核时，要明确其部门职责，分清主次，主要职能相关的要素要进行重点审核，不能有遗漏，相关职能的配合要素可以依据其相关程度进行抽样审核。由于审核内容比较分散，因此要求审核员思路要清晰，要有综合分析能力。

（5）应用：按部门审核的审核思路，主要体现在审核方案和审核计划的策划中，是当前各级组织审核时使用最多、最广的一种方式，尤其在集中式审核中最为常用。

3.2.2　按要素审核

按要素审核方式，就是指以要素为中心进行审核。HSE管理体系会涉及若干个要素，其中的一个要素往往涉及两个以上的部门，因此一个要素的审核，除审核该要素的主管部门，还需去审核要素所涉及的相关部门才能达到该要素审核的要求。

（1）特征：以要素为中心的审核，即针对同一要素的不同环节需到各个相关部门进行审核。

（2）优点：目标集中，判断清晰，能够较好地把握体系中各个要素的运行状况，容易查证 HSE 管理体系的标准与体系文件的符合性。

（3）缺点：审核效率低，对受审核方正常的生产经营活动影响较大，审核一个要素往往要涉及许多部门，因而各个部门要重复接受多次审核才能完成任务。

（4）要求：按要素审核时，要明确要素的主要负责部门，必须对其进行重点审核，配合部门可以根据实际关联程度进行抽样审核。利用这种方式审核，要合理地分工，各组之间相互配合，合理地安排审核线路。

（5）应用：按要素审核的审核思路，主要体现在审核方案和审核计划的策划中。由于这种审核方式效率低，采用较少；但在专项审核时，这种方式优势明显，鼓励各级组织积极采用。

3.2.3 顺向追踪审核

顺向追踪审核，就是指按 HSE 管理体系运行的顺序或事物发展的自然规律进行审核，从体系文件查到体系运行情况；从组织活动、产品、服务过程开始查到其最终实现；从危害因素的识别到运行控制等，直到风险程度得到有效的降低。

（1）特征：主要按“计划—实施—检查—改进”这一 PDCA 管理的基本流程的顺序审核，与逆向追踪审核正好相反。

（2）优点：可以系统地、全面地了解 HSE 管理体系运行的整个过程，查证各要素之间的衔接，思路清楚，容易发现问题，保证审核的系统性和全面性。

（3）缺点：需要完成审核的、时间较长，若在有限的、较短的审核时间内，则不太容易达到理想的结果，并且容易陷进文件资料和记录审核的泥潭，降低了对体系运行效果的关注度。

（4）应用：顺向追踪审核思路主要体现在审核现场时，审核员进行现场取证的逻辑顺序上，这种方法在目前的审核中，是使用最多、最广的方式。虽然这种方式有利于保证审核的全面性和系统性，但对体系的有效性关注不够，今后应适当减少这种方法在实际审核工作当中的运用，增加逆向审核方式的使用，两者有机结合，效果更佳。

3.2.4 逆向追踪审核

逆向追踪审核，就是指从体系运行的现场开始，即从体系实施情况查到文件，从活动、产品或服务过程中的结果到过程的开始，从事故风险的改善查证到危害因素的辨识。

(1) 特征：主要按与“计划—实施—检查—改进”这一 PDCA 管理的基本流程相反的顺序审核，与顺向追踪审核正好相反。

(2) 优点：从体系运行的效果来查证，有较强的针对性，可以很快、较容易发现体系中存在的问题。审核的有效性较为突出，审核发现更加真实有效。

(3) 缺点：审核可能缺少系统性和全面性，若审核问题较多、较复杂，审核时间又有限，则不容易达到预期的目的。

(4) 应用：逆向追踪审核思路主要体现在审核现场时审核员进行现场取证的逻辑顺序上，这种方式在目前的审核中运用较少，同时也反映出目前审核存在的一种弊端、对体系有效性关注太少，更多的精力放在了文件和资料上。所以，今后要大力推广使用这种审核方式，再配以顺向审核，可以在关注有效性的同时，又保证了审核的系统性和全面性。

3.2.5 以危害因素为主线审核

以危害因素为主线，就是指以组织辨识的危害因素作为审核线索，通过其他相关体系要素，如法律法规及其他要求、目标指标、管理方案、运行控制、绩效测量和监视、应急准备和响应、合规性评价、不符合、纠正措施和预防措施、内审、管理评审等，将危害因素与 HSE 管理体系各要素有机连接起来，最终综合审核发现，对 HSE 管理体系作出总体评价。

(1) 特征：在任何地点、任何时候、面对任何人，审核的重心永远在危害因素的控制上。

(2) 优点：重点突出，可以全面、清晰地了解组织全部生产作业活动过程中危害因素的控制情况，更加直接有效地实现组织的风险管理。

(3) 缺点：部分要素的审核力度会有所减弱，若审核员对体系要素理解不深入，对风险管理思想不够了解，则可能不会达到预期的要求。

(4) 应用：以危害因素为主线的审核思路主要体现在审核现场时审核员进行现场取证的关注点上，这种方式在目前的审核中运用还不多，很多时候往往跑题，没有抓住 HSE 管理体系审核的重点，所以，今后要大力推广使用这种审核方式，把 HSE 管理体系运行的重点重新转移到风险控制上来。

在实际审核中，这五种审核方式并非单独或平行使用，往往是多种审核方式相互结合、补充使用。对比以上五种审核方式，按部门审核的方式可以强化体系组织机构的概念，又可以提高审核效率，因而对于一个组织来说，HSE 管理体系审核通常采用部门审核的方式。而在部门内部，同时又可以采用以危害因素为主线的审核方式来开展审核，突出风险管理意识，根据审核内容的需要适当穿插顺向追踪和逆向追踪的审核方式，审核的有效性、系统性和全面性都得到了保证。

相关链接：以危害因素为主线的审核方式

使用危害因素为主线的审核方式的同时，通常又可按顺向追踪审核和逆向追踪审核两种思路进行，以下举例说明。

（1）按顺向追踪审核，首先选定某一重要危害因素并确定其影响，审核时可检查：

——该重要危害因素是否已被识别评价出来，是如何被识别和评价的。

——对此重要危害因素是否制定相应的目标、指标。

——对此目标、指标的实现是否制定了管理方案，此项管理职责是否明确、落实到人，相关人员是否接受了培训。

——与此重要危害因素相关的运行控制程序是否文件化，是否下发到相关岗位，是否有相关的运行记录。

——是否对此重要危害因素实施了监视和测量，结果如何。

——是否针对此重要危害因素制定了应急预防或应急措施，应急准备是否到位，是否进行了演练，演练效果是否进行了评价，是否依据评价结果进行了改进。

——内审对此重要危害因素的审核结果如何，有无相关不符合项，是否进行原因分析，是否制定纠正措施和预防措施，效果如何。

——管理评审对相关问题的评论及结论如何。

（2）按逆向追踪审核，在审核时上述任何一个环节发现问题，都可按上述逻辑顺序进行反推。

3.3 检查表的设计和使用

审核检查表是实施现场审核的重要保障。编制好检查表是提高内部审核质量的重要环节，其作用主要体现在三个方面：一是与审核目标有关的样本内容、抽样数量和抽样方法等问题都能在检查表中得以体现，从而确保审核的代表性和完整性；二是能使审核紧扣主题，减少随意性和盲目性，使审核按照计划进度进行；三是现场审核遇到某种干扰时，提醒内审员应按照策划的审核内容和预期的目标进行调查取证。

3.3.1 设计检查表时应把握的要点

一份指导性较好的检查表，对审核员的审核工作是很有帮助的。在设计检查表之前，要认真阅读受审核方的体系文件，了解受审核部门所从事主要活动、关键过程及体系文件对该部门的各项要求，了解该部门可能存在的危害与影响因素和相关的法律法规要求。

1. 设计检查表时需要考虑的因素

(1) 根据标准的要求和受审核方体系文件的要求，按职责规定的各项内容，逐项检查受审核部门的职责及这些职责的履行情况；

(2) 认真阅读体系文件，了解体系文件对该受审核部门的各项要求，并根据这些要求检查各有关岗位实施这些要求的情况；

(3) 按照本部门的主要职能、关键过程或重要危害因素分别检查各有关岗位的工作情况，并查阅重要的运行记录；

(4) 了解该受审核部门的 HSE 目标和指标、管理方案的实现情况，确认是否满足组织对该部门制定的目标、指标实现的相关要求；

(5) 按照所确定的审核重点，着重检查这些岗位的体系运行情况；

(6) 熟悉受审核方的组织机构和职能分工，有针对性地编写现场审核检查表，以确保审核思路清晰、重点明确。

2. 设计检查表时的注意事项

(1) 既要考虑受审核部门所涉及标准的有关要素，也要考虑要素之间的逻辑关系，还要考虑法律、法规及其他要求；

(2) 应以审核准则为依据，而不能以审核员自己的观点或要求作为审核依据；同时结合受审核部门的特点和实际情况，突出重点，明确思路；

(3) 应充分识别审核范围内所涉及的关键过程和特殊过程；

(4) 明确每个过程的输入、输出和活动，关注对过程输入、输出情况的分析与对比；

(5) 明确每个过程的准则和要求以及抽样部位，明确过程之间的相互关系和作用；

(6) 明确负责这些过程的部门或人员及其职责和权限；

(7) 运用 PDCA 循环去考虑审核该过程的步骤和具体方法；

(8) 在审核同一个过程时，对管理部门和生产服务现场应有不同的内容和重点；

(9) 在对过程、活动进行审核时，检查表中“审核内容”应主要围绕四个问题：过程是否予以识别和适当表述？职责是否予以分配？程序是否被实施和保持？在提供所要求的结果方面，过程是否有效？

需要说明的是，一个 HSE 管理体系过程的策划、实施、检查和处置活动往往会涉及多个部门，因此，审核员在编制分工范围内所涉及的过程的检查表时，应与其他审核员相互配合和沟通，以确保审核内容的协调和完整性。

3. 设计检查表时常见的问题

(1) 将体系标准的要求原封不动地变成疑问句作为检查表；

（2）只采用“是/否”回答的问题模式；

（3）只列出审核内容，而忽视对审核方式和审核方法的策划；

（4）仅按照体系标准设计检查表，没有结合受审核方的活动、产品或服务的特点；

（5）审核内容没有完全覆盖受审核方的主要业务活动；

（6）审核内容的逻辑性不清晰；

（7）检查表的可操作性不强，受审核部门、体系要素、审核内容等之间的对应与衔接关系不清楚。

3.3.2 使用检查表时应注意的事项

检查表一般由两部分组成，一部分为检查内容，主要包括“查什么”和“怎么查”的问题；另一部分为审核记录。管理体系标准的条款号、检查内容和审核记录应相互对应。对资深审核员来讲，由于对检查内容比较清楚，实际操作中对此部分内容可不填写或作简单填写。

有了审核检查表，虽然可以使审核工作有序、高效、按计划进行，但也容易陷入机械呆板的泥潭。所以在使用检查表时，应注意灵活运用。有效地使用检查表是一个经验积累和熟练的过程。同时应注意以下问题：

（1）检查表是一种辅助审核工作的工具，不能把它作为审核员的唯一支持工具，完全拘泥于检查表，审核时过于机械，生搬硬套检查内容；

（2）检查表不能成为审核策划的替代品；

（3）在现场审核过程中，如发现未列入检查表的情况或线索，可对检查表进行适当的修改和调整，不要过于局限于检查表，但也不要完全抛开检查表进行“随心所欲”的审核；

（4）确保检查表涉及的内容都已查到，没有遗漏；

（5）灵活运用检查表，避免按照检查表所列的问题一个个按照顺序进行，而应综合运用查阅文件和记录、访谈及现场观察等方法审核检查表中的审核项目和要点；

（6）尽可能不要按照事先准备好的检查表去宣读一个个问题，实际上熟练的审核员的检查表是记在脑子里的。

审核员应在检查表中记录下述信息：受审核部门的组织结构，人员职责，主要活动、过程、资源，主要文件，目标、指标完成情况等；所访谈的关键人员；文件编号和修改版号；设备名称、编号及其校准标志；物品的标识；抽查文件、信息、设备的接受者；人员的识别；参照的管理手册、程序文件、作业指导书的版本号；工作环境；对不符合情况的详细记录。

3.4 审核的方法

作为客观证据的收集者，审核员在现场审核中运用的主要方法就是看、问和分析，即审核员需要掌握查阅、访谈和观察等方法。运用访谈的方法，可以获取事实陈述，通过查阅和观察的方法，可以证实获取事实的可信性，还可以获取其他信息。各种审核方法可以综合运用，保证审核过程的全面性及审核结果的可靠性。

3.4.1 查阅的方法

在实施现场审核时，查阅是必须采用的方法，主要包括对文件和记录的查阅。记录是为已完成的活动或达到结果提供客观证据的文件。在进行现场审核时，审核员必须首先审核职能部门的相关文件，确定其 HSE 活动是否有相应的文件规定，进而调查、验证 HSE 活动的符合性、有效性。

1. 查阅的重要性

(1) 查阅文件、记录是审核员收集客观证据、验证 HSE 活动是否符合要求的重要方法；

(2) 进一步调查 HSE 管理体系具体活动的规定，以便对其过程的有效性做出判断；

(3) 通过查阅文件、记录，可详细了解 HSE 管理体系实施过程、接口关系和结果，是获得 HSE 管理体系运行效果的重要手段。

2. 查阅的范围和内容

(1) 确定文件、记录查阅的范围主要从两个方面入手：一是围绕审核目的、审核范围和审核准则来确定需要查阅的文件、记录；二是调查受审核方在其职能范围内应该和能够提供的文件、记录。

(2) 查阅文件、记录的内容主要包括：文件的符合性、有效性、可操作性及其管理；记录的客观性、完整性、可追溯性及其管理。

(3) 具体查阅的记录主要有：危害因素和环境因素的识别与评价记录，法律法规的获取与识别记录，培训记录，信息交流记录，文件控制记录，运行控制程序所要求的各种记录，日常监测、监控记录，不符合、纠正措施和预防措施记录，内审记录、内审报告及管理评审报告等。

3. 查阅的方法

HSE 管理体系是基于 PDCA 模式来运行的，文件、记录的查阅也可采用 PDCA 的方法进行。以查阅某一过程/作业/活动的文件或记录为例：

策划 P (plan)，即查阅对此过程、作业、活动相关的文件规定、准则或计划，检查规定、准则或计划的要求是否明确，能否实现对过程、作业、活动的控制要求。

实施 D (do)，即查阅此过程、作业、活动实施过程的相关记录，以便确认其是否按照文件规定、准则或计划实施。

检查C（check），即查阅对此过程、作业、活动进行监视和测量的结果，以便确认是否按要求对此过程、作业、活动的实施过程进行了监视和测量，保证其在受控状态下进行。

改进A（action），即查阅对监视和测量过程中的不符合，制定的纠正措施和预防措施的有效性，以便控制过程、作业、活动中显现的和潜在的风险。

4. 查阅的注意事项

（1）对提供的文件、记录识别真实性与可信度，不真实的记录不能作为客观证据，如：明显涂改、明显编造和事后补做的记录；

（2）边查阅边记录，避免前读后忘、重复查阅、浪费时间；

（3）边查阅边提问，通过提问澄清事实；

（4）沿着问题线索进行连续性查阅直至核实清楚为止。

3.4.2 访谈的方法

访谈是收集信息的一个重要手段，应当在条件许可并以适合于被访谈人的方式进行。审核员在整个访谈过程中应该主动创造一个轻松、随意的氛围。一次成功的访谈，有利于建立融洽的关系，消除心理障碍，有助于争取受审核方人员的合作，查明情况，获取需要的客观证据。

1. 访谈的目的

与不同层次的人员访谈，可以获得不同的信息。与最高管理者、管理者代表及各级部门的领导的访谈，可以确认他们对各自职责的了解程度、对HSE体系实施和运行的构想与计划、体系推进过程中遇到的困难等；与现场员工的访谈可以判断他们对程序文件和作业文件中相关要求的了解程度和执行情况，判断体系的实施情况以及体系运行过程存在的主要问题等。

访谈时，审核员应该牢记如下审核目的：

（1）有关的控制是否符合相关标准的要求；

（2）有无符合标准的客观证据；

（3）当有问题发生时，有关活动能否保持处于受控状态。

2. 访谈的要点

（1）解释访谈的目的；

（2）用开放式提问来获取询问主题的基本情况；

（3）对回答用探索式提问作出进一步的反应；

（4）寻找事实的客观证据；

（5）用标准及程序检查审核的结果；

（6）用封闭式提问确认事实；

（7）记录审核发现。

3. 访谈时应掌握的技巧

（1）明确主题，应选择不同层次、合适的访谈对象；

（2）少说多听，捕捉不同谈话内容的典型信息和要点信息；

（3）尊重对方，让对方明白你已注意到对方的工作和作用；

（4）平等相待，礼貌友好，创造轻松融洽的气氛；

（5）避免情绪化提问、欺骗性提问、诱导性提问及复合型提问。

4. 访谈时的注意事项

（1）为了获得具有代表性的信息，要选择不同管理层次和职能部门的人员予以访谈，尤其需考虑活动或任务的执行人员；

（2）访谈的方式和访谈的场所应与接受访谈的人员相适应；也应当在被访谈人正常工作时间和（可行时）正常工作地点进行；

（3）在访谈前和访谈过程中应当努力使被访谈人放松；

（4）访谈的理由与所做的笔录应予以说明；

（5）审核员应始终保持礼貌、友善的态度，注意听人讲话，认真作记录，不时用点头、注视、附和等方式表示对谈话内容的兴趣；

（6）访谈时可以首先要求接受访谈的人员介绍其工作内容；

（7）用开放式提问来发现事实，用启发式提问来调查事实，应当避免提出有倾向性答案的问题（如引导性提问）；

（8）对于访谈所获得的信息，特别是涉及数据的一些信息，还应该通过其他渠道获取支持信息予以核实；

（9）应当与对方总结和评审访谈的结果；

（10）应当感谢对方的参与和合作。

相关链接：领导层的访谈问题示例

（1）在企业中你如何做到有感领导，是否对所有 HSE 相关活动提供了充足的资源，积极参与进行安全观察与沟通。

（2）如何践行有感领导，请列举你采取的具体行动与参与的 HSE 活动。

（3）你是否提供适当资源支持 HSE 管理的持续改进，如财力、人力、时间等。

(4) 你如何对HSE绩效负责任。

(5) 企业已成立的专业委员会和分委员会是如何运作的。

(6) 各部门主管是否为HSE委员会委员，是否有会议记录。

(7) 会议记录分发给了哪些相关人员。

(8) 你如何激励各级员工参加专业委员会和分委会。

(9) 员工是否参与了对管理制度和操作规程的修改和定期评估。

(10) 你是否要求所有事件都必须报告和记录。

(11) 企业是否对伤害、事故进行了统计分析；如何与员工进行沟通。

(12) 企业如何确保所有的生产活动都符合国家法律法规和公司标准或程序的要求。

(13) 你是否定期参加内部审核和管理评审。

(14) 你如何了解纠正措施和预防措施是否按照计划如期完成。

3.4.3 现场观察的方法

现场观察是审核员寻找、收集客观证据的一个重要方式。从访谈中了解情况，从观察中得到证实。现场观察的方法可用于判断组织在实际工作中是否遵守了程序文件和作业文件的要求，即组织的HSE管理体系“过程是否被充分开展并按文件要求贯彻实施”。

1. 现场观察的对象

现场观察的对象主要是人的不安全行为和物的不安全状态。但主要精力要放在观察人的不安全行为上，因为这是导致事故发生的主要原因，即使发现物的不安全状态，如果可能的话，也应追溯到人的不安全行为上。

人的不安全行为包括：人员的反应、人员的位置、使用的工器具、个人防护用品用具、应遵守的程序、人体工效学、整洁等七个方面。物的不安全状态包括：防护、信号等装置缺失或有缺陷，设备设施、工具、附件有缺陷，个人防护用品用具有缺陷，生产作业现场环境不良，交通线路配置不符合要求等。

审核员在进行现场观察之前要心中有数，目的明确。如：要查设备设施定期校准的情况，可以观察设备设施上的校准状况标识，再查看相对应的校准证书（报告）以及定期校验记录；查设备设施的维护保养情况，除了查阅有关设备维护的程序文件、作业指导书、维护保养计划和有关记录外，还应去现场实地察看设备的保养情况，开机检查设备运转是否正常，观察设备附件（仪表）的准确度等。

2. 常用的现场观察方法

（1）“障眼”观察法。

“障眼”观察法即审核员在审核前，不打招呼，按照掌握的线索和发现的问题，在现场观察时，采取“随便走走”的形式，寻找观察目标、内容和结果等，以获取有力的证据。

（2）“寻根”观察法。

审核过程中发现了问题或疑问，就需要对相关部门或场所作寻源性或相关性观察。例如：在施工生产过程中，发现所使用的外加剂不符合规范规程要求，审核员应到混凝土拌和系统查看有关规范规程、配合比报告等证据。当得知因当地气温较高，为延长混凝土运输浇筑时间而采用了缓凝高效减水剂后，终于查明是施工单位擅自要求更改的。

（3）“回访”观察法。

审核员为了证实证据的真实性或者查证新证据，可以出其不意地到已经审核过的部门再次观察或核查。这种方法主要用在受审核方不主动合作或有虚假表现的场合。

（4）“区域”观察法。

审核员除了把关作业活动的主要场所外，还应把可能会忽略的场所作为重点审核范围，如偏远的仓库、临时作业场所、废品处理点、职工食堂等。

3. 提高现场观察水平

现场观察是对查阅、访谈所获取的信息的对照和印证，因此，需要提高现场观察水平，以便有效地验证组织的实际运行情况与文件规定的差距，与人员访谈结果的差异，及现场实际操作的情况等。

（1）综合运用各种感官。

为了成为一位熟练的安全观察者，你可以使用整体观察技巧，留意周围的每一件事。要知道所谓的观察不仅仅是看，同时还要调动听、闻、摸、感觉等身体全方位的感觉器官。可以考虑以下方面：

看——上面、下面、后面、里面；

听——异常的声音与振动；

闻——异常的味道；

摸——在安全和许可的前提下；

感觉——异常的温度与振动。

审核员在现场观察绝不同于一般现场参观，一定要把注意力集中在收集审核证据上。要做好这一点，审核员必须熟练掌握审核准则，特别是体系文件的各项规定，以判定受审核现场的运行是否执行了体系文件的各项规定。此外，审核员还需熟练地掌握适用于此现场的法律法规的要求，以便在现场观察中确认在受审核现场是否有重要的危害因素未被识别和控制。

（2）观察时的思路。

进入作业现场审核时，可以参照以下思路进行考虑：

——快速巡视整个作业现场，了解整个现场的概况；

——将作业现场的大概情况与体系文件或法律法规的相关要求进行联系；

——确定观察的路线，即按照某个生产过程或作业流程进行，如卸货、储存、准备、过程/装配/作业、包装及运输等；

——确定主要的风险区域、关键岗位、高风险作业和重要的危害因素，作为重点的观察对象；

——确定需要检查的关键点、关键性的设备设施的运行情况，如作业场所化学品或物品的危害、机械伤害、电气危害、火灾爆炸危害、电气工具/装置、防火设施、服务装置、设备状态等。

4. 现场观察的注意事项

（1）首先要清楚体系文件及法律法规的相关要求，然后才能进行有效地现场观察；

（2）确认现场审核的范围、路线；

（3）巡查主要生产、动力、安全和环保等设备设施和关键作业现场，了解其相关的过程、工艺信息；

（4）观察和了解危害因素及其影响的现场信息；

（5）将现场观察的情况与查阅、访谈的信息建立联系。

相关链接：现场观察示例

1. 现场平面布置

（1）重要装置是否设置了防护措施。

（2）重要装置是否处于火源的下风位置。

（3）危险装置是否与控制室、变电室隔开。

（4）车间内部空间是否按照下述事项进行了考虑：物质的危险性、数量、运转条件、机器安全性等。

（5）储罐间距离是否符合防火规定，是否具有防液堤。

（6）废弃物处理是否会散出污染物。

2. 现场建筑标准

（1）凡有助于火焰传播和蔓延部分，如地板和墙壁开口、通风和空调管道、楼梯通道等的防火情况。

（2）出、入口和紧急通道是否阻塞，有无明显标志或警告装置。

（3）为排除有毒物质和可燃物质的通风换气状况如何（包括换气风扇、空气调节、有毒气体捕集、新鲜空气入口位置）。

（4）车间内各种构筑物、通路、避难通路、门等处的照明情况如何。

3. 现场工作环境

（1）各种管线（蒸汽、水、空气、电线）及支架等，是否阻碍了工作地点的通路。

（2）原材料的临时堆放场所及产品和半产品的堆放是否良好。

（3）对有火灾爆炸危险的工作是否采取隔离操作，隔离墙是否是加强墙壁，窗户是否做得够小，玻璃是否采用不碎玻璃或内嵌铁丝网，屋顶或必要地点是否准备了爆炸压力排放口。

（4）进行设备维修时，是否准备了必要的地面和工作空间。

（5）在大罐、储油罐等容器内部进行清扫和检修时，遇到危险情况，检修人员是否能从出入孔逃出。

（6）热辐射表面是否进行了防护。

（7）传动装置是否装设了安全防护罩或其他防护措施。

（8）通道和工作地点、头顶与天花板是否留有适当的空间。

（9）危险性的工作场所是否保证至少有 2 个出口。

（10）噪声大的操作是否有防止噪声的措施。

（11）为切断电源是否装有电源切断开关。

4. 厂内运输

（1）厂内道路是否适于步行、车辆和急救时的安全移动，是否有明显的标志和专人管理。

（2）厂内机动运输车辆有无安全装置、定期检修和管理制度。

（3）易燃、易爆液体罐车（包括拉油罐车、油料运送汽车）在装卸地点有无接地装置，有无安全操作空间和防止操作人员从罐车上坠落的措施。

5. 生产工艺

（1）对可燃物的防范有何措施。

（2）对粉尘爆炸的潜在危险性如何。

（3）对使用的化学药品（如降粘剂、土酸等）毒性是否了解，容许浓度是多少。

（4）防止腐蚀及危险物质，应采取何种措施。

（5）生产流程的变更对安全造成何种影响。

（6）原材料在贮藏中的安全性如何，是否会发生自燃、自聚和分解等反应。

（7）对所用原材料使用何种消防装置及灭火器材。

（8）采油生产流程、钻井设备内部会发生何种堵塞。

（9）如何预防异常温度、异常压力、异常反应、混入杂质、跑冒滴漏，发生了这些情况后，如何采取紧急措施。

6. 设备状态

（1）各种生产管线（承受压力或危险物质）有哪些潜在危险性。

（2）如果外部发生火灾会使设备内部处于何种危险状态。

（3）如果发生火灾爆炸情况，有无抑制火灾蔓延和减少损失的必要设施。

（4）紧急用阀或紧急开关是否易于操作。

（5）重要的装置和受压容器最后的检查期限是否超过了。

（6）是否具有防静电措施。

（7）对爆炸敏感性的生产设备是否进行了隔离，是否安设了屏蔽物和防护墙。

（8）压力容器是否符合国家有关规定并进行了登记。

（9）压力容器是否进行了外观检查、无损探伤和耐压试验。

（10）设备的可靠性、可维修性如何。

（11）设备本身的安全装置如何。

（12）用人力操纵的阀门、开关或手柄，在操纵机器时是否安全。

（13）电动升降机是否有安全钩和行程限制器，电梯是否装有内部联锁装置。

（14）安全控制仪表是否已经作为整体设计的一部分。

7. 防火设施

（1）是否根据建筑物的结构和建筑材料（如开发式或封闭式，可燃材料或非燃烧材料）选用了不同形式的消防设备。

（2）为了有效地扑灭火焰，如油库、输油站内洒水装置、消防水管、消火栓的容量和数量（补给水量、最大容量等）是否够用。

（3）建筑物内部是否配备了消防设施。

（4）可燃性液体罐区是否装置了适用的防火设施，防液堤外是否有排液设备。

（5）需要负重的钢结构，是否涂有防火材料，其厚度及高度是否适当。

(6) 有何防止粉尘爆炸的措施。

(7) 可燃性液体储罐之间的安全距离是否合适。

(8) 为防止外部火灾，生产设备应采取何种防护措施。

(9) 对于贵重器材、特别危险的操作、不能停顿的重要生产设备，是否采用不燃烧的建筑物、防火墙、隔壁等加以隔离。

(10) 火灾警报装置是否安置在适当的地点。

(11) 发生火灾时，紧急联络措施是否有事先准备。

8. 操作管理

(1) 各种操作规程、岗位操作方法、安全守则等准备情况如何，是否定期地或在工艺流程、操作方式改变后进行讨论、修改。

(2) 操作人员是否受过安全训练，对本岗位的潜在危险了解的程度如何。

(3) 开、停车操作规程是否经过安全审查。

(4) 特殊危险作业是否专门规定了一些作业许可制度。

(5) 操作人员对紧急事故的处理方法是否受过训练。

(6) 工人对使用安全设备、个人防护用具等是否熟练。

(7) 日常进行的维护检修作业，会发生什么样的潜在危险。

(8) 定期安全检查和定点检查制度执行情况如何。

3.5　审核的技巧

审核过程实际上是一个沟通过程，并且是一个正式的双向沟通过程。审核过程中会遇到各种各样的问题，为了提高审核的效果，力争做到获取客观、公正的审核结果，审核员还需要掌握提问、聆听、验证等过程中必要的审核技巧，以配合审核方法的灵活和有效地运用。充分、流畅的沟通是审核成功的关键之一。

3.5.1　要善于提问

提问是现场审核中最常用的方法。如何获取更多的信息以便于作出更准确的判断，识别更多的改进机会，关键在于审核员的提问技巧。这是审核员必须掌握的最基本的沟通技巧。

审核员可以就同一问题提问不同人员，或与被提问者作简要交谈，获得客观的答案，或弄清楚答案不一致的原因。对现场不同管理层次和岗位的被访者所提的问题应有所不同，如与管理者交谈时应针对方针、承诺和相关责任；对操作员工，则应谈具体的工艺和操作中有关的 HSE 管理体系运行的问题。

1. 提问的类型

提问的方式一般有开放式提问、封闭式提问和启发式提问三种基本类型。其各自的适用情况、常用提问方式和注意事项等特点对比，具体见表 3.1。除以上类型问题外，还有一些其他类型的问题。如用形体语言表示的无声问题或信息、惊讶、响应、不理解、共识等，都可以引起对方的交流从而使谈话继续下去。

表 3.1　不同提问类型的特点

形式 类型	适用情况	常用的提问方式	注意事项
开放式提问	审核员需要获得更多的信息，希望受审核方对本部门、岗位实施体系情况进行开放式的介绍和说明	做什么？ 怎么做？ 为什么？ 如何证实？ ……	要注意引导受审核人员回答问题尽可能具体化，不偏离审核的主题
封闭式提问	审核员已经获得了较充分的事实，需要向受审核方求证或确认，或审核员需要对审核进度进行控制以避免在一些非主要问题上浪费太多时间，针对某项活动的某个细节，提出范围较窄的问题，可以用简单的“yes”或“no”来回答	是这样的吗？ 做没做？ 有没有？ 还有吗？ 需要吗？ 合适吗？ 对不对？ 肯定吗？ ……	它可用以获取专门的信息并节约时间，但信息量较小，通常在审核员已有所发现，为了进一步判定是非或证实有无时采用，也可在时间紧促的情况下，用限定性提问迅速获得想要的信息
启发式提问	审核员在审核过程中发现可能有比现行做法更好的做法时，可以引导受审核人员对自己的做法进行反思来寻求更佳的解决方法	这是最好的吗？ 有没有比这更好的？ 如果我们换一个角度看这个问题呢？ 假设让你重新做，你会怎么做呢？ ……	应该多用启发式的提问，来帮助受审核人员理清思路和要求，有助于其能在审核后按照正确的要求实施管理体系文件

提问时应尽量提开放式的问题，即避免对方只用“是”或“不是”来回答的封闭性问题。提问可以遵循“5W1H（Why，What，Who，Where，When，How）”的原则，采用易于理解的语言，充分利用审核准备过程中制定的各种检查表，与对方进行公开式的讨论，启发对方的思考和兴趣。下面对开放式提问的几种方式进行重点说明。

2. 开放式提问的几种类型

采用开放式提问时，需要控制时间，否则会影响审核计划的完成。开放式提问应根据不同类型问题进行提问，归纳起来有如下几种类型：

(1) 敞开性问题。

针对 HSE 管理体系某要素或某项 HSE 活动提出一个范围较大的问题，以便受审核方在较大范围内打开话题，系统地介绍情况。如“你们是如何控制特种设备检测过程的”，其特点是引出敞开的问答，可以获得更多的信息，但需注意控制时间。审核员在初次接触对方，对其情况不详时，采用敞开性提问，打开话题；审核员也可以从对方敞开性的谈话中考察其对体系概念认识上的正确性和系统性。

(2) 扩展性问题。

根据受审核方的回答对相关内容作进一步提问。需要时可连续多次作扩展提问，这种方式有利于谈话双方相互理解和控制谈话方向。如“你为什么觉得有必要……”、“由此你采取了哪些措施”，一般在受审核方对提问不够理解、不能或不愿系统地回答，或有些比较重要的问题有必要彻底查问清楚时采用。

(3) 讨论性问题。

讨论性问题有助于使受审核方摆脱公式化的答案，说出个人的思路、见解和感觉。“你认为治理这种危害最有效的方法是什么”、“你将怎样着手……”

(4) 重复性问题。

重复性问题可以得到明确的答案。比如当受审核方说“我不认为需要作业指导书”，审核员然后反问同样的问题，“你认为不需要作业指导书吗”，受审核方就不得不仔细考虑再来回答问题了。但这种反问应该慎用，容易引起受审核方情绪上的对立。

(5) 假设性问题。

当要了解体系运行过程中出现应急事件如何处理时，可提出假设性问题。如“假如出现火灾，人员怎么疏散”通常用于了解审核对象的应变能力，或异常情况下是否会偏离程序、规范等。

(6) 验证性问题。

受审核方口头介绍 HSE 管理运作的良好状况，审核员可要求其拿出证据，即“请出示证据”。

3. 提问的注意事项

(1) 准确表达观点和目的；

(2) 提问时考虑被问者的背景；

(3) 要针对不同的对象采取不同的提问方式；

(4) 要用最短的时间，从最佳角度获得最能够达到审核目标的信息和证据；

(5) 不可按事先准备好的检查表生硬死板地提问，要自然和谐；

(6) 不能连珠炮式地发问，一般一次只问一个问题；

(7) 尽量采取开放式提问方式，灵活运行“5W1H”进行提问；

(8) 注意神态表情，不说有情绪的话，不能审判式提问；

(9) 不能建议或暗示某种答案；

(10) 提问结束，应向受审核方道谢。

相关链接：HSE培训管理人员的访谈问题示例

(1) 你能否概述HSE培训计划；

(2) 谁负责进行培训；

(3) 他或她的背景是什么；

(4) 另外有谁涉及培训活动；

(5) 培训多久进行一次；

(6) 谁接受培训；

(7) 谁决定员工应当接受培训；

(8) 员工应当接受培训的标准是什么；

(9) 如果在培训期间员工生病或休假时如何；

(10) 新员工如何；

(11) 你知道应该接受培训的每个员工，实际上是否接受过培训；

(12) 培训是如何文件化的；

(13) 文件保存在何处；

(14) 谁可以使用此档案；

(15) 此档案保存多久；

(16) 记录是否已由外部评审过；

(17) 你如何准备一次外来机构的评审；

(18) 你如何知道文件是完整的。

3.5.2 要学会聆听

学会聆听，对审核员来说是非常重要的。审核员在聆听时的表情、插话、记录和其他举动，都会影响受审核方谈话的心态和效果。审核员要注意听取谈话对象的回答，并做出适当的反应。首先必须对回答表现出有兴趣，用适当的口头或肢体语言表示认可，如：“嗯，是的”，“我明白了”或点头等，来表明自己的理解。谈话时应注意观察回答者的表情。当受审核方误解了问题或答非所问时，审核员应礼貌地加以引导。

1. 聆听的技巧

(1) 聆听时的表情。

审核员在谈话过程中应始终表情友善，态度和蔼，诚恳谦虚，可利用点头、微笑、扬眉、注视等示意对受审核方的回答很感兴趣，鼓励对方畅所欲言。同时还应注意观察谈话对象的表情变化，以随时调整自己的姿态和表情。为了不打断谈话，还可以利用表情替代插话提问，如突然摇头、抿嘴、皱眉等，表示不理解或有异议，希望受审核方进一步说明。

(2) 使用并观察肢体语言。

肢体语言在我们未开口说话前就已经能清楚地表现出我们的想法，所以如果审核员态度封闭或冷淡，受审核方很自然地会特别在意自己的一举一动，就会不愿意敞开心胸说出真实的情况；但是如果审核员态度开放，表现出很感兴趣的样子，那就表示审核员愿意接纳受审核方，很想了解他的想法，受审核方就会受到鼓舞。这些肢体语言包括：自然的微笑，不要交叉双臂，身体稍微前倾，常常看对方的眼睛，点头表示在认真聆听。

(3) 聆听时的插话。

审核员要坚持少说多听的2∶8原则，在聆听时尽量不要插话，以体现礼貌。必要时的插话通常出现在以下情况：

——受审核方谈话吞吞吐吐、欲言又止、情绪紧张有顾虑时，应及时插话开导；

——受审核方滔滔不绝、偏离主题时，为控制谈话方向，可插话提醒其围绕主题；

——对某个重要细节没有听清或不理解时，可要求受审核方重述；

——受审核方误解了问题的意思或答非所问时，应加以引导。

无论何种情况，插话时都应客气有礼，不能粗暴地打断对方的谈话，也不能有不耐烦的语气和态度。

(4) 听取关键词。

所谓的关键词，是指描绘具体事实的字眼，即回应审核员所提问题的关键信息。找出关键词，可以有助于审核员掌握住重要信息，同时也能表现出对受审核方的关注。

(5) 反应式聆听。

反应式聆听指的是重述刚刚所听到的话，这是一种很重要的沟通技巧。这种方式可以让受审核方感觉到审核员在认真地聆听，而且听懂了他多说的话的意义。值得注意的是，反应式聆听不能像鹦鹉学舌一样，完完全全重述受审核方的话，而是应该用审核员自己的话语，简要的述说受审核方所说的重点内容。

2. 聆听时的记录

审核员在聆听对方回答问题和介绍情况时，应注意做好记录，尤其对谈话内容的要点和可能导致不符合的信息不可遗漏。如果记录速度跟不上，可以记录一些关键词，或作出自己能理解的符号，但事后要及时进行补记。记录是分析体系运行状况、编写审核报告和不符合报告的依据，因此要准确具体，包括时间、地点、人物、事实描述、凭证材料、涉及文件、各种标识等，要尽可能完整，以便于实现追溯。关于聆听时的记录应注意以下情况：

（1）如果有两位审核员同时在场，可指定专人负责记录，便于负责提问的审核员集中精力考虑问题和控制谈话方向。

（2）边听边记的时候，要首先保证仔细听，然后才能记录得正确、完整。如果只顾记录前面听到的细节，影响了后面的谈话内容，就有可能遗漏重要信息。

（3）受审核方有时对审核员的记录行为十分敏感，当他看到自己的谈话内容刚一出口就被记录下来，便会心理紧张，害怕说漏嘴而不愿多说。为了避免这种情况出现，审核员可以对要害问题暂时不作记录，等待对方把问题说完，在对方不太在意的时候进行记录追补。但是要注意掌握尺度，人的记忆力毕竟是有限的，不可能记住整整一天审核的所有细节，所以要抓紧适合的时机及时做好记录。

（4）记录信息应全面，不仅要记录可能导致不符合项的相关信息，对于可以证实 HSE 管理体系有效运行的符合性证据和做得比较好的方面也应作记录，以便在审核报告中适当地引用，也使受审核方更有信心接受和纠正其不符合项。

3. 聆听的注意事项

（1）遵循 2∶8原则，少讲多听，专注、认真地听；

（2）多问开放式的问题，多鼓励讲话者；

（3）不要走神或心不在焉，也不要轻易打断对方的回答；

（4）确保听清楚受审核人员的回答，不能确认时应进一步提问求证；

（5）对听到的信息要进行确认；

（6）在听的同时要记录要点，但不能只选择听自己关心的事；

（7）在听的过程中注意引导受审核方多说审核员所关心的问题；

（8）平等、真诚、耐心、谦和的态度和适当地表示积极的反馈。

3.5.3 善于追踪验证

在现场审核中，通过审核方法的运用，发现了一个现象或状况。审核员怀疑这一现象或状况可能导致不符合的出现，为了确认其将导致的某项不符合，需进一步按照一定的要素逻辑关系进行审核追踪。

现场审核时的验证是指对审核发现的相关信息做进一步的追溯、分析和确定。审核员得到受审核方的回答后，需要辨别真伪，以便保证掌握准确的信息，所以对收集到的证据进行分析验证是必不可少的。

1. 验证的思路

(1) 有没有：即程序文件、记录等是否符合体系标准的要求。如针对危害因素的识别、评价、控制和管理等过程有没有相应的文件规定，受审核人员需要提供相应的证据。

(2) 做没做：即是否按照文件要求开展了规定的活动。如审核员在审核危害因素的识别时，首先问是否对按照文件规定组织了危害因素的识别，但不能因为受审核人员说已经进行了识别而审核就止步，要进一步验证。

(3) 好不好：即是否符合管理体系文件的要求（符合性），是否达到了预期的目标和要求（有效性）。如受审核人员出示了危害因素识别记录，应进一步验证是否识别完整。这就需要审核员具备一定的专业技能，才能做出正确的判断，所以很多审核员在审核时只问到前两个问题审核就止步，对审核无法深入，不能发现管理体系执行的符合性和有效性问题，原因就是不具备应有的专业知识和技能。

(4) 记录：在提问、验证、观察中发现的客观证据应及时予以记录，并让受审核方确认。

2. 验证的常用方法

(1) 比较不同层次或不同类别文件和记录；

(2) 比较访谈结果与文件规定或记录记载是否符合；

(3) 比较与不同层次人员的访谈结果；

(4) 比较现场观察与文件规定的结果；

(5) 比较访谈结果与现场观察的结果；

(6) 现场操作或演示。

3. 验证时注意事项

(1) 对被验证的活动及结果、验证的方法都应有相应的了解；

(2) 把对方回答与背景因素作为一个整体考虑分析；

(3) 通过一种或多种渠道加以验证；

(4) 从比较合适的角度分析、理解对方的回答；

(5) 对对方表达的意思要具有职业的敏感性，善于从中捕捉到蛛丝马迹；

(6) 如果受审核方一时拿不出客观证据，或推托稍后提供时，应记下此细节；

(7) 不能认为某人说的就是事实而忽略客观证据的验证，否则将会导致错误的审核结论；

(8) 对无法核实的信息应给予标识，陪同人员或与被审核的活动无关人员的谈话不能作为客观证据。

相关链接：审核追踪练习

(1) 2011年10月，审核员来到某公司储运部气泵房进行审核，现场发现：气泵房坐落在车间的一角，除了维修和每日启动及停车外，平日没人在此房内作业。打开气泵房房门，审核员感到声音很大，于是捂起了耳朵。审核员随后查看了气泵上的压力表，发现其指针已偏离了指示范围。此外气泵房内放置了两具灭火器材，其中一台灭火器显示上一次检验日期是2009年12月。审核员询问公司对灭火器材的定期检验是如何规定和执行的，对方回答说此类灭火器按规定是每2年更换一次。

(2) 审核员进入仓库看到库内化学品堆放整齐，MSDS清单齐全，通风、干燥、防爆装置良好。当审核员询问保管员的培训情况时，保管员的回答得到肯定。审核员满意地走出库房，察看库房周边情况，发现库房外不远处堆放5桶无任何标识的化学品，桶明显破损，已有化学品泄漏，地面有发黄的痕迹。当审核员询问其为何物时，保管员回答他已上岗2年，这5桶化学品一直放在那里，从未用过，也不知道桶内装的是何种化学品。

(3) 审核员在设备部审核时，设备部长说公司的制冷系统是国外进口的，制冷剂采取闭路循环，没有泄漏问题，而且公司的制冷系统是包给专业公司维护和保养。审核员在化工仓库中发现了大量氟利昂制冷剂，仓管员说这是维修公司寄存的。审核员在公司的文件审核中，也没发现任何有关制冷剂的信息。

(4) 某电厂正在对一锅炉进行检修，拆除的废保温岩棉堆放在炉外空地上，炉内照明线路已有几处出现了老化现象，当问及3米高的脚手架上两名工人脚手架如何拆除时，回答说：由下开始拆卸。

(5) 审核员在对某公司进行审核时，发现该公司图书室配备的灭火器为碳酸氢钠干粉灭火器，而我国《建筑灭火器配置设计规范》中写明含碳固体类火灾不适用此种灭火器。

3.5.4 做好现场审核记录

大多数审核员对审核记录比较重视，但却处理不好审核与记录的关系。例如，有的审核员在审核现场始终忙于低头记录，影响了与受审核方的交流；有的审核员在与受审核方交谈时，提问后不注意倾听对方的发言，只是低头记录，使对方产生被冷落和不被尊重的感觉，甚至造成受审核方的误解，似乎审核就是做记录。

1. 现场审核记录的作用

现场审核记录是收集审核证据并形成审核发现全过程的文字记载。必要时，审核记录可为追溯提供事实依据，证实审核过程或程序已得到有效实施，也可为下次审核方案的策划提供参考，以保持审核的连续性。现场审核记录作为编制不合格项报告和内部审核报告的依据，为审核结论提供支持性的客观证据，是审核员在现场审核中的一项基本工作，不仅关系到审核的质量，也体现了审核员把握现场审核的能力。

2. 现场审核记录的关注点

审核记录应突出对选取的样本中对于判断受审核方管理体系与审核准则符合程度的关键信息。一般而言，审核记录宜适当强化对以下方面的记录：

(1) 法律法规符合性信息的记录，包括用于证实组织管理体系在持续满足法律法规方面有效运行的客观证据。如：组织对适用的法律法规及其他要求的识别，以及把相关要求转化或整合到组织的日常管理活动中的情况；组织自我评估与所识别要求的符合程度，包括发生偏离时采取纠正措施的情况。

(2) 组织重要场所、区域或关键设备设施的现场观察记录。如：作业活动场所，关键设备设施，HSE 设备设施，以及污水、废气排放现场，重点噪声源，废弃物收集、处置场所，危险化学品仓库等。

(3) 组织现场运行控制的记录。如：对重要危害因素和重要环境因素的识别、评价和控制、应急管理、绩效测量和监视、高风险作业活动等。

3. 现场审核记录的要求

在现场审核过程中，审核员应通过查阅文件和记录、访谈、提问、聆听、观察、验证等方法进行现场审核，以获取 HSE 管理体系运行的真实信息。同时，选取有代表性的审核证据抽空进行记录，不能因为记录而影响全面收集审核证据。

(1) 记录应清楚、全面、准确、具体，实现可追溯性，包括有效实施的记录和不符合记录。所作的记录包括时间、地点、人物、事实描述、凭证材料、涉及文件、各种标识，这些信息均应字迹清楚、准确具体、易于查询。

(2) 组织可对记录格式作统一规定，也可不作规定而由审核员自定。

(3) 现场审核证据应由审核员记录，不宜找人代为记录（如两人一组，一人审核、一人记录，这样导致记录容易有遗漏），更不宜仅由受审核人员记录。

(4) 审核记录必须当场记录，不能以回忆录的方式进行记录，否则容易造成记录不准确，必要时，可以对记录的原因向受审核方作出解释。

(5) 注意记录的精炼，时间紧张时可实行“简记”，现场审核之后再补充完善。

(6) 应提高审核和记录的技能，做到在调查的基础上做记录，记录不影响调查。

4. 现场审核记录存在的主要问题

(1) 有的审核员对审核记录的要求心存顾虑，生怕记录不全影响审核效果，造成记录“宁多勿缺”；

(2) 记录内容与标准条款要求有所偏离，不够准确，如“缺少沟通”；

(3) 记录的方法不得要领，搜集证据与记录难以兼顾；

(4) 记录内容有判断无事实，即记录中只明确的“符合要求”或“不符合要求”的结论，但无事实依据，如“已进行了危害因素识别与评价”、“作业许可票有问题”；

(5) 记录过于简单，缺少实际内容，无法实现有效追溯和整改，如“法律法规识别不全面”。

3.5.5 非典型情况下的应对技巧

实际审核中会遇到各种各样的人，由于他们对审核的不同看法，就会产生不同的态度，审核员应当针对不同的情况采取相应的措施。

(1)“没问题”型。

表现：只提供好的方面的资料，对不好的方面搪塞而过。

对策：坚持全面审核，覆盖检查表所有内容，对好的和差的方面逐点进行评估。

(2)“抵触”型。

表现：不接受任何批评和忠告，轻视审核员的意见，不与审核员合作。

对策：保持冷静，坚持审核，清楚而详细地说明发现的不符合及证明其存在的证据。

(3)“掩盖”型。

表现：尽可能少说话、少回答问题，即使回答问题也兜个圈子，力图使审核员少了解真实情况。

对策：耐心、容忍、灵活的变换问法，直至达到目的。

(4)“一问三不知”型。

表现：对所提问题以情况不熟悉为由不作回答。

对策：请求受审核方领导另派熟悉情况的人员陪同或介绍情况。

(5)“高谈阔论”型。

表现：对审核员提出的问题旁征博引，高谈阔论，进行理论探讨，想利用专业方面的优势震慑住审核员，减缓审核进度。

对策：及时插入最实际的问题，不与其辩论理论问题或技术问题，明确地有意识地说明问题和对情况进行调查的要求。

(6)“办不到”型。

表现：对于审核员提出的问题，以实际行不通、办不到、没必要、太繁琐等借口，不承认问题的存在和解决办法。

对策：清楚、耐心地说明这是标准的要求，审核是标准与实际核对的过程。

（7）“辩解”型。

表现：对审核过程中发现的不符合项千方百计地辩解，寻找理由开脱。

对策：可以重新核查，坚持以事实为依据，全面覆盖审核计划中的内容。

（8）“主动暴露”型。

表现：向审核员主动介绍存在的问题，在审核员发现并提出问题之前，先以一定的理由推卸掉责任。

对策：先核实其所介绍的问题，但要注意，不可介入受审核方的人际矛盾问题。

（9）“求饶”型。

表现：承认审核员查到的问题，但要求审核员高抬贵手，不要判定不符合项，并表示立即纠正。

对策：应坚持原则，但对受审核方可表示同情，持理解的态度，对确实能够立即纠正的轻微不符合项可视为观察项或待其纠正确认后可不判定不符合。

（10）“故意拖延”型。

表现：千方百计转移审核员审核目标、精力和时间，迟迟不提供所查资料，天南海北地聊天或常常溜号。

对策：尽量避免做不相干的事，保持审核目标的明确，要主动客气地打断不相干的介绍，把话题引到审核问题上。

（11）“停止一切”型。

表现：发现问题时，要求停止一切工作，并要求重新谈判审核项目，讨论因停工造成的大量额外成本问题。

对策：绝不介入合同、额外成本的问题，将所有与审核无关的问题提给有关人员讨论，继续进行审核工作。

3.5.6 审核中应克服的不良习惯

（1）吹毛求疵。

不善于对关键性、技术性以及深层次的问题进行关注，而对无关紧要的细节问题抓住不放，喜欢突出、放大细小和表面的问题。

（2）追根究底。

千方百计寻找问题，非要找出问题不可。认为审核就必须查出问题，不查出问题誓不罢休，认为查不出问题就显示不出水平。

（3）回避现场。

喜欢待在办公室审核，不愿意到作业现场进行观察和走访。认为只要在办公室认真审核文件、进行人员访谈，作业现场去不去都无关紧要，或是因为专业能力所限不敢去现场。

（4）早下结论。

以偏概全，以个别代替整体，以单个部门或环节出现的问题来定论整个受审核方的情况，缺少对审核过程以及审核组全体成员的审核发现的综合分析和评价。

（5）好为人师。

无论什么事情都喜欢提出自己的建议，还喜欢让受审核方无条件地接受这些意见和建议，自认为我就是你的老师，就是比你见多识广，你就得按我说的办。

（6）经验主义。

不严格按照审核准则的要求，结合组织的实际情况进行审核，而是以以往的个人经验或经历代替审核准则的要求，或对有些问题无原则地上纲上线。

（7）生搬硬套。

对标准一知半解，还自以为是，生搬硬套标准条款，过于僵化和教条，不会活学活用，没有真正理解标准应有的灵活性、包容性和普通适应性，只能照本宣科。

（8）自认权威。

试图证明自己在某些方面胜过其他人，将自己的观点强加予人，彰显权威性。认为自己的观点都是正确的，不允许受审核方或审核组成员有任何不同的意见。

（9）好好先生。

喜欢和受审核方拉关系，甚至称兄道弟，无原则地妥协让步，大事化小，小事化了。对发现的问题要么视而不见，要么闭口不谈，只是报告好的方面。

（10）过于表现。

喜欢表现，突出自己，什么事情都喜欢发表个人意见，对于涉及受审核方组织内部分歧的事情也喜欢发表个人的观点，或对于审核中发现的不符合进行过多地评论来表现自己。

3.5.7 成功现场审核的要点

（1）要始终持有一种虚心、谨慎、谦和、科学的服务态度；

（2）要始终营造一种和谐、友善、轻松、良好的审核氛围；

（3）不能为达到审核目的而对受审核方发出指示、命令；

（4）要积极应对，对于受审核方符合体系要求的表现要及时给予肯定；

（5）保持视线接触，让受审核人员明白你在认真和他（她）交谈；

（6）提问时要求对方回答具体化；

（7）要尊重他人，回避争论；

(8) 不要随意评论所得信息;

(9) 不能在说明审核情况时议论当事人;

(10) 牢记发现不符合的目的是为了审核方和受审核方双方利益，是为了解决健康、安全和环境的有关问题。

3.6 不符合原因分析方法

原因分析是否到位对后续采取的纠正措施和预防措施能否取得良好效果起着至关重要的作用。对不符合项进行的原因分析要切中要害，一般应专门进行，不应应付或在措施的制定中附带进行。只有分析到根本原因，才能制定出切实可行的措施。

通用的不符合原因的分析工具有以下几种："5W1H"分析法、"4M1E"分析法、鱼骨图分析法、关联图分析法和故障树分析法等。

3.6.1 "5W1H"分析法

"5W1H"分析法（Why，What，Where，When，Who，How）又叫六何分析法，是一种思考方法，也可以说是一种创造技法。进行不符合原因分析时，就是要对发现的不符合，即发现的作业活动、作业过程或服务中的不符合，都要从原因（何因）、对象（何事）、地点（何地）、时间（何时）、人员（何人）、方法（何法）等六个方面提出问题进行思考。具体如下：

Why——何因

(1) 为什么要开展这项工作（或活动）?

(2) 为什么要以这种方式进行?

(3) 为什么完成这项工作需要这些投入?

What——何事

(1) 这是一项什么性质的工作?

(2) 这项工作的目标是什么?

(3) 这项工作的结果是什么?

Who——何人

(1) 这项工作是谁完成的?

(2) 应该由谁来完成这项工作?

Where——何处

(1) 这项工作是在哪里开展的?

(2) 这项工作对工作环境有什么特殊要求?

(3) 这项工作应该在何处、何种条件下进行?

When——何时

(1) 这项工作的开始时间、结束时间和持续时间?

(2) 这项工作为什么需要这么长的时间?

How——何法

(1) 这项工作是怎么开展的?

(2) 完成这项工作有没有更好的方法?

对六个方面的问题经过逐项考虑后,就应着手提出纠正措施和预防措施。提出的措施应针对原因分析的结果,应该包括以下几个方面的内容:谁来做,什么时候做,怎样做,在哪里做,谁来监督等。

3.6.2 "4M1E"分析法

"4M1E"分析法,4M是指Man(人)、Machine(机器)、Material(材料)、Method(方法),1E是指Environments(环境),故合称"4M1E"法,也就是常说的人、机、料、法、环五大要素。进行不符合原因分析时,就是对发现的不符合,分别从这五个方面进行分析,具体如下。

(1) 人是指生产人员以及组织、指挥、管理、调度维修保养等人员。人的不安全行为在事故形成的过程中占有主导位置,安全意识淡薄,职责范围内工作不到位,外在条件的影响等都会导致事故或潜在事件的发生。人作为控制的对象,要避免其产生失误。作为控制的动力,要充分调动人的积极性,发挥人的因素的主导作用。

在不符合原因分析中,人的原因可以概括为以下方面:

——教育、培训不足,缺乏必要的意识、知识和技能;

——相关人员之间信息交流渠道不通畅;

——相关人员对有关要求不了解或理解不充分;

——没有遵守有关作业程序或指南,违章作业;

——相关人员岗位职责和权限不明确。

(2) 机是指生产中所使用的设备设施、工具及辅助生产用具等。设备设施的不安全状态也是事故发生的重要因素,没有定期进行安全检测,未对有关项目、设备设施进行健康、安全与环境评价,生产操作过程中随意使用设备设施,未进行设备设施完整性检查和验收等都会导致事故或事件的发生。

在不符合原因分析中,机的原因可以概括为以下方面:

——设备、设施的设计不合理;

——缺少必要的设备操作规程;

——设备维修保养不到位;

——设备老化；

——机具不定；

——操作不灵；

——超负荷运转；

——缺少安全附件等。

(3) 料是指物料、半成品、原料等产品用料。使用新的原辅料及介质、新的替换材料、采购物料等，未对其进行风险评估和制定控制措施，未对变更进行授权批准和确认，这些活动都会导致事故或事件的发生。

在不符合原因分析中，料的原因可以概括为以下方面：

——文件规定不明确；

——控制方法不得当；

——物料本身不合格；

——物料监测不到位；

——相关物料度更缺少控制；

——物料标识错误或不清。

(4) 法即方法技术，指生产过程中所需遵循的规章制度。使用新的技术方法、新的工艺流程等，未对其进行风险评估和制定控制措施，未对其进行变更授权批准和确认，未将变更信息及时通告相关各方等，这些活动都会导致事故或事件的发生。

在不符合原因分析中，法的原因可以概括为以下方面：

——文件规定不明确；

——安全防范意识不到位；

——对有关要求或规定不了解；

——没有按照规范或要求执行；

——缺乏相应的程序或程序不完善。

(5) 环即作业环境。作业环境不良或未对作业环境进行监测等，这些状况都会导致事故或事件的发生。

在不符合原因分析中，环境的原因可以概括为以下方面：

——照明光线不良（如照度不足、作业场地烟雾尘弥漫视物不清、光线过强等）；

——通风不良（如无通风、通风系统效率低、风流短路、瓦斯超限等）；

——作业场所狭窄；

——作业场地杂乱（如工具、制品、材料堆放不安全）；

——交通线路的配置不安全；

——操作工序设计或配置不安全；

——地面滑（地面有油或其他液体、冰雪覆盖、地面有其他易滑物）；

——储存方法不安全；

——环境温度、湿度不当；

——监测和测量方法不当。

3.6.3 鱼骨图分析法

问题的特性总是受到一些因素的影响，通过脑力激荡找出这些因素，并将它们与特性值一起，按相互关联性整理而成的层次分明、条理清楚，并标出重要因素的图形叫“特性要因图”。因其形状如鱼骨，所以又叫“鱼骨图”，是一种透过现象看本质的分析方法。

“鱼骨图分析”是一种通过集思广益、发挥团体智慧，从各种不同角度找出问题所有原因或构成要素的会议方法。

鱼骨图可以分为三种类型，分别为：整理问题型鱼骨图（各要素与特性值间不存在原因关系，而是结构构成关系，对问题进行结构化整理）；原因型鱼骨图（鱼头在右，特性值通常以“为什么……”来写）；对策型鱼骨图（鱼头在左，特性值通常以“如何提高/改善……”来写）。其中，原因型鱼骨图最为常用，在进行不符合原因分析时，可以采用原因型鱼骨图分析。

制作鱼骨图可分为三个步骤：分析问题原因/结构、要点分析、绘制鱼骨图。

(1) 分析问题原因/结构。

——针对问题点，选择层别方法（如人、机、料、法、环等）。

——按脑力激荡分别对各层别类别找出所有可能原因（因素）。

——将找出的各因素进行归类、整理，明确其从属关系。

——分析选取重要因素。

——检查各因素的描述方法，确保言简意赅。

(2) 要点分析。

——确定大要因时，现场作业一般从“人、机、料、法、环”着手，管理类问题一般从“人、事、时、地、物”层别，应视具体情况而定。

——大要因必须用中性词描述（不说明好坏），中、小要因必须使用价值判断（如……不良）。

——脑力激荡时，应尽可能多而全地找出所有可能原因，而不仅限于自己能完全掌控或正在执行的内容。对人的原因，宜从行动而非思想态度方面着手分析。

——中要因跟特性值、小要因跟中要因间有直接的原因—问题关系，小要因应分析至可以直接下对策。

——如果某种原因可同时归属于两种或两种以上因素，请以关联性最强者为准（必要时考虑三现主义：即现时到现场看现物，通过相对条件的比较，找出相关性最强的要因归类)。

——选取重要原因时，不要超过 7 项，且应标识到最末端原因。

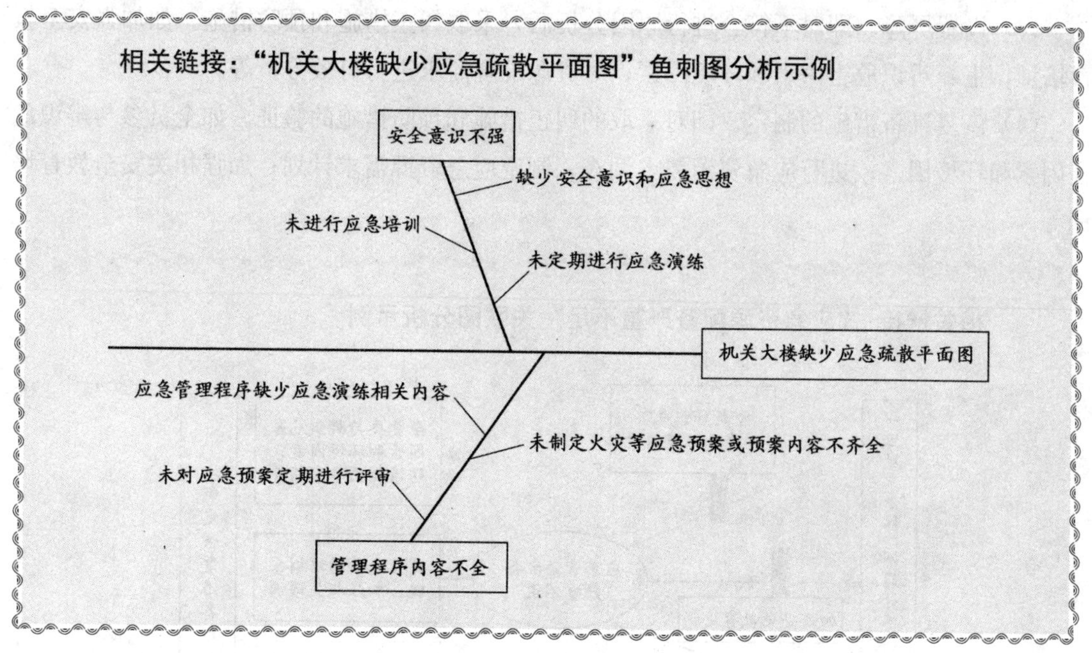

(3) 绘制鱼骨图。

——填写鱼头（按为什么不好的方式描述)，画出主骨；

——画出大骨，填写大要因；

——画出中骨、小骨，填写中小要因；

——用特殊符号标识重要因素。

3.6.4 关联图分析法

“关联图分析法”又叫“领结图分析法”，是一种通过假设方法用图表示危害如何产生及如何导致一系列危险后果的分析法，其简洁明了表示了事故与引起事故发生的各种原因、事故及其导致的后果之间的关系。通过关联图分析，可找出导致事故的途径及预防事故发生的措施，因而在国际石油界风险管理中得到了广泛的应用。

针对不符合进行原因分析时，采用的关联图分析法可以按以下步骤进行：

(1) 确定顶级事件，即选定不符合项。顶级事件是指不希望发生的事故，用圆表示，并置于关联图的中心。如应急资源配备严重不足。

(2) 进行原因分析。在选定不符合项后，就要对产生不符合项的各种原因进行分析，这些原因是引起事故的危害因素或潜在危害因素。分析时应尽可能将产生不符合项的原因都分析出来。可从人、设备、管理等方面进行原因分析。针对应急资源配备严重不足的不符合项，其原因分析如：未对资源配备需求进行有效分析、危害因素和环境因素辨识不到位、安全意识薄弱等。

（3）设置屏障。即对不符合进行原因分析后，采取纠正措施和预防措施。如加强安全教育培训；重新辨识危害因素和环境因素；对资源配置需求进行有效分析等。

（4）恢复准备措施的制定。即对采取的纠正措施和预防措施的验证。如全员参与辨识危害因素和环境因素；进行应急资源需求调查，制定应急资源需求计划；加强相关安全教育培训等。

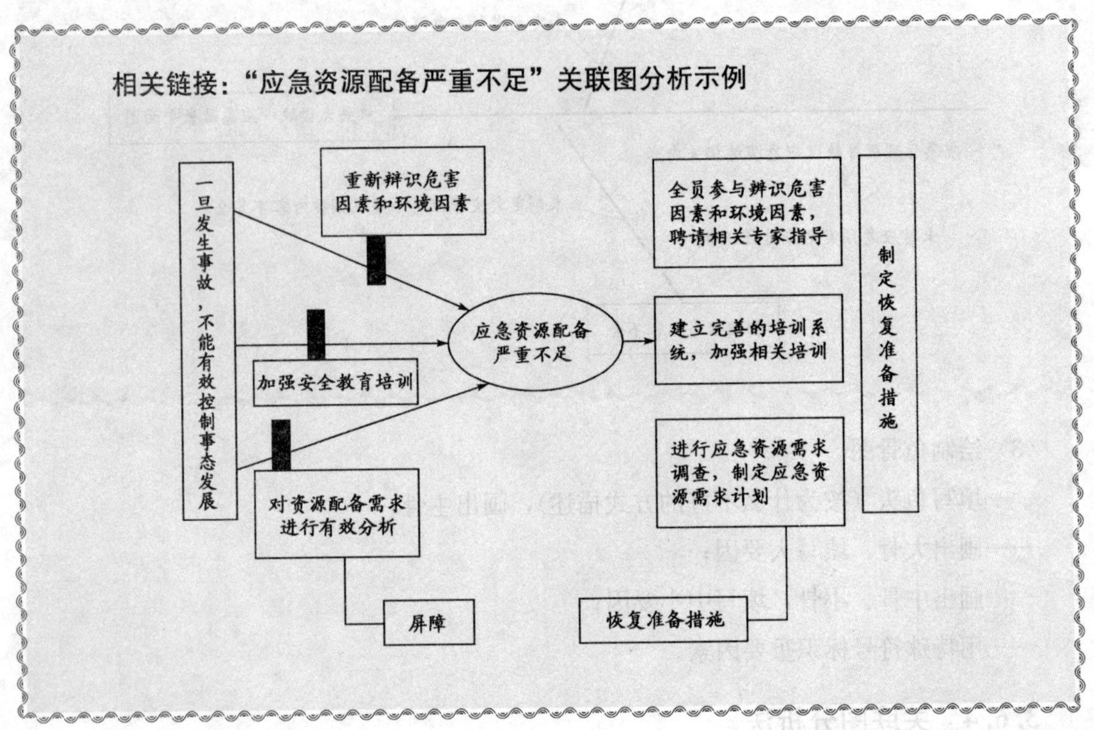

3.6.5 故障树分析法

"故障树"也称"事故树"，是一种描述事故因果关系的有方向的树，根据系统可能发生的事故或已经发生的事故结果，去寻找与该事故发生有关的原因、条件和规律，同时可以辨识出系统中可能导致事故发生的原因。

故障树分析是对既定的生产系统或作业中可能出现的危害因素及可能导致的事故后果，按工艺流程、先后次序和因果关系绘成程序方框图，表示导致事故的各种危害因素间的逻辑关系。它由各种事件符号和逻辑门组成，用以分析系统的安全问题，为判明事故发生途径及危害因素之间的关系。

故障树分析过程大致可以分为10个步骤，但针对HSE管理体系审核所得不符合进行原因分析时，可不必采取过于繁杂的方法，选取其中的6个步骤即可，见图3.1。

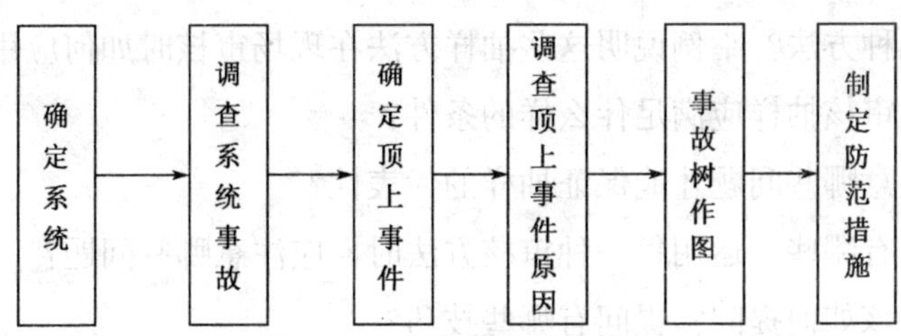

图 3.1　故障树分析的步骤

(1) 确定系统，即所分析的不符合项。如库房消防器材。

(2) 调查系统事故，即本次审核中其他区域或前次审核中有无类似不符合。

(3) 确定顶上事件，即灭火器超灭火器压力表指示在红色区域。

(4) 调查顶上事件原因，即对不符合进行原因分析。如没有定期检测等。

(5) 事故树作图。按照演绎分析的原则，从顶上事件起，一级一级往下分析直接原因事件，根据彼此间的逻辑关系，用逻辑门连接上下层事件，最后形成一株倒置的逻辑树形图。

(6) 制定防范措施，即针对不符合原因分析，制定纠正措施和预防措施。

相关链接："灭火器压力表指示在红色区域"故障树分析示例

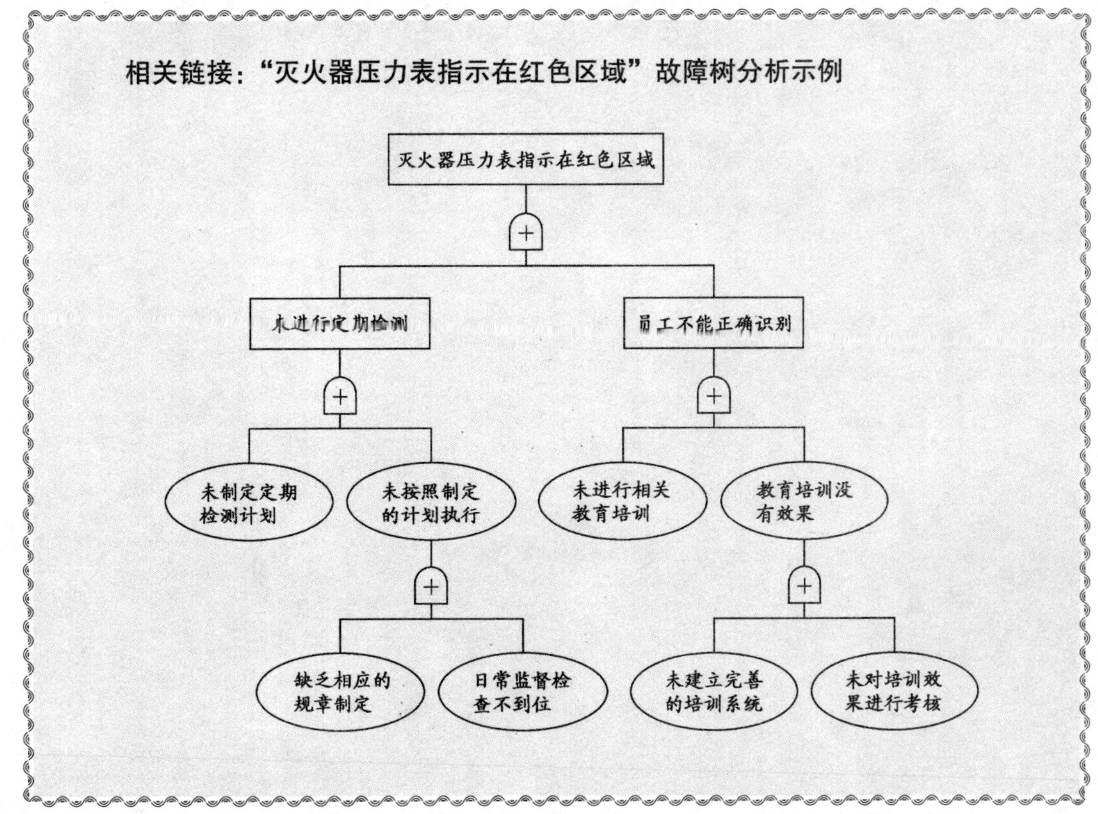

思　考　题

1. 在设计和使用检查表时，应注意哪些问题？

2. 抽样有哪几种方法？举例说明这些抽样方法在现场审核时如何应用。

3. 审核现场的审核抽样应满足什么样的条件？

4. 抽样时应注意哪些问题才能保证抽样的代表性？

5. 审核的方法有哪些？运用每一种审核方法时，应注意哪些问题？

6. 审核过程中该如何提问？提问有哪些技巧？

7. 审核过程中应如何聆听？举例说明如何运用好肢体语言。

8. 审核现场可能出现哪些棘手情况？应该如何应对？

9. 举例说明审核员在审核过程中，一般有哪些不良习惯？应该如何克服？

10. 举例说明如何选择合适的不符合原因分析法，对给出的不符合项进行原因分析。

11. 如何认识 HSE 管理体系审核在运行、保持和改进过程中的重要作用？

第4章 HSE审核员管理

审核员是组织HSE管理体系保持和改进的中坚力量。为了能够充分发挥HSE管理体系自我完善、自我改进机制的作用，开展有效的体系审核，组织要建立自己的审核员队伍并对其进行有效管理。审核员的管理包括内审员个人素质、知识和技能的要求、审核员行为规范要求以及注册级别与资格要求。

4.1 HSE审核员个人素质

审核员的能力构成中，个人素质是最根本的因素，是审核员个人能力的基础。没有良好的个人素质，即使有再强的专业知识和技能，也不能成为一个合格的审核员。所谓个人素质(personal attributes)，是指审核员个人所应具备的品质和特征。审核员的个人素质包括基本素质和职业素养。

4.1.1 审核员的基本素质

审核员除了需要具备高素质人群具有的基本素质以外，还需要具备审核员独特的个人基本素质，主要包括以下几个方面：

(1) 有道德，即公正、可靠、正直、诚实和谨慎；

(2) 思想开明，即愿意考虑不同意见或观点；

(3) 善于交往，即应有的机智和成熟，灵活地与人交往；

(4) 善于观察，即主动地认识周围环境和活动；

(5) 有感知力，即能够本能地了解和理解环境；

(6) 适应力强，即容易适应不同情况；

(7) 坚忍不拔，即对实现目的坚持不懈；

(8) 明断，即根据逻辑推理和分析及时得出结论；

(9) 自立，即在同其他人有效交往中独立工作并发挥作用。

4.1.2 审核员的职业素养

审核员除了需要具备基本的素质以外，还需要遵守审核员独特的职业特性，即审核员的职业素养，主要包括具有专家气质、敏锐的洞察力、灵活性、决断力四个方面。

(1) 专家气质。

审核过程中要具有清晰的审核思路和专业的审核技巧，审核过程中提出的问题能够抓住受审核方的薄弱环节，提出的问题具有建设性并使其获益。若现场审核抓不住重点，则无法获得受审核方的有效配合，审核员无法使审核处于自己的控制之中。

（2）洞察力。

审核员应在审核中主动地了解客观环境及活动，养成冷静、严谨的逻辑思维习惯，正确区分哪些是表象信息，哪些是本质信息，善于通过蛛丝马迹的信息捕捉到重要的、潜在的问题，透过表象信息寻找到实质问题。

（3）灵活性。

审核员应不仅能够适应各种不同的情况，灵活地提问、灵活地应对显得更为重要。与受审核方面谈时具有一定的灵活性，可以拓展审核思路，获得更多的审核发现。遇到不同的情况采取不同的应对方式，主动地、灵活地采用发散思维方式解决问题也是很重要的。

（4）决断力。

审核员应以客观证据为基础，运用逻辑分析方法，及时得出明确的结论，对于不能确定的情况，要根据实际情况，果断地作出决定，不能使其模棱两可。

4.2 HSE审核员知识和技能要求

对于审核员来说，必须具备一定的专业知识和工作能力，还必须具备一定的综合知识和技能，这是最基本的要求。

4.2.1 专业知识要求

HSE审核员需要了解的专业知识包括四个部分：HSE管理体系、管理体系文件及引用文件、组织状况、适用的法律法规及其他要求。

1. HSE管理体系

（1）理解Q/SY 1002.1—2007标准的术语、条款的内容和要求。

（2）理解健康、安全与环境管理原则及其运用。

（3）理解健康、安全与环境管理体系在不同运作过程中的应用。

（4）认识引用文件之间的区别及优先顺序，以及引用文件在不同审核情况下的应用。

（5）了解用于文件、数据和记录的授权、安全、发放、控制的信息系统和技术。

（6）了解职业健康安全科学技术的应用。

——安全科学的基本常识（如：事故致因原理、人失误与不安全行为机理等）；

——职业健康基础知识（如：病毒、毒理及毒作用表现、职业病目录等）；

——职业健康安全工程的一般方法（如：锅炉、机械、电器、除尘、防毒、防火、防爆等基础方法）。

(7) 了解职业健康安全管理工具的应用。

——危险源知识，如涉及工作场所可能导致伤害、职业病的各种因素及其特性等；

——系统安全工程方法，即危险源辨识、风险评价、风险控制方法。

2. 管理体系文件

(1) 管理体系在不同组织中的应用。

(2) 管理体系中组成部分之间的相互作用。

(3) 管理体系手册、程序文件以及其他与审核有关的作业文件。

3. 组织状况

(1) 了解组织的规模、结构、职能和关系企业管理与运作的基本情况。

(2) 了解组织的总体运营过程和相关术语。

(3) 关注组织的文化和社会习俗。

4. 法律法规

(1) 理解相关法律、法规的应用，以及其他与管理体系和审核活动有关的要求的应用。

(2) 了解国家认证认可法规、规章要求。

(3) 了解相关的国际条约和公约、合同和协议等。

(4) 了解组织应遵守的其他要求。

4.2.2 工作能力要求

对一名审核员来讲，审核过程中有关工作能力的要求是必需的。审核员和审核组长应具备的工作能力要求具体如下。

1. 审核员应具备的工作能力

(1) 正确运用审核原则、程序和技术；

(2) 根据审核计划的分工对审核活动进行有效地策划和组织，并按商定的时间表进行审核；

(3) 优先关注重要问题；

(4) 通过有效地面谈、倾听、观察和对文件、记录和数据的评审来收集信息；

(5) 验证所收集信息的准确性；

(6) 形成审核发现，准备审核结论；

(7) 确认审核证据的充分性和适宜性以支持审核发现和结论；

(8) 评定影响审核发现和结论可靠性的因素；

(9) 正确判定职业健康安全管理体系的适宜性、充分性和有效性；

(10) 使用工作文件记录审核活动；

（11）通过个人的语言技能或通过翻译人员有效地沟通。

2. 审核组长应具备的工作能力

（1）对审核进行总体策划并在审核中有效地利用资源；

（2）代表审核组与审核委托方和受审核方进行沟通；

（3）组织和指导审核组成员开展审核工作；

（4）为实习审核员提供指导和指南；

（5）领导审核组得出审核结论；

（6）解决和预防冲突；

（7）编制和完成审核报告；

（8）主持首次、末次会议。

4.2.3　综合知识和技能要求

内部审核是一项实践性、综合性很强的工作，所以合格的审核员除了具备专业的知识和技能以外，还必须具备一定的综合知识和技能，包括互动合作的能力、分析判断的能力、沟通交流的能力、独立工作的能力以及灵活应变的能力。

1. 互动合作的能力

审核员是在群体中工作的，工作成效在很大程度上取决于与他人合作的能力。对内要接受审核组长的领导，配合和支持组长和其他组员的工作，在工作中需要彼此协调，发扬合作优势。对外应善于取得受审核方的支持和配合，使审核顺利进行。

2. 分析判断的能力

审核中出现许多问题，往往需要审核员在较短的时间内作出分析判断，正确的分析判断一方面是建立在知识和经验之上的，另一方面也有赖于正确的思想方法和工作方法。一个思想逻辑混乱、工作没有条理的审核员是不可能对问题作出正确的判断和决策。

3. 沟通交流的能力

内部审核是一个相互沟通的过程，审核员不是孤立的，需要与受审核方进行正面的沟通和交流，因此要想取得良好的沟通效果，审核员在要具有善于表达自己思想的能力，还要有较强地理解对方所表达内容的能力。

4. 独立工作的能力

内部审核过程中，一个审核员往往要独当一面，很多时候需要独立完成一个部门的审核。从审核检查表的编制到跟踪验证的整个过程，都需要审核员自己来完成。因此对审核员来说，摆脱依赖心理，独立开展工作的能力是应当具备的。

5. 灵活应变的能力

审核过程中客观情况变化很多，不能完全符合准备阶段的各种设想。因此善于应对各种变化而采取应急或调整措施是十分重要的。应变的目的是始终控制审核的主动权和力求达到既定的审核目的。应变能力的锻炼需要靠在实际审核中积累经验。

4.3 HSE审核员队伍管理

为了加强HSE管理体系审核员队伍的管理，提高HSE管理体系审核工作质量，促进中国石油天然气集团公司HSE管理体系的规范运行，按照《中国石油天然气集团公司HSE审核员管理规定》，HSE审核员分为集团公司HSE审核员和企业HSE内审员。

集团公司HSE审核员实行注册管理，企业HSE内审员实行备案管理。集团公司HSE审核员可从事HSE管理体系企业内部审核、第二方审核（包括总部对企业的审核，企业对其下属单位的审核、企业对承包方和/或供应方的审核等）和认证审核。企业HSE内审员可从事本企业的HSE管理体系内部审核工作。

4.4 审核员培训管理

集团公司HSE审核员培训应纳入集团公司培训计划，由集团公司认可的HSE培训机构进行培训。参加HSE审核员培训的人员应具备4年及以上的工作年限、初级及以上职称。

HSE培训机构应依据集团公司《HSE审核员培训大纲》安排培训内容，包括但不限于以下方面：

（1）集团公司HSE管理政策、制度等；

（2）集团公司HSE管理体系标准；

（3）审核基础知识、审核程序、技巧和实践应用；

（4）HSE审核员管理的要求。

集团公司HSE培训机构应加强对参加培训人员的管理，考核合格后，方可颁发集团公司HSE管理体系审核员培训合格证书。

企业HSE内审员培训应纳入企业培训计划，由企业自行组织，由集团公司认可的HSE咨询与培训机构进行培训。经考核合格后，由培训机构颁发企业HSE内审员证书，培训名录报集团公司HSE委员会办公室备案。

4.5 审核员的注册管理

集团公司HSE审核员由集团公司HSE委员会办公室统一管理，委托相关机构（以下称注册机构）具体负责HSE审核员注册业务工作。集团公司HSE审核员的注册遵循自愿原则。

注册审核员分为实习审核员、审核员和高级审核员，级别的晋升按照逐级考核晋升的原则。集团公司 HSE 审核员注册申请的人员应取得培训合格证书，并提交相应的注册材料。注册机构负责组织资料审核和注册工作。

申请注册 HSE 实习审核员的人员应符合以下要求，并提供相应证明材料：

（1）具有大专（含）以上高等教育学历；

（2）5 年及以上工作经历，参加过企业 HSE 内部审核工作；

（3）在申请注册的前 2 年内取得集团公司 HSE 审核员培训合格证书。

申请注册 HSE 审核员的人员应符合以下要求，并提供相应证明材料：

（1）具有 2 年及以上 HSE 实习审核员资格，中级及以上技术职称；

（2）参加了不少于 4 次、累计不少于 20 天的 HSE 管理体系审核（包括第二方审核和认证审核）；

（3）所有审核经历应当在申请前 2 年内获得。

具有国家注册 OHSMS 或 EMS 审核员资质的 HSE 实习审核员，可直接申请注册为 HSE 审核员。

申请注册 HSE 高级审核员的人员应符合以下要求，并提供相应证明材料：

（1）具有 3 年及以上 HSE 审核员资格；

（2）担任 3 次及以上 HSE 管理体系审核组长（包括第二方审核和认证审核）；

（3）所有审核经历应当在申请前 2 年内获得。

具有国家注册 OHSMS 或 EMS 高级审核员资格的 HSE 审核员，可直接申请注册为 HSE 高级审核员。

企业 HSE 内审员由企业负责管理。

4.6 审核员的日常管理

审核员权利和义务：

（1）遵纪守法，诚信敬业，客观公正，保守秘密；

（2）服从安排，按时参加 HSE 体系审核；

（3）按要求参加再培训或继续教育；

（4）对任何在 HSE 审核员培训和注册管理方面的争议，可以书面形式向 HSE 委员会办公室提出申诉。

HSE 实习审核员、审核员和高级审核员资格证书的有效期均为 3 年，到期前需申请办理再注册，换发注册证书。再注册要求：

（1）注册证书到期前 3 个月内，应向注册机构提出再注册申请；

（2）能够履行 HSE 审核员的义务；

（3）如有任何针对其审核表现的投诉，应已妥善解决；

（4）在注册证书有效期内，审核员应参加 3 次及以上 HSE 管理体系审核；高级审核员应作为审核组长参加 3 次及以上 HSE 管理体系审核。

集团公司 HSE 审核员和企业 HSE 内审员每年应参加不少于 8 学时的再培训或继续教育。注册机构应建立集团公司 HSE 审核员和技术专家库，实施动态管理。

企业应结合实际，对 HSE 审核员合理调度使用。主管部门应对 HSE 审核工作做出突出贡献的人员给予适当的奖励。

HSE 审核员发生违章失职行为的，视其情节轻重，给予警告、暂停或降低审核员级别直至注销资格的处分，并予以公告。

思 考 题

1. HSE 审核员的个人素质要求包括哪些方面?

2. HSE 审核员应该在哪些方面培养自己的职业素养?

3. 作为一名 HSE 审核员，应该掌握哪些方面的专业知识?

4. 对一名合格的 HSE 审核员有哪些方面的工作能力要求?

5. 中国石油对 HSE 审核员的培训、注册与日常管理有哪些要求?

附　录

附录1　HSE管理体系现场审核检查表示例

使用说明：附录1是给出了HSE管理体系现场审核检查表的示例，因没有特定的审核对象以及与之相对应的体系文件，检查表只是起到示范作用，不能直接套用作为现实审核工作中的检查表，而是应该结合受审核方的体系文件进行补充、调整和完善后，方可使用。

标准要素	检 查 项 目	检查内容（通过询问、查阅与观察）	检查结果	备注
5.1 领导和承诺	最高管理者对其建立和改进HSE管理体系的承诺	(1) 最高管理者对建立、保持和改进管理体系做出了哪些承诺？ (2) 最高管理者是否认识到满足顾客和法律、法规要求的重要性，采用什么方法向组织传达满足法律、法规要求的重要性？ (3) 最高管理者如何确保提供必要的资源？ (4) 领导层如何落实有感领导？ (5) 领导层个人安全行动计划的制定与落实情况？ (6) 了解公司的绩效、公司的HSE文化氛围、开展各种宣传活动等。		
5.2 健康、安全与环境方针	1. HSE方针的制定	(1) 组织是否制定了文件化的HSE方针？ (2) 是否经最高管理者批准？		
	2. HSE方针的内容	(1) HSE方针是否与组织的风险性质和规模相适宜？ (2) HSE方针是否与上级组织保持了一致？ (3) HSE方针是否包含对事故预防、持续改进、遵守法律法规和其他要求和清洁生产的承诺？ (4) HSE方针是否阐明了健康、安全与环境的总目标？ (5) 如何向组织全体员工和承包商员工传达的？		
	3. HSE方针的传达与管理	(1) 采取了哪些方式？ (2) 员工是否了解HSE方针？ (3) 为相关方获得HSE方针提供了何种方便？ (4) 相关方如何获得HSE方针？		
	4. HSE方针是否得到实施	检查绩效测量结果，确认方针是否得到实施？		
	5. HSE方针的评审与修订	(1) 是否有定期评审HSE方针的规定？ (2) 最高管理者是否定期评审过HSE方针？ (3) 如何对HSE方针进行修订？ (4) 评审、修订的依据是什么？		

续表

标准要素	检 查 项 目	检查内容（通过询问、查阅与观察）	检查结果	备注
5.3.1 对危害因素辨识、风险评价和风险控制的策划	1. 是否建立了危害因素辨识、风险评价和风险控制策划的程序	(1) 有无危害因素辨识、风险评价和风险控制策划的程序？ (2) 程序中是否包括危害因素辨识、风险评价和风险控制策划的要求？		
	2. 是否对组织的活动及活动场所中的危害因素进行辨识	(1) 是否按程序要求辨识危害因素和环境因素？ (2) 是否规定辨识的范围和对象？ (3) 是否有危害因素和环境因素清单？ (4) 受审核部门的危害因素和环境因素有哪些？		
	3. 用什么方法和怎样进行危害因素的辨识	(1) 是否规定辨识危害因素和环境因素的方法？ (2) 方法是否适宜？ (3) 辨识危害因素和环境因素时，收集了哪些原始资料？		
	4. 辨识危害因素及其应把握的要点	(1) 是否考虑了三种状态？ (2) 是否考虑了三种时态？ (3) 是否考虑了各种类型的危险情况？ (4) 是否考虑了可对其施加影响的相关方带来的 HSE 风险？		
	5. 如何进行风险评价	(1) 有无规定风险评价的方法、准则和步骤？ (2) 有无重要危害因素和重要环境因素清单？ (3) 评价结果是否合理？ (4) 对新项目和变化是否进行了风险评价？		
	6. 如何对风险控制进行策划	(1) 是否根据风险评价结果，制定了风险控制措施？ (2) 对危害因素和环境因素的控制措施有哪些？ (3) 对潜在危害因素和环境因素是否制定了应急措施？		
	7. 危害因素能否及时更新	(1) 有无更新的规定？ (2) 是否按规定实施更新？		
	8. 在制定 HSE 方针、目标时，是否考虑了重要危害因素和重要环境因素	(1) 哪些重大风险列入目标？ (2) 其他风险如何控制？		
5.3.2 法律、法规和其他要求	1. 是否建立并保持了收集、识别和更新法规及其他要求的程序	(1) 程序是否规定了识别适合本组织的法律法规和其他要求的方法？ (2) 程序是否明确了获得法律法规和其他要求的渠道？ (3) 程序是否规定了收集、识别、保存法律法规和其他要求的责任部门和人员？ (4) 程序是否规定了对法律法规变更信息的跟踪及负责人？ (5) 程序是否规定了向员工和其他相关方传达有关法律法规和其他要求方面的方法和职责？		

续表

标准要素	检查项目	检查内容（通过询问、查阅与观察）	检查结果	备注
5.3.2 法律、法规和其他要求	2. 适用于本组织的法律法规和其他要求有哪些	（1）是否建立了法律法规和其他要求的清单？ （2）有无遗漏？		
	3. 法律法规信息是否及时变更	（1）由谁负责？ （2）做得如何？		
	4. 如何向员工和其他相关方传达法律法规和其他要求的信息	（1）法律法规信息如何进行内、外部沟通？谁负责？ （2）询问员工是否了解本岗位的法律法规及其他要求？ （3）员工是否意识到不遵守法律法规的后果？		
	5. 本组织的守法情况及守法证明性文件	（1）是否清楚健康、安全与环境相关标准？有无违背情况？ （2）有无守法证明性文件，如新建、扩建项目和技术改造项目的职业健康安全评价报告、三同时验收报告、噪声的监测数据等？		
5.3.3 目标和指标	1. 组织是否设定了 HSE 目标和指标	（1）目标和指标是否形成文件？ （2）目标和指标是否经领导批准？ （3）目标和指标是否分解到相关的职能和层次？		
	2. 设定目标和指标时应考虑的内容	（1）目标和指标的内容是否符合方针的要求？ （2）目标和指标的内容是否考虑了法律法规和其他要求？ （3）目标和指标的内容是否考虑了重要危害因素和重要环境因素？ （4）目标和指标的内容是否考虑了员工和相关方的观点？ （5）目标和指标是否体现了持续改进的承诺？ （6）实现目标和指标的方案是否可行，是否考虑了技术上的问题、财政及运作上的要求？ （7）目标和指标是否具体并尽可能量化？有无测量目标和指标的方法？ （8）是否包括了结果性和过程性两类目标和指标，占比是否合理？		
	3. 目标和指标的实现情况	（1）受审核部门是否均有相应的目标和指标？ （2）是否制定了实施目标的方案？ （3）企业资源是否能保证目标的实现？ （4）是否明确了执行部门和负责人？ （5）是否已向有关人员传达？ （6）有关人员是否清楚？		
	4. 有无目标和指标实现的证据	检查绩效测量结果，确认目标和指标是否得到实现？		
	5. 目标和指标是否定期评审、修订	（1）目标和指标是否定期评审、修订？ （2）评审、修订的依据是什么？ （3）目标的评审、修订是否体现持续改进？		

续表

标准要素	检 查 项 目	检查内容（通过询问、查阅与观察）	检查结果	备注
5.3.4 管理方案	1. 是否制定了 HSE 管理方案	(1) 是否理解方案的多种表现形式？ (2) 方案是如何制定、批准的？ (3) 受审核部门是否有相应的方案？		
	2. HSE 管理方案的内容是否满足标准要求	(1) 是否明确了责任人？ (2) 是否明确了实现目标和指标的措施、方法？ (3) 是否明确了时间要求？ (4) 是否规定了资源保证？		
	3. HSE 管理方案是如何监督实施的	(1) 由谁负责方案实施的监督？ (2) 如何验证方案实施的效果？		
	4. HSE 管理方案能否保证目标和指标的实现	(1) 是否存在一个评审方案的过程？ (2) 有关人员是否参与方案的制定？		
	5. HSE 管理方案是否及时修订	(1) 什么情况下修订方案？ (2) 方案是否进行过修订？		
5.4.1 组织结构和职责	1. 是否明确规定了组织的结构、职责和权限	(1) 是否有清晰的组织结构图？ (2) 相关职能部门或岗位（尤其是从事管理、执行和验证工作的人员）的健康、安全与环境职责是否得到规定并形成文件？ (3) 受审核部门的健康、安全与环境职责是什么？		
	2. 职责和权限	(1) 各级管理者是否明确其各项 HSE 职责与权限？ (2) 各级管理者实际工作中如何体现“有感领导”？ (3) 各职能部门是否有明确的 HSE 职责与权限，职责分配是否体现了“直线责任”？ (4) 各岗位人员是否有明确的 HSE 职责权限，职责分配是否体现了“属地管理”原则？		
	3. 管理者的作用	(1) 管理者是否为实施、控制和改进 HSE 管理体系提供必要的资源？ (2) 承担管理职责的人员，如何表明其对 HSE 绩效持续改进的承诺？ (3) 是否指定了健康、安全与环境员工代表，其职责和权限是否明确？ (4) 管理者如何参与和支持健康、安全与环境活动？		
	4. 有关职责、权限是如何传达到位的	(1) 各部门、各岗位人员的职责权限是如何传达的？ (2) 各岗位人员是否明确完成职责任务与实现 HSE 方针之间的关系？		

续表

标准要素	检查项目	检查内容（通过询问、查阅与观察）	检查结果	备注
5.4.2 管理者代表	管理者代表的职责和权限	(1) 最高管理者是否指定了管理者代表？ (2) 是否恰当地明确了管理者代表的职责和权限？ (3) 管理者代表是否正确履行了其对 HSE 管理体系的建立、实施、保持的职责？ (4) 是否定期向最高管理者报告 HSE 管理体系的运行情况？		
5.4.3 资源	1. 组织怎样确定并提供所需的资源	(1) 组织所需要的资源有哪些？如何确定？ (2) 组织是否规定了提供资源的途径？ (3) 归口和分管部门的职责和权限是否清晰？		
	2. 提供的资源能否满足 HSE 管理体系的要求	(1) 是否配备足够的资源？ (2) 资源配备不能满足实际需求时如何解决？ (3) 是否定期评审资源的适宜性？		
5.4.4 能力、培训和意识	1. 是否确定了可能产生 HSE 风险和影响的所有人员的能力要求	(1) 对人员的能力要求，是否包括对教育、培训和经历的要求？ (2) 是否对人员能力胜任与否定期进行了评价？ (3) 人员的安排是否满足要求？		
	2. 是否建立了确定培训需求和实施培训的程序	(1) 培训需求是如何确定的，是否考虑了职责、能力、文化程度以及风险的不同情况的要求？培训的对象是否包括所有员工？ (2) 组织是否根据培训需求制订了培训计划？ (3) 有没有进行 HSE 方针、目标和指标、意识、程序、制度、规程的培训？有没有应急准备和响应要求方面的作用和职责的培训？ (4) 对从事关键工作的人员（包括可能具有重大 HSE 风险岗位的人员）是否进行了培训并进行了资格认定？ (5) 对承包方是否进行了培训？		
	3. 是否对培训的有效性进行了评价	(1) 培训是否有记录？ (2) 培训后是否考核？ (3) 以何种方式评价培训的有效性？实际效果如何？		
	4. 承包方和供应方的培训及其效果	(1) 是否进行过培训？ (2) 培训的内容是什么？ (3) 培训的效果如何？		
	5. 对从事可能产生重大 HSE 风险的岗位人员是否进行了培训	(1) 可能产生重大 HSE 风险的岗位有哪些？是否明确？ (2) 这类岗位的人员是否都接受了适当培训？效果如何？ (3) 这类岗位的人员是否都能胜任所担负的工作？		

续表

标准要素	检 查 项 目	检查内容（通过询问、查阅与观察）	检查结果	备注
5.4.5 协商和沟通	1. 是否制定了协商和沟通的程序	(1) 组织是否有协商和沟通的程序？程序中是否对协商和沟通的方式、内容作了规定？程序制定过程中是否听取了员工意见？ (2) 程序中是否规定了与相关方的沟通和协商？		
	2. 内部协商和沟通的内容	(1) 员工是否参与HSE方针和程序的制定、修订与评审？ (2) 员工是否参与商讨影响工作场所HSE变化：如引入新设备、原材料、新技术等？ (3) 员工是否参与健康、安全与环境事务，包括危害因素辨识、风险评价、风险控制的策划和事故的调查处理等？ (4) 员工是否了解谁是健康、安全与环境员工代表以及管理者代表？		
	3. 内部协商和沟通	(1) 是否同员工进行过信息交流？ (2) 涉及重要危害因素的外部信息有无适当处理和记录？ (3) 是否保存有接收和答复员工意见建议的记录？ (4) 是否将HSE管理体系审核和管理评审结果通报组织内所有有关人员？ (5) 信息通报采取何种方式？异常、紧急信息如何通报？ (6) 受审核部门涉及哪些信息交流？		
	4. 外部相关方的信息交流	(1) 是否从政府、上级安监、环保等相关部门获取有关信息？ (2) 是否参加有关机构组织的健康、安全与环保等活动？ (3) 是否同供应方和承包方交流HSE信息？		
5.4.6 文件	HSE管理体系文件是否覆盖了核心要素并符合其要求？	(1) HSE管理手册的内容是否满足Q/SY 1002.1—2007标准的要求？ (2) HSE管理体系要素间的逻辑关系是否清楚？ (3) 体系文件之间的层次、结构、接口是否清晰？ (4) 文件是书面形式还是电子形式？电子形式文件的使用是否有效？		

续表

标准要素	检查项目	检查内容（通过询问、查阅与观察）	检查结果	备注
5.4.7 文件控制	1. 文件控制程序是否符合要求	(1) 程序内容是否完整，是否有可操作性？程序中是否对文件的编制、批准、发布、存档、查找、修订、评审做出规定？ (2) 程序文件是否为有效版本？ (3) 外来文件是否包括在控制范围之内？ (4) 是否规定了文件的保管办法？ (5) 是否规定了适时和定期评审文件的有效性？ (6) 文件的使用处是否得到了现行的有效文件？ (7) 是否规定了失效文件的处置、管理办法？		
	2. 文件的编写、批准、发布、保管、修订、评审情况	(1) 所有文件是否字迹清楚？ (2) 所有文件标识是否明确？ (3) 文件发布前是否得到授权人的批准？ (4) 所有文件是否均注明制定或修订日期？ (5) 文件修改后是否重新批准？ (6) 识别文件现行修改状态的方法是什么？是否满足要求？ (7) 使用处是否都使用适应文件的有效版本？ (8) 文件的查找是否方便？ (9) 文件的保管是否有效？		
	3. 外来文件的控制	是否对外来文件的收集、审查、发放、使用等做出规定？		
	4. 作废文件的管理	是否对保留的作废文件进行标识和管理，以防止误用？		
5.5.1 设施完整性	1. 是否建立设备设施完整性控制程序	(1) 是否规定了设备设施设计、建造、采购、安装、操作、维护和检查等的操作准则？ (2) 设备设施各个阶段的实际操作过程是否与相应的准则要求相一致？ (3) 设备设施在设计、建设、运行、维修过程中与准则之间出现偏差，是否对偏差进行评审？ (4) 对产生的偏差是否找出原因并制定纠正措施？ (5) 是否规定了设备设施在首次使用前、停用较长时间恢复使用前、维修后重新使用前的检查、试验、评估、验收和确认等工作？		
	2. 是否对主要的设备设施进行风险管理	(1) 是否建立主要设备设施清单？ (2) 是否对主要设备设施运行和使用过程中出现的有关HSE方面的风险进行识别和风险评价？ (3) 是否针对风险评价结果制定有针对性的风险控制措施？ (4) 是否建立各类设备设施的维护、检修规范和计划？ (5) 是否建立了主要设备设施的检查记录和验收记录？		

续表

标准要素	检 查 项 目	检查内容（通过询问、查阅与观察）	检查结果	备注
5.5.1 设施完整性	3. 是否对项目建设、设备设施各个阶段进行相关健康、安全与环境的评价	(1) 项目建设、设备设施购置及建造前是否进行健康、安全与环境方面的相关评价？ (2) 各个相关评价工作是否有评价报告？ (3) 评价报告中是否包括健康、安全与环境风险和影响的分析和评价？ (4) 评价过程中出现不可接受的风险将如何处理？		
5.5.2 承包方和（或）供应方	1. 是否建立承包方和（或）供应方管理程序	(1) 是否规定组织与承包方和（或）供应方各自的职责和权限？ (2) 是否规定对承包方和（或）供应方是如何管理的？ (3) 是否规定进入组织区域开展工作的承包方必须具有相应的作业资格证？		
	2. 组织如何选择、监控和评价承包方和（或）供应方	(1) 是否有选择、评价、重新评价承包方和（或）供应方的准则和文件？ (2) 是否有查阅供应方和承包方的资质、业绩、能力和 HSE 管理状况等方面的文件资料？ (3) 与供应方、承包方签订的合同或 HSE 协议，是否明确了双方的 HSE 责任？ (4) 是否有对承包方和（或）供应方进行选择的记录？ (5) 是否建立合格承包方和（或）供应方名录？ (6) 是否对承包方、供应方的事故报告情况、绩效、培训、风险控制等方面的情况进行检查？ (7) 是否定期对合格承包方和（或）供应方进行年度业绩评价与考核？ (8) 是否根据年度业绩评价结果及时对供应方和承包方进行调整？		
5.5.3 顾客和产品	1. 顾客有关需求的确定	(1) 如何确定顾客有关 HSE 需求？ (2) 顾客 HSE 需求是否有记录？如何解决的？ (3) 如果顾客 HSE 需求得不到满足，如何处理？		
	2. 产品信息的评估和传递	(1) 是否对与组织有关的产品的生产、运输、储存、销售、使用和废弃处理等过程中的 HSE 风险和影响进行评估？ (2) 上述风险和影响如何进行管理？ (3) 如何将与产品有关的 HSE 信息资料（如 MSDS）传递给顾客？		

续表

标准要素	检 查 项 目	检查内容（通过询问、查阅与观察）	检查结果	备注
5.5.4 社区和公共关系	组织有关HSE风险和影响与社区的沟通	(1) 组织活动、产品或服务中的HSE风险和影响如何与社区各相关方沟通？ (2) 采取何种形式？ (3) 如果组织与社区相关方就个别情况不能进行有效的沟通，将如何处理？ (4) 社区相关方是否有投诉？投诉是否有记录？如何解决的？ (5) 出现异常、紧急情况如何与社区相关方通报？ (6) 是否通过适当的规划和活动，向社区各相关方展示组织的HSE绩效？ (7) 组织就有关HSE风险和影响的某些方面如何获取社区各相关方的支持？		
5.5.5 作业许可	1. 是否建立作业许可程序	(1) 是否结合组织作业风险实际情况明确了作业许可的范围？ (2) 是否规定作业许可类型和证明、申请、批准、实施、变更和关闭相关信息？ (3) 是否对可能存在的动火作业、动土作业、高处作业、进入有限空间、临时用电作业、管线打开作业、移动式吊装专项作业许可证明明确了管理要求？ (4) 是否对作业人或监护人等现场关键人员出现变更、正在进行的工作出现紧急情况、许可证在有效期内没有完成工作等特殊情况做出相应的规定？		
	2. 作业许可的申请	(1) 作业申请的材料是否齐全有效？ (2) 作业许可申请前是否进行风险评估？是否编制安全工作方案？ (3) 安全工作方案中是否包括风险控制措施？风险控制措施是否有针对性？		
	3. 作业许可证的填写	(1) 许可证的填写是否有错项漏项？ (2) 工作类型是否确定？是否有相应的专项作业许可证？ (3) 危害识别与控制措施项是否选择正确？		
	4. 作业许可的审批	(1) 申请作业人员是否有相应资质？ (2) 是否有现场确认各项安全措施的落实情况？ (3) 是否有批准人或其授权人、申请方和受影响的相关各方的签字？ (4) 是否确定作业许可证的有效期限和延期次数？ (5) 若作业许可审查未通过，是否对其进行原因分析？是否对查出的问题有记录？		
	5. 作业许可证的管理	(1) 在控制室、值班室或现场是否建立张贴许可证的地方？ (2) 正在执行的许可证是否按标准要求分别张贴？ (3) 许可证是否按照相关程序及时关闭并存档？		

续表

标准要素	检 查 项 目	检查内容（通过询问、查阅与观察）	检查结果	备注
5.5.6 运行控制	1. 是否确定了与健康、安全与环境风险有关的活动和任务	(1) 与重大健康、安全与环境风险相关的活动和任务有哪些？ (2) 如何确定的？		
	2. 对确定了的与风险有关的活动和任务是否进行了策划，是否有程序之类的规定	(1) 对缺乏程序指导，可能偏离方针、目标和指标的活动和任务是否制定和保持了管理程序？ (2) 对组织所购买或使用的货物、设备和服务中已识别的HSE风险是否制定了管理程序？ (3) 对组织活动、工作场所、过程、装置、机械、运行程序和工作组织的设计，是否制定了管理程序？		
	3. 对确定了的与风险有关的活动和任务是否进行了策划，是否有程序之类的规定	(1) 运行程序中是否有运行准则之类内容？ (2) 对关键设备和工序是否明确了需要监测的内容和控制限界值，有无支持的作业文件？ (3) 运行控制是否充分？能否达到控制重大健康、安全与环境风险的目的？ (4) 运行控制程序和作业指导书是否具备可操作性？ (5) 有关的程序和要求是否通报承包方和供应方？采用何种方式通报？		
	4. 运行控制程序的执行情况	(1) 员工是否了解运行标准？ (2) 实际运作是否严格按程序执行？是否超越控制界限？ (3) 是否按要求记录？有关的运行记录是否证明其遵守程序？ (4) 是否向承包方和供应方通报了与他们所提供的产品和服务有关的HSE信息？		
	5. 清洁生产	(1) 主要排放的有害物质以及污染物有哪些？ (2) 有害物质及污染物现行控制方法有哪些？ (3) 有无高耗能的设备、工艺与过程？采取了什么样的控制手段？ (4) 在生产过程中是否力所能及地选择和采用了更加清洁的原料、能源、工艺、过程、设备和产品？ (5) 是否进行清洁生产审核？是否建立并实施清洁生产方案？ (6) 有无社区居民投诉？是否有记录？如何解决的？		
	6. 人员目视化管理	(1) 员工（含操作运行类承包商）劳动保护用品穿戴合格率是否达到百分之百？ (2) 进入生产作业场所的所有外来人员是否佩戴入厂许可证？ (3) 进入生产作业场所的外来人员，其劳保着装是否符合该作业场所的安全要求？标识是否醒目？ (4) 从事特种作业及特种设备作业的人员，其安全帽上是否粘贴相应的目视标签？		

续表

标准要素	检 查 项 目	检查内容（通过询问、查阅与观察）	检查结果	备注
5.5.6 运行控制	7. 工器具目视化管理	(1) 生产作业场所所有的工器具是否有检查合格标签或标识？ (2) 所有工器具的使用者是否在使用工具前再次进行目视检查？ (3) 相关工器具是否进行了定置管理？ (4) 相关工器具是否明确了相应的属地主管？ (5) 消防设施、管线是否按标准刷有安全色？ (6) 消防器材是否悬挂检查卡？是否按要求填写？ (7) 现场消防报警、控制按钮是否有标识？ (8) 是否有现场消防设施布置示意图？		
	8. 工艺设备目视化管理	(1) 已投用的设备是否在明显部位标注明确的设备名称及工位号？ (2) 已投用的设备是否使用设备状态指示牌？(“在用”、“备用”、“待修”、“在修”) (3) 设备控制盘上按钮及指示装置是否有标注？有英文标识的是否翻译为中文？ (4) 控制开关是否指明了控制对象，和现场设备标识是否对应？ (5) 已投用的设备是否制作设备管理卡、待检修设备牌及区域责任牌？ (6) 对设备能造成严重危害的操作，现场是否有操作警示？ (7) 已投用的压力容器是否在明显位置粘贴压力容器检查牌？ (8) 润滑油、导热油、冷却水桶等是否分类摆放并标识？是否对盛装各类油品的加油桶及设备的加油点统一进行标识？ (9) 油品外包装名称及化学品危害等级标识是否齐全完好？现场是否有MSDS？ (10) 工艺管线是否按标准刷有安全色或色环，并标明介质名称、工艺流向？阀门表面是否刷有安全标志色？ (11) 工艺、设备现场压力表、温度表、液位计等指示仪表是否标识正常工作范围？ (12) 防雷、防静电接地是否按标准要求刷有安全色？		
	9. 生产作业现场目视化管理	(1) 地面是否使用红、黄指示线标识出危险区域、警告区域？ (2) 是否标识消防通道、逃生通道、逃生设施？是否畅通？ (3) 急救设施是否摆放在明显、便于取用的位置？是否有标识？		

续表

标准要素	检 查 项 目	检查内容（通过询问、查阅与观察）	检查结果	备注
5.5.6 运行控制	10. 生产作业现场目视化管理	(4) 是否按照标准规范设置安全警示标识：应设置在醒目的地方和它所指示的目标物附近；应使操作人员能识别出它所指示的信息属于哪一类对象；安全标志应保证在夜间也清晰可辨。 (5) 废旧物资的处理是否符合安全和环保要求？作业现场是否做到“工完、料尽、场地清”？ (6) 油气生产、炼油化工等高危工作场所重要巡检点是否设置巡检牌？ (7) 是否有厂区平面布置图（标明危险区、警戒区、急救设施存放点、逃生路线等）？ (8) 行人或车辆存在危险（风险）的任何地点或作业区域，如坑、可能发生高处坠物、高温、腐蚀液飞溅和泄漏的地方等，是否进行隔离及标识？ (9) 具有危险性的操作、维修工作区域，是否进行隔离及标识？ (10) 是否按照标准要求进行隔离？隔离区域是否按标准要求正确挂签标识？ (11) 各种工器具、便携式仪器、消防器材、急救设施、应急设施、卫生设施、车辆停放等是否实行定置管理？		
5.5.7 变更管理	1. 是否建立变更管理程序	(1) 程序中是否包括对人员变更、设备设施变更、技术或工艺等变更的管理方法？ (2) 如何确认变更信息？ (3) 由谁确认变更信息？		
	2. 是否对变更进行评审	(1) 是否对变更及其实施可能导致的健康、安全与环境风险和影响进行评审？ (2) 是否针对评审结果制定风险控制措施？ (3) 是否对上述变更进行记录？		
	3. 如何开展变更管理	(1) 提议的变更是否经过授权人批准？ (2) 是否将变更的有关资料信息传递到相关各方？ (3) 是否对涉及变更的岗位人员进行培训？ (4) 是否对认可的变更及其实施程序形成文件？ (5) 变更实施结束后，是否对变更的实施情况进行验收？ (6) 若变更引起 HSE 管理体系文件变化，是否对体系文件进行修改？		
5.5.8 应急准备与响应	1. 组织中已识别的潜在事件或紧急情况有哪些？	(1) 组织、部门中可能产生潜在事件或紧急情况的设备、场所、活动是否得到明确？ (2) 可能发生的事故或紧急状态是什么？ (3) 以往是否发生过？ (4) 一旦发生会产生怎样的影响？		

续表

标准要素	检 查 项 目	检查内容（通过询问、查阅与观察）	检查结果	备注
5.5.8 应急准备与响应	2. 是否建立了应急准备与响应预案	(1) 是否有应急准备与响应程序和预案？ (2) 程序和预案中是否规定了确定潜在事故或紧急情况的内容？ (3) 是否针对潜在事故和紧急情况规定了处置对策？		
	3. 依据预案作出响应，能否防止或减少健康、安全与环境风险	(1) 针对事故和紧急状态采取的对策是否起作用？ (2) 对策是怎样确定的？是否经过论证？ (3) 是否有明确的处置程序、方法、措施和组织领导？ (4) 是否有明确的职责和资源保证？ (5) 有无与相关部门以及社会力量联络的规定？		
	4. 是否有对预案进行定期演练的规定	(1) 如何规定的？是否演练过？ (2) 演练的效果如何？ (3) 是否根据演练结果对预案加以修订？ (4) 有无上述记录？		
	5. 是否有对预案进行评审、修订的规定	(1) 什么情况下评审？ (2) 什么情况下修订？ (3) 是否明确规定当事故或紧急状态发生后要对预案进行评审并适时进行修订？ (4) 是否对修订的预案进行评审、批准？ (5) 预案的更改是否有记录？		
5.6.1 绩效测量和监视	1. 有无绩效测量和监视程序	(1) 是否建立并保持绩效测量和监视程序？ (2) 绩效测量和监视程序是否覆盖了具有重大风险的活动和任务的关键特性？ (3) 通过对具有重大风险的活动和任务的关键特性的例行监视和测量，能否保证相关活动和任务处于受控状态？ (4) 监视和测量的方法、依据有无具体的规定？ (5) 监视和测量的依据是否符合法律法规要求？		
	2. 是否对组织的 HSE 目标和指标、管理方案的完成情况进行例行检查	(1) 能否追踪目标和指标的执行情况？ (2) 能否对管理方案执行情况进行追踪？		
	3. 是否对 HSE 管理体系日常运作进行检查	(1) 是否检查运行控制程序？结果如何？ (2) 是否检查应急准备与响应程序的执行情况？ (3) 是否检查作业文件的执行结果？ (4) 对重点工序、设备的日常监测，是否有记录？		

续表

标准要素	检 查 项 目	检查内容（通过询问、查阅与观察）	检查结果	备注
5.6.1 绩效测量和监视	4. 有无对事故、事件、疾病和其他不良健康、安全与环境绩效的历史证据的监视和测量	(1) 程序有无规定？ (2) 是否执行了规定？ (3) 监视和测量的结果是否有记录？ (4) 是否就监视和测量的结果适时采取纠正措施？		
	5. 监视和测量异常时如何处置	(1) 是否有明确的报告程序？向谁报告？ (2) 出现了异常之后是否采取了处置措施？ (3) 处置是否生效？ (4) 是否有记录？		
5.6.2 合规性评价	是否定期评价法律、法规的遵守情况	(1) 是否规定要定期评价法律、法规的遵守情况？ (2) 是否执行了规定？ (3) 采用什么样的评价方式？评价工作何时、由谁进行的？ (4) 评价结果是否有记录？ (5) 评价不合格时，是否采取纠正措施？ (6) 评价信息是否向有关部门及时通报？		
5.6.3 不符合、纠正措施和预防措施	1. 是否建立了不符合、纠正措施和预防措施的文件化程序	(1) 程序中对不符合进行处理、调查以及采取纠正措施和预防措施的职责和权限的规定是否明确？ (2) 是否包含对不符合的原因进行调查的内容？ (3) 是否明确要求必须针对不符合的原因采取防止再发生的预防措施？		
	2. 不符合的调查和处理是否得到实施	(1) 对已发生的不符合和潜在的不符合是否进行了调查？采取了怎样的措施？ (2) 采取纠正措施和预防措施之前，是否对问题的严重性进行评估？是否对采取的纠正措施和预防措施通过风险评价进行评审？措施是否与该问题的严重性和相应的健康、安全与环境风险相适应？ (3) 纠正措施的实施效果如何？能否防止不符合的再发生？ (4) 对潜在的不符合是否进行了原因调查，是否采取了预防措施？ 所有措施是否完成？是否有效？有无记录？		
	3. 伴随纠正、预防措施实施的文件更改和信息交流	(1) 对来自政府部门的监督和居民的投诉，所采取的纠正措施是否进行了报告和交流？ (2) 程序中有无关于纠正预防措施涉及文件更改的规定？ (3) 是否按规定对相关文件进行了更改？		
	4. 更改后的文件执行情况及记录	更改后的文件是否得到实施？有否记录？		

续表

标准要素	检 查 项 目	检查内容（通过询问、查阅与观察）	检查结果	备注
5.6.4 事故、事件报告、调查和处理	1. 是否建立了事故、事件报告、调查和处理程序	(1) 程序中对事故、事件报告、调查和处理的职责和权限的规定是否明确？ (2) 是否明确对发生的事故、事件进行记录并上报、调查和处理的相关要求？ (3) 是否明确要求必须针对事故、事件发生的原因采取防止再发生的纠正措施？ (4) 该程序是否与发生不符合情况时采取的纠正措施和预防措施的程序相一致？		
	2. 事故、事件报告、调查和处理是否得到实施	(1) 对事故、事件是否进行了如实上报？是否开展调查、结果如何？ (2) 对事故、事件是否进行原因分析？采取怎样的措施？ (3) 对事故、事件是否按“四不放过”的原则进行了处理？ (4) 对事故、事件的处理和原因分析是否在全体员工中进行了分享？		
	3. 事故、事件的统计分析	(1) 对事故、事件是否进行统计归类分析，从而有针对性地采取预防措施？ (2) 是否利用分析的结果评价 HSE 管理体系的适宜性和有效性？		
5.6.5 记录控制	1. 是否有对记录进行控制的程序	(1) 本组织与健康、安全与环境管理有关的记录有哪些？ (2) 程序中是否包含对记录的质量要求？ (3) 是否有保存期限的规定？		
	2. 记录控制的情况	(1) 与受审核部门有关的健康、安全与环境管理的记录有哪些？ (2) 是否对记录进行了清理，并列出了清单？ (3) 对记录的标识、储存、检索、保护是否与书面程序的要求相一致？ (4) 记录是否填写正确、字迹清楚？ (5) 现行记录是否完整？能否提供足够信息？信息是否可靠、可见证？ (6) 记录能否做到对相关活动、产品或服务的可追溯性？ (7) 储存是否便于存取和检索？员工在需要时能否从组织的记录、信息管理系统获取相应信息？ (8) 储存环境如温度、湿度是否适宜，防尘、防蛀等保护措施是否得当？ (9) 过期记录是否按要求进行处置？		

续表

标准要素	检 查 项 目	检查内容（通过询问、查阅与观察）	检查结果	备注
5.6.6 内部审核	1. 组织是否建立了 HSE 管理体系审核程序	(1) 文件化程序是否包括实施审核、确保审核的独立性、记录审核结果并向管理者报告的职责和要求？ (2) 程序中是否包含审核的范围、频次、计划、方法？		
	2. 内部审核方案的策划	(1) 是否进行了年度审核方案策划且明确规定了审核的准则、范围、频次和方法？ (2) 年度内审方案是否经管理层批准？年度内审方案是否发给有关部门？ (3) 是否按年度内审方案的计划实施了审核？		
	3. 内部审核的实施	(1) 是否制定了内审实施计划？ (2) 年度内的审核实施计划是否覆盖全部要素和全部部门？ (3) 审核员是否经过培训，并取得资格证，审核是否保持了独立性？ (4) 审核是否抓住了关键环节（部门、设备、活动）和重大健康、安全与环境风险？ (5) 是否对管理层、职能部门、基层单位、承包商和员工都进行了审核？ (6) 相关的各级管理者都是否亲自参加了审核活动？ (7) 审核用检查表是否充分、符合要求？ (8) 审核报告的内容是否全面？能否说明 HSE 管理体系的符合性和有效性？		
	4. 对内部审核中发现的不符合是否采取了纠正措施	(1) 对内部审核中发现的不符合是否采取了纠正措施？ (2) 采取的纠正措施是否按期完成？ (3) 对纠正措施的实施效果是否进行了验证，有无记录？ (4) 验证结果是否报告了相关部门？		
5.7 管理评审	1. 是否有定期进行管理评审的规定	(1) 评审的时间间隔是怎样规定的？ (2) 是否按规定的时间进行管理评审？ (3) 管理评审是否由总经理亲自主持？		
	2. 输入是否充分	管理评审的输入是否包括下列内容： (1) 内、外部 HSE 审核结果； (2) HSE 方针、目标、管理方案实施情况； (3) 事故、事件调查处理情况； (4) 事件、事故、不符合、纠正措施和预防措施实施情况； (5) 相关方的投诉、建议及其要求； (6) 绩效监视和测量情况报告；		

续表

标准要素	检 查 项 目	检查内容（通过询问、查阅与观察）	检查结果	备注
5.7 管理评审	2. 输入是否充分	（7）法律法规合规性评价报告； （8）来自管理者代表的关于HSE管理体系总体运行情况的报告，来自各部门经理关于局部有效性的报告； （9）危害因素辨识、风险评价和风险控制状况的总结报告； （10）可能引起HSE管理体系变化的企业内外部要素，如法律法规的变化、机构人员的调整、外部环境的变化等。		
	3. 管理评审的实施情况	是否由最高管理者主持评审，并就下列内容进行了讨论，并得出结论： （1）方针是否适宜？方针实现程度如何？是否需要更新目标和健康、安全与环境管理方案？ （2）现有危害因素辨识、风险评价和风险控制过程是否适宜？风险的现有水平和现行控制措施是否有效？ （3）资源是否配置得当，能否满足实现方针和目标的要求？ （4）组织结构、管理职能是否合适和协调？活动及其相应文件是否需要修正？自前次管理评审以来所进行的内部审核和外部审核的结果及其有效性。 （5）绩效趋势；事故和事件的调查处理情况；纠正措施和预防措施实施情况。 （6）相关方的投诉、建议及其要求；HSE管理体系适应环境变化的应变能力。 （7）法律法规和其他要求符合性状况如何？ （8）需要改进和加强的领域是什么？		
	4. 输出是否完整并形成文件	（1）有无评审记录和形成的其他文件？ （2）“管理评审报告”中有无HSE管理体系适宜性、充分性和有效性的结论？ （3）是否提出了需要加以修正的方针、目标和HSE管理体系的其他要素？ （4）有无不符合，是否提出了纠正要求？		
	5. 管理评审的后续管理	（1）评审的后续工作进展如何？ （2）管理评审中的纠正措施是否进行了验证，验证结果是否记录并报最高管理者？		

附录2 主要健康、安全与环境法律法规名录

序号	名 称	颁布日期	实施日期	普遍适用性条款	修订备注
国家法律					
1	中华人民共和国宪法	1982.12.04	1982.12.04	第42、43、48、53条	1988.04.12，1993.03.29，1999.03.15，2004.03.14修正
2	中华人民共和国刑法	1979.07.01	1979.07.01	第134～137、139、338条	2006.06.29修正 2011.02.25通过 2011.05.01实施
3	中华人民共和国安全生产法	2002.06.29	2002.11.01	第4、5、7、10、16～25、28～52、57、69、70条	
4	中华人民共和国劳动法	1994.07.05	1995.01.01	第36～45、52～65、68条	
5	中华人民共和国石油天然气管道保护法	2010.06.25	2010.10.01	第2、3、7、8、12～47、49、58条	
6	中华人民共和国突发事件应对法	2007.08.30	2007.11.01	第3、22～24、27、29、30、38、39、54～57条	
7	中华人民共和国治安管理处罚法	2005.08.28	2006.03.01	第2、4、8、10、12～76、107～109条	
8	中华人民共和国道路交通安全法	2003.10.28	2004.05.01	第8～16、18、19、21、22、28、31、32、33、35～38、42～56、57、59、61～63、65～68、69、70、71、74～76条	2011.04.22修订 2011.05.01实施
9	中华人民共和国海上交通安全法	1983.09.02	1984.01.01	第5～10、14～16、20～27、32～37、40～43条	
10	中华人民共和国残疾人保障法	1990.12.28	1991.06.01	第2、3、33、38～40、47条	2008.04.24修订 2008.07.01实施
11	中华人民共和国工会法	1992.04.03	1992.04.03	第6、10、13、15～27、30、38、40条	2001.10.27修正
12	中华人民共和国未成年人保护法	1991.09.04	1992.01.01	第38条	2006.12.29修订 2007.06.01施行
13	中华人民共和国妇女权益保障法	2005.08.28	2005.12.01	第22～27条	
14	中华人民共和国城市房地产管理法	1994.07.05	1995.01.01	第5、16～18、24、26～28、30、31、38、39～46、54～56、60～62条	2007.08.30，2009.08.27修订

续表

序号	名　称	颁布日期	实施日期	普遍适用性条款	修订备注
15	中华人民共和国草原法	1985.06.18	1985.09.01	第2、5、38～41、50、74条	2002.12.28修订 2003.03.01实施
16	中华人民共和国消防法	1998.04.29	1998.09.01	第5、6、9～13、15～24、26～29、39、40、44、47、48、51条	2008.10.28修订 2009.05.01施行
17	中华人民共和国防洪法	1997.08.19	1998.01.01	第6、16、17、27、28、34、35、37、53条	
18	中华人民共和国电力法	1995.12.28	1996.04.01	第4、5、14～16、31、32、52～55条	
19	中华人民共和国防震减灾法	1997.12.29	1998.03.01	第14、15、17、19、20、39、40条	
20	中华人民共和国环境保护法	1989.12.26	1989.12.26	第10、13、24～27、29～34条	
21	中华人民共和国矿产资源法	1986.03.19	1986.10.01	第3～8、15、16、25～28、31、32、34条	1996.08.29修正 1997.01.01施行
22	中华人民共和国土地管理法	1986.06.25	1986.06.25	第26、31、36、37、43、44、53、54、56、57条	1998.08.29、 2004.04.28修订
23	中华人民共和国水土保持法	1991.06.29	1991.06.29	第8、18、19、22、24～28条	2010.12.25修订 2011.03.01施行
24	中华人民共和国水法	2002.08.29	2002.10.01	第6、28、31、34～36、38、41、43、48、51、53、69条	
25	中华人民共和国水污染防治法	2008.02.28	2008.06.01	第9、13、17、20～23、24、29～31、33～36、38、39、41、45、46、57～60、62、66～68条	2008.02.28修订 2008.06.01实施
26	中华人民共和国大气污染防治法	2000.04.29	2000.09.01	第7、11～13、15、19、20、32、33、36～38、42、44条	
27	中华人民共和国固体废物污染环境防治法	2004.12.29	2005.04.01	第5、13、14、16、17、21、28、30～35、37、41、42、44～48、52、53、55、57、58～63条	
28	中华人民共和国海洋环境保护法	1982.8.23	1982.8.23	第11～13、17、18、29、30、32～36、38、39、42～57、59～72、95条	1999.12.25修订 2000.04.01施行
29	中华人民共和国环境噪声污染防治法	1996.10.29	1997.03.01	第2、3、11、13～15、18、22～25、27～31、33、34、37、38、63条	
30	中华人民共和国清洁生产促进法	2002.06.29	2003.01.01	第2、3、12、18、19、23、24、26、28条	
31	中华人民共和国循环经济促进法	2008.08.29	2009.01.01	第2、9、10、13、15、16、18～21、23、26、29～33、36、38、39条	
32	中华人民共和国防沙治沙法	2001.08.31	2002.01.01	第2、6、21、25、26～29条	
33	中华人民共和国节约能源法	2007.10.28	2008.04.01	第15～18、24～28、52～55条	1997.11.01实施 2007.10.28修订
34	中华人民共和国环境影响评价法	2002.10.28	2003.09.01	第2、16～18、21、22、24～27条	

续表

序号	名　称	颁布日期	实施日期	普遍适用性条款	修订备注
35	中华人民共和国食品安全法	2009.02.28	2009.06.01	第 27～29、32、34、36、39～42、46～50、61、70、71 条	
36	中华人民共和国职业病防治法	2001.10.27	2002.05.01	第 4～7、13～42、45、48～51、53、56～62 条	2011.12.31 通过
37	中华人民共和国传染病防治法	2004.08.28	2004.12.01	第 3、11、12、28、31 条	1989.02.21 通过 2004.08.28 修订
38	中华人民共和国放射性污染防治法	2003.06.28	2003.10.01	第 6、14～17、21、28～33、41～43、45～47 条	
39	中华人民共和国劳动合同法	2007.06.29	2008.01.01	第 4、7～10、17、18、31、32、38～40、42、43、45、46、52、55、61、62、68 条	
40	中华人民共和国劳动争议调解仲裁法	2007.12.29	2008.05.01	第 2、4～7、9～16、19、22～28、33、36～41、43、44、49～51 条	
41	中华人民共和国就业促进法	2007.08.30	2008.01.01	第 3、8、26～31、39、47 条	
42	中华人民共和国行政许可法	2003.08.27	2004.07.01	第 7～9、12、13、15～18、29、31、38、39、41、47、49、50 条	
43	中华人民共和国渔业法	1986.01.20	1986.07.01	第 35 条	2000.10.31， 2004.08.28 修订
44	中华人民共和国全民所有制工业企业法	1988.04.13	1988.08.01	第 41、49～54 条	
45	中华人民共和国标准化法	1988.18.29	1989.04.01	第 2、6、8、9、10、14、17 条	
			行政法规		
1	安全生产许可证条例	2004.01.07	2004.01.13	第 2、6、7、9、13、14、17 条	
2	工业产品生产许可证管理条例	2005.06.29	2005.09.01	第 2、5、9、11、19、25、26、28～35 条	
3	生产安全事故报告和调查处理条例	2007.06.01	2007.06.01	第 2、3、6～9、12～14、16、19、25～30、33 条	
4	石油天然气管道保护条例	2001.07.26	2001.08.02	第 2～4、10～20、22、23 条	
5	电力设施保护条例	1987.09.15	1998.01.07	第 9～24 条	
6	电力监管条例	2005.01.01	2005.01.01	第 24～27 条	
7	电力安全生产工作条例	1988.03.08	1988.03.08	第 4～9、14、15、25～64 条	
8	电力供应与使用条例	1996.04.17	1996.09.01	第 4、5、9～35 条	
9	特种设备安全监察条例	2003.02.19	2003.06.01	第 2、3、5、23～31、32、33、38、39～40、65、66、99 条	2009.01.24 修订

续表

序号	名　　称	颁布日期	实施日期	普遍适用性条款	修订备注
10	危险化学品安全管理条例	2002.01.09	2002.03.15	第2、4、9、10、12、13～54、56～65、67、68、70、71、73、97、101条	2011.02.16修订 2011.12.01实施
11	易制毒化学品管理条例	2005.08.17	2005.11.01	第4～36条	
12	民用爆炸物品安全管理条例	2006.04.26	2006.09.01	第2、3、5～43条	
13	使用有毒物品作业场所劳动保护条例	2002.04.30	2002.05.12	第4、5、7、8、11～46、70条	
14	尘肺病防治条例	1987.12.03	1987.12.03	第5、6、7、9～14、17、19～21条	
15	工伤保险条例	2003.04.16	2004.01.01	第4、10、12、14～18、21～23、28～39、41～45条	2010.12.08修订 2011.01.01施行
16	城镇燃气管理条例	2010.10.19	2011.03.01	第2、11、13、15～20、22、24～28、30～42、53条	
17	职工带薪年休假条例	2007.12.07	2008.01.01	第2～6条	
18	劳动合同法实施条例	2008.09.03	2009.09.18	第14、18、19、23、24条	
19	劳动保障监察条例	2004.11.01	2004.12.01	第10、11条	
20	残疾人就业条例	2007.02.14	2007.05.01	第3、8～14、22～24条	
21	大型群众性活动安全管理条例	2007.08.29	2007.10.01	第2、5～9、11～13、15、18、19条	
22	道路交通安全法实施条例	2004.04.28	2004.05.01	第5～9、11、13、16、20、22、27、28、45～67、74～83、86～88条	
23	道路运输条例	2004.04.14	2004.07.01	第3、8～11、14～47、49～53条	
24	机动车交通事故责任强制保险条例	2006.03.01	2006.07.01	第3～35条	
25	地质勘查资质管理条例	2008.07.01	2008.07.01	第4～24条	
26	地质灾害防治条例	2003.11.24	2004.03.01	第4、9、14、16、17、19、21～24、26～30、35～39条	
27	对外承包工程管理条例	2008.05.07	2008.09.01	第4、7～9、12～22条	
28	对外合作开采陆上石油资源条例	1993.10.07	1994.01.01	第3、7～25、28条	2007.09.18， 2011.09.30修订
29	防治海洋工程建设项目污染损害海洋环境管理条例	2006.08.30	2006.11.01	第3、7～14、16～35、37～40条	
30	海洋石油勘探开发环境保护管理条例	1983.12.29	1983.12.29	第4～19、22～26条	
31	规划环境影响评价条例	2009.08.12	2009.10.01	第3、7、8、10～30条	

续表

序号	名　　称	颁布日期	实施日期	普遍适用性条款	修订备注
32	放射性同位素与射线装置安全和防护条例	2005.12.01	2005.12.01	第2、5～45条	
33	放射性物品运输安全管理条例	2009.09.07	2010.01.01	第3、5～43条	
34	废弃电器电子产品回收处理管理条例	2008.08.20	2011.01.01	第5、6、11～19、22～26条	
35	企业工会工作条例	2006.07.06	2006.07.06	第18、30、31、38、39、43、44条	
36	企业事业单位内部治安保卫条例	2004.09.13	2004.12.01	第5～15、18～20条	
37	取水许可和水资源费征收管理条例	2006.01.24	2006.04.15	第4、5、10～12、14、20～28、33、34、42～44条	
38	食品安全法实施条例	2009.07.07	2009.07.20	第3、8、20～29、31、32、34、35、43～46条	
39	公共场所卫生管理条例	1987.04.01	1987.04.01	第6～13条	
40	民用建筑节能条例	2008.07.23	2008.10.01	第4、11～29、31、33条	
41	建设工程安全生产管理条例	2003.11.12	2004.02.01	第6～11条	
42	建设项目环境保护管理条例	1998.11.28	1998.11.29	第8、9、12、15～23条	
43	水土保持法实施条例	1993.08.01	1993.08.01	第14、15、19、24条	
44	水污染防治法实施细则	2000.03.20	2000.03.20	第4、5、7、11、15～19、23、25～37条	
45	医疗废物管理条例	2003.06.04	2003.06.16	第7～21条	
46	突发公共卫生事件应急条例	2003.05.07	2003.05.09	第19～21、24、36、38、39条	
47	电力安全事故应急处置和调查处理条例	2011.06.15	2011.09.01	第5～7、8、10、11、23、24条	
48	保安服务管理条例	2009.09.28	2010.01.01	第5、6、8～35条	
49	物业管理条例	2003.06.08	2003.06.08	第6～56条	2007.08.26修订
50	信访条例	2005.01.05	2005.01.05	第14、16～20、26、27条	
			部委规章		
1	危险化学品生产企业安全生产许可证实施办法	2004.04.19	2004.05.17	第5～18、23、25、26、30、31条	
2	工业产品生产许可证管理条例实施办法	2005.09.15	2006.01.01	第3、11、14、20、24、30～33、40～50、80～82、86～91、103～105条	2010.04.21修订
3	工业产品生产许可证管理办法	2002.03.27	2002.06.01	第8、9、12～24条	

续表

序号	名　称	颁布日期	实施日期	普遍适用性条款	修订备注
4	工程监理企业资质管理规定	2001.08.23	2001.08.29	第3～32条	
5	建设工程勘察设计资质管理规定	2006.12.30	2007.09.01	第3～20、24～29条	
6	工程建设项目招标代理机构资格认定办法	2006.12.30	2007.09.01	第3～38条	
7	建设工程监理范围和规模标准规定	2000.12.30	2001.01.17	第1～10条	
8	生产安全事故档案管理办法	2008.11.17	2008.11.17	第3～15条	
9	高危行业企业安全生产费用财务管理暂行办法	2006.12.08	2007.01.01	第3～24条	
10	企业安全生产风险抵押金管理暂行办法	2006.07.26	2006.08.01	第3～15条	
11	劳动防护用品监督管理规定	2005.07.08	2005.09.01	第14～19、23、24条	
12	生产经营单位安全培训规定	2005.12.28	2006.03.01	第3～25条	
13	危险化学品建设项目安全许可实施办法	2006.08.10	2006.10.01	第3～30条	
14	危险化学品登记注册管理规定	2001.10.01	2001.10.01	第13、14、16～20条	
15	安全生产事故隐患排查治理暂行规定	2007.12.22	2008.02.01	第4、7～12、14～18条	
16	道路交通事故处理程序规定	2008.07.11	2009.01.01	第8、9、13、14、17、18条	
17	道路运输车辆维护管理规定	1998.04.01	1998.04.01	第1～24条	2001.08.02通过并实施
18	道路危险货物运输管理规定	2005.06.03	2005.08.01	第2～45条	2010.10.08修订 2011.01.01实施
19	放射性物品道路运输管理规定	2010.10.08	2011.01.01	第3～5、7～35条	
20	重大事故隐患管理规定	1995.08.24	1995.10.01	第2、3、5～12、17～21条	
21	安全生产检测检验机构管理规定	2006.12.22	2007.04.01	第2～9、11～19条	
22	非药品类易制毒化学品生产、经营许可办法	2006.03.21	2006.04.15	第2、3、5～28条	
23	非煤矿矿山企业安全生产许可证实施办法	2009.04.30	2009.06.08	第5、7、11、14、21～23、26、27条	
24	生产安全事故报告和调查处理条例罚款处罚暂行规定	2007.07.03	2007.07.12	第2～21条	

续表

序号	名 称	颁布日期	实施日期	普遍适用性条款	修订备注
25	生产安全事故应急预案管理办法	2009.03.20	2009.05.01	第2、3、6～24、26～33条	
26	生产安全事故信息报告和处置办法	2009.05.27	2009.07.01	第2、3、6～20、24、25条	
27	作业场所职业健康监督管理暂行规定	2009.06.15	2009.09.01	第2～36条	
28	作业场所职业危害申报管理办法	2009.08.24	2009.11.01	第2～9条	
29	特种作业人员安全技术培训考核管理规定	2010.04.26	2010.07.01	第4～6、8、9、12、17、18、24、25、27、28条	
30	石油天然气管道安全监督与管理暂行规定	2000.04.24	2000.04.24	第6～41条	
31	仓库防火安全管理规则	1990.04.01	1990.04.01	第6、7、10～56条	
32	火灾事故调查规定	2009.04.30	2009.05.01	第3、4、6、7、19～22、26、27、30、31、35、36条	
33	机关团体企业事业单位的消防安全管理	2002.05.01	2002.05.01	第4～8、10、13～15、18～33、36、38～44条	
34	建设工程消防监督管理规定	2009.04.30	2009.05.01	第2、3、6、8～29条	
35	消防监督检查规定	2009.04.30	2009.05.01	第10、18、20、21条	
36	电工进网作业许可证管理办法	2005.12.13	2006.03.01	第2、4、6～33条	
37	电力业务许可证管理规定	2005.09.28	2005.12.01	第2、4、5～38条	
38	供电监管办法	2009.11.20	2010.01.01	第4～31条	
39	节能发电调度信息发布办法	2008.04.03	2008.04.03	第2～45条	
40	电力市场监管办法	2005.09.28	2005.12.01	第5～32条	
41	安全生产监督规定	2001.12.07	2001.12.07	第2～25条	
42	国家电力公司跨区电网生产管理工作暂行规定	2002.01.01	2002.01.01	第2～13条	
43	节能发电调度办法	2007.08.02	2007.08.02	全部适用	
44	电力工业环境保护管理办法	1996.12.02	1996.12.02	第2～41条	
45	全国电力行业尘肺病防治暂行办法	1996.09.06	1996.09.06	第2～38条	
46	国家电网公司送变电工程施工安全设施标准化规定	2003.05.01	2003.05.01	全部适用	
47	国家电网公司电力建设工程重大安全生产事故预防与应急处理暂行规定	2004.06.01	2004.06.01	第2～12条	

续表

序号	名　　称	颁布日期	实施日期	普遍适用性条款	修订备注
48	电力工业部电力建设机械设备安全使用管理规定	1994.02.23	1994.02.23	第2～27条	
49	输变电工程安全文明施工标准化工作规定	2005.06.17	2005.06.17	2～15条	
50	电力安全工作规程（线路部分）	2009.03.01	2009.03.01	全部适用	
51	电力安全工作规程（变电部分）	2009.03.01	2009.03.01	全部适用	
52	电力生产安全工作规程（热力与机械部分）	2009.03.01	2009.03.01	全部适用	
53	电力生产安全工作规程（发电厂电气部分）	2009.03.01	2009.03.01	全部适用	
54	电力安全工器具预防性试验规程	2002.11.07	2002.11.07	第4～20条	
55	电力建设安全健康与环境管理工作规定	2002.01.21	2002.01.21	第2～166条	
56	承装、修、试电力设施许可证管理办法	2004.12.27	2005.03.01	第2、4～34条	
57	并网发电厂辅助服务管理暂行办法	2006.11.07	2006.11.07	第2～30条	
58	电力安全生产监管办法	2004.03.09	2004.03.09	第3、5～24条	
59	电力二次系统安全防护规定	2004.12.20	2005.02.01	第2～15条	
60	电网和电厂计算机监控系统及调度数据网络安全防护规定	2002.06.08	2002.06.08	第2～11条	
61	电力安全监察规定	1995.11.14	1996.01.01	第3～30条	
62	用电检查管理办法	1996.08.21	1996.09.01	第2～21条	
63	漏电保护器安全监察规定	1990.06.01	1990.06.01	第2～46条	
64	国家电网公司安全生产工作规定	2003.10.08	2003.10.08	第3～109条	
65	国家电力监管委员会安全生产令	2004.02.18	2004.02.18	第1～9条	
66	供用电监督管理办法	1996.09.01	1996.09.01	第2～23条	
67	电网运行规则	2006.10.26	2007.01.01	第3、5～47条	
68	电力用户与发电企业直接交易试点基本规则	2010.01.01	2010.01.01	第1～38条	

续表

序号	名　　称	颁布日期	实施日期	普遍适用性条款	修订备注
69	电力生产事故调查暂行规定	2004.12.20	2005.03.01	第2～23条	
70	电力设施保护条例实施细则	1998.01.07	1999.03.18	第2～23条	
71	中央企业安全生产监督管理暂行办法	2008.08.18	2008.09.01	第1～40条	
72	企业职工带薪年休假实施办法	2008.07.17	2008.09.18	第2～10、13、14条	
73	女职工劳动保护规定	1988.06.28	1988.09.01	第3～10、11条	
74	锅炉压力容器压力管道特种设备安全监察行政处罚规定	2002.01.08	2002.01.08	第1～16条	
75	锅炉压力容器压力管道特种设备事故处理规定	2001.09.05	2001.11.15	第1～22条	
76	起重机械安全监察规定	2006.11.27	2007.06.01	第17～23、25～28条	
77	气瓶安全监察规定	2003.04.03	2003.06.01	第2、5～47、54、55条	
78	气瓶安全监察规程	2000.12.31	2000.12.31	第50、52～55、69、70、75～79条	
79	实验室和检查机构资质认定管理办法	2005.12.31	2006.04.01	第2、3、7～37、41～45条	
80	特种设备质量监督与安全监察规定	2000.06.27	2000.10.01	第11～25、32、33、44～46条	
81	特种设备事故报告和调查处理规定	2009.06.26	2009.07.03	第2、4～43条	
82	特种设备注册登记与使用管理规则	2001.04.09	2001.04.09	第6、7、9、10、13、15～31条	
83	特种设备作业人员监督管理办法	2004.12.24	2005.07.01	第2、4、5、10、11、15、19～23条	
84	特种设备作业人员考核规则	2005.09.16	2005.09.16	第2～25条	
85	特种设备作业人员培训考核管理规则	2001.12.21	2001.12.21	第2、4～27条	
86	特种设备检验检测机构管理规定	2003.08.08	2003.08.08	第3～5、9～35条	
87	特种设备检验检测人员监督管理办法	2003.08.08	2003.08.08	第2～43条	
88	特种设备无损检测人员考核与监督管理规则	2003.08.08	2003.08.08	第2～31条	
89	锅炉压力容器使用登记管理办法	2003.09.01	2003.09.01	第6～9、13、15～28条	

续表

序号	名　　称	颁布日期	实施日期	普遍适用性条款	修订备注
90	制造修理计量器具许可监督管理办法	2007.12.28	2008.05.01	第2～4、7～36条	
91	压力管道安全管理与监察规定	1996.04.23	1996.07.01	第2～34条	
92	小型和常压热水锅炉安全监察规定	2000.08.01	2000.08.01	第2～5、7～51条	
93	压力容器安全技术监察规程	2000.01.01	2000.01.01	第2～170条	
94	溶解乙炔气瓶安全监察规程	1993.10.01	1993.10.01	第58～65条	
95	压力容器使用登记管理规则	1994.05.01	1994.05.01	第2、3、4、6～35条	
96	放射性物品运输安全许可管理办法	2010.09.25	2010.11.01	第1～23条	
97	突发环境事件应急预案管理暂行办法	2010.09.28	2010.09.28	第2～42条	
98	高耗能特种设备节能监督管理办法	2009.05.26	2009.09.01	第2、3、5、6～28、31～33条	
99	电磁辐射环境保护管理办法	1997.03.25	1997.03.25	第2、4～24条	
100	电子废物污染环境防治管理办法	2007.09.07	2008.02.01	第15～17条	
101	放射性同位素与射线装置安全许可管理办法	2006.01.18	2006.01.18	第2～4、6～44条	2008.12.06修订
102	废弃危险化学品污染环境防治办法	2005.08.18	2005.10.01	第7～9、13～16、18、19条	
103	环境监测管理办法	2007.07.25	2007.09.01	第19～22条	
104	环境污染治理设施运营资质许可管理办法	2004.11.08	2004.11.10	第2～6、8～23条	
105	环境信息公开办法	2007.02.08	2008.05.01	第2～7、16、19～23条	
106	建设项目竣工环境保护验收管理办法	2001.12.11	2002.02.01	第6、7、9～13、16条	
107	排放污染物申报登记管理规定	1992.08.04	1992.10.01	第2、4～8、10～12条	
108	清洁生产审核暂行办法	2004.08.16	2004.10.01	第2、3、5～29条	
109	危险废物转移联单管理办法	1999.05.31	1999.10.01	第2、4～14条	
110	新化学物质环境管理办法	2009.12.30	2010.10.15	第2～42条	
111	再生资源回收管理办法	2006.05.17	2007.05.01	第2、3、6～14、18、19条	
112	水污染防治法实施细则	2000.03.20	2000.03.20	第4、5、11、16、18、19、23、33、35～37条	

续表

序号	名　　称	颁布日期	实施日期	普遍适用性条款	修订备注
113	大气污染防治法实施细则	1991.05.24	1991.07.01	第5、7～13、19～22条	
114	放射工作人员职业健康管理办法	2007.03.23	2007.11.01	第2、5～32条	
115	传染病防治法实施办法	1991.10.04	1991.12.06	第12～14、19～22、27、34～37、49、50条	
116	放射防护器材与含放射性产品卫生管理办法	2002.01.04	2002.01.04	第2、3、5～19条	
117	放射工作卫生防护管理办法	2001.08.11	2002.07.01	第2、5～36条	
118	放射事故管理规定	2001.08.26	2001.08.26	第2、3、7～20条	
119	建设项目职业病危害评价规范	2002.05.20	2002.05.20	第2.1、3.1条	
120	建设项目职业病危害分类管理办法	2006.06.15	2006.07.27	第12、13、17～19、22～25、28～30条	
121	食品卫生许可证管理办法	2006.06.01	2006.06.01	第2、11～15、20、21、25、26、30～33条	
122	食物中毒事故处理办法	1999.12.24	2000.01.01	第5、13条	
123	突发公共卫生事件与传染病疫情监测信息报告管理办法	2006.08.24	2006.08.24	第3、10～12、14、16～20、27条	
124	卫生行政许可管理办法	2004.07.23	2004.11.17	第2、7、8、10～46、56、57、63～66条	
125	消毒管理办法	2001.12.29	2002.03.28	第4～12、35～37条	
126	药品类易制毒化学品管理办法	2010.02.23	2010.05.01	第2、3、6～33、38、39条	
127	有毒作业危害分级监察规定	1994.05.26	1994.05.26	第3、4、8～12条	
128	职业病危害事故调查处理办法	2002.03.15	2002.05.01	第2、3、4、6、9、11～17条	
129	职业病危害项目申报管理办法	2002.03.15	2002.05.01	第2～6条	
130	职业健康监护管理办法	2002.03.15	2002.05.01	第2、3、9～22条	
131	职业病诊断与鉴定管理办法	2002.03.28	2002.03.28	第10、11、15、16、18、19、25、29～31条	
132	海洋石油安全生产规定	2006.01.06	2006.05.01	第2、3、5～27、34～41条	
133	海洋石油安全管理细则	2009.08.24	2009.12.01	第2、3、5～103条	
134	石油工业部海洋石油作业安全管理规定	1986.12.24	1987.03.01	全部适用	

续表

序号	名　　称	颁布日期	实施日期	普遍适用性条款	修订备注
135	海洋石油建设项目生产设施设计审查与安全竣工验收实施细则	2009.10.29	2009.10.29	全部适用	
136	海上油气生产设施废弃处置管理暂行规定	2010.06.23	2010.06.23	全部适用	
137	海洋石油平台弃置管理暂行办法	2002.06.24	2002.06.24	第2～15、21条	
138	海洋石油开发工程环境影响评价管理程序	2002.05.17	2002.05.17	第2、3、6、7、9、11～14条	
139	海洋石油事故报告和调查处理指导意见	2005.06.20	2005.06.20	全部适用	
140	建设项目安全设施“三同时”监督管理暂行办法	2010.11.03	2011.02.01	3、4、7～13、16～24、26、28条	
141	金属与非金属矿产资源地质勘探安全生产监督管理暂行规定	2010.11.15	2010.01.01	第6～21条	
			国际公约		
1	危险废物环境无害管理的开罗准则和原则	1987.06.17	1987.06.17		
2	控制危险废物越境转移及其处置巴塞尔公约	1991.09.04	1992.05.05		
3	消耗臭氧层物质的蒙特利尔议定书	1987.09.16	1987.09.16		1990.06，1992.11，1995.12，1997.09修正
4	保护臭氧层维也纳公约	1985.03.22	1989.12.10		
5	职业安全和卫生及工作环境公约	1981.06.22	1983.08.11		
6	预防重大工业事故公约	1993.06	1993.06		
7	化学品国际贸易资料交换的伦敦准则	1987.06.17	1987.06.17		1989.05.05修订
8	作业场所安全使用化学品公约	1994.10.27	1994.10.27		
9	工伤津贴公约	1964	1964		
10	职业病公约和建议书	1974	1974		
11	工作环境（空气污染、噪音和震动）公约和建议书	1977	1977		

续表

序号	名　　称	颁布日期	实施日期	普遍适用性条款	修订备注
12	职业安全卫生公约和建议书	1981	1981		
13	职业卫生设施公约和建议书	1985	1985		

注：以上法律法规清单，主要收集与识别了国家的法律法规和国际公约，并考虑了石油企业最大范围的适用性，给出示范。另外，上述清单不是组织应识别的法律法规及其他要求的全部，地方法规和国家、地方、行业标准规范，上级主管部门等相关方的要求并不在其中，各组织应结合自身的生产实际和所存在的危害因素进行识别，不可套用。

参 考 文 献

[1] Q/SY 1002.1—2007 健康、安全与环境管理体系 第1部分：规范.
[2] Q/SY 1002.2—2008 健康、安全与环境管理体系 第2部分：实施指南.
[3] Q/SY 1002.3—2008 健康、安全与环境管理体系 第3部分：审核指南.
[4] GB/T 19011—2003 质量和（或）环境管理体系审核指南.
[5] 王光军.质量健康安全环境管理体系标准与方法.北京：石油工业出版社，2004.
[6] 中国石油天然气集团公司安全环保部.《健康、安全与环境管理体系第1部分：规范》释义.北京：石油工业出版社，2010.
[7] 尹哲武，张智勇.内审员与管理者代表速查手册.北京：机械工业出版社，2007.
[8] 杜惠明，张智勇.质量环境职业健康安全一体化管理体系内部审核实务.北京：中国计量出版社，2003.
[9] 马林聪.质量环境兼容管理体系内部审核员教程.北京：中国标准出版社，2002.
[10] 中国石油天然气集团公司质量安全环保部.HSE风险管理理论与实践.北京：石油工业出版社，2009.
[11] 罗云，樊运晓，马晓春.风险分析与安全评价.北京：化学工业出版社，2004.
[12] 王凯全，邵辉.事故理论与分析技术.北京：化学工业出版社，2004.
[13] 罗云，程五一.现代安全管理.北京：化学工业出版社，2004.
[14] 刘宏.职业安全管理.北京：化学工业出版社，2004.
[15] 刘铁民，张兴凯，刘功智.安全评价方法应用指南.北京：化学工业出版社，2005.
[16] 叶龙，李森.安全行为学.北京：清华大学出版社，2005.
[17] 刘茂，吴宗之.应急救援概论.北京：化学工业出版社，2004.
[18] 张利民，姜伟立，吴海锁.清洁生产与ISO 14000.北京：中国环境科学出版社，2003.
[19] 左东红，贡凯青.安全系统工程.北京：化学工业出版社，2004.
[20] 崔克清，张礼敬，陶刚.安全工程与科学导论.北京：化学工业出版社，2006.